Imke Büsching

Internationaler Medizintourismus in Deutschland

Patienten aus den USA im deutschen Krankenhaussektor – Eine aktuelle Marktanalyse

Diplomica Verlag GmbH

Büsching, Imke: Internationaler Medizintourismus in Deutschland. Patienten aus den USA im deutschen Krankenhaussektor – Eine aktuelle Marktanalyse, Hamburg, Diplomica Verlag GmbH 2017

Buch-ISBN: 978-3-96146-510-1
PDF-eBook-ISBN: 978-3-96146-010-6
Druck/Herstellung: Diplomica® Verlag GmbH, Hamburg, 2017

Bibliografische Information der Deutschen Nationalbibliothek:
Die Deutsche Nationalbibliothek verzeichnet diese Publikation in der Deutschen Nationalbibliografie; detaillierte bibliografische Daten sind im Internet über http://dnb.d-nb.de abrufbar.

© Diplomica Verlag GmbH
Hermannstal 119k, 22119 Hamburg
http://www.diplomica-verlag.de, Hamburg 2017
Printed in Germany

Vorwort

Lange bevor der Begriff Globalisierung geprägt wurde, nahmen Patienten auf der Suche nach einer guten medizinischen Behandlung weite Reisen auf sich. Das alte Phänomen des Medizintourismus wird heute als eine international gehandelte Dienstleistung an der Schnittstelle zwischen Medizin und Tourismus definiert und gewinnt durch weltweit steigende Nachfrage an Aktualität.

Deutschland ist seit Jahrhunderten Ziel internationaler Patienten, mit einem deutlichen Anstieg der Nachfrage seit Ende der 1990er Jahre. Die größten Patientengruppen stammen bislang aus der Russischen Föderation und den arabischen Golfstaaten. Aktuell stellt sich die Frage, ob die Nachfrage nach Medizintourismus aus diesen Ländern trotz Ölkrise, staatlicher Sparmaßnahmen und geopolitischer Spannungen stabil bleiben wird. Mit einer Veränderung der Patientenströme wird aller Wahrscheinlichkeit nach zu rechnen sein.

Sollten deutsche Kliniken, die im Medizintourismus engagiert sind, eine Diversifizierung ihrer internationalen Zielgruppen erwägen? Welche neuen Marktsegmente bieten sich an?

So sind die USA weltweit der größte Nachfrager nach Medizintourismus. In wie weit werden deutsche Krankenhäuser und Rehabilitationskliniken auf den steigenden amerikanischen Bedarf reagieren? Welche Chancen und Risiken zeigen sich auf diesem Markt?

Das vorliegende Buch bietet die erste Marktanalyse zum Medizintourismus durch Patienten aus den USA im deutschen Krankenhaussektor. Die Studie ist insbesondere für Praktiker und Entscheider des Gesundheitswesens und des Tourismus relevant, die in der Behandlung und Betreuung von Patienten tätig sind und strategische Entscheidungen im Management und im Marketing treffen.

Ich danke den Expertinnen und Experten aus den USA und Deutschland, die sich zu Interviews für diese Marktanalyse bereit erklärten.

Gewidmet ist dieses Buch meinem Urgroßvater Walter Prölß (1876 – 1941), Arzt in Tansania, Wilhelmshaven und Detmold.

Januar 2017   Imke Büsching

Zusammenfassung

Medizintourismus durch internationale Patienten in Deutschland
Eine explorative Marktanalyse des Medizintourismus durch Patienten aus den USA im deutschen Krankenhaussektor

Die Studie bietet eine explorative Marktanalyse des Medizintourismus durch amerikanische Patienten nach Deutschland im internationalen Kontext. Sie gibt den Forschungsstand auf vier Ebenen wieder: erstens auf dem Niveau des internationalen Marktes, zweitens im Hinblick auf die Nachfrage durch die USA, drittens auf der Ebene des Behandlungsangebots im deutschen Krankenhaussektor und viertens in Bezug auf das betrachtete Marktsegment. Es werden die Rahmenbedingungen, die Volumina, die Zielgruppen und das Marketing des Medizintourismus dargestellt. Die Datengewinnung erfolgt durch Sekundärforschung. Ergänzend dazu werden Daten durch leitfadengestützte Experteninterviews im Rahmen von Primärforschung erhoben. Anhand einer SWOT-Analyse aus Expertensicht werden die Stärken und Schwächen Deutschlands und seiner Kliniken als Destination für Medizintourismus sowie die Chancen, Risiken und Potenziale in dem Geschäftsfeld dargestellt. Es zeigt sich, dass die Behandlung amerikanischer Patienten in Deutschland gegenwärtig eine kleine Marktnische ist, dem ein beträchtliches Potenzial an Nachfrage gegenüber steht.

Schlüsselwörter: Medizintourismus; USA; Deutschland; Destination; Dienstleistungshandel; Gesundheitswirtschaft; Krankenhaussektor; Marktforschung; Marktanalyse; Experteninterviews; SWOT-Analyse; Marketing

Abstract

Medical Tourism by International Patients in Germany
Exploratory Market Analysis of Medical Tourism by Patients From the United States in the German Hospital Sector

This study offers an exploratory market analysis of medical tourism by patients from the United States to Germany within the international context. The current state of research is presented on four levels: first on the level of the international market, second regarding the demand side of the US, third on the level of treatment supply in the German hospital sector, and fourth in view of the market segment in question. The presented data relate to the business environment, volumes, target groups, and the marketing of medical tourism. Data are gathered by secondary research. Guideline-based expert interviews within the scope of primary research serve as a complement. The experts provide a SWOT analysis of the strengths and weaknesses of Germany and its hospitals as a destination for medical tourism, as well as an evaluation of the opportunities, threats and potentials of the respective market segment. The findings show that the treatment of U.S. patients in Germany is currently a small market niche, which is contrasted with a considerable potential for demand.

Key words: medical tourism; USA; Germany; destination; trade in services, healthcare industry; hospital sector; market research; market analysis; expert interviews; SWOT analysis; marketing

Inhaltsverzeichnis

Abkürzungsverzeichnis

ACA	Kurzform in der Literatur von PPACA
AMA	American Medical Association
DESTATIS	Statistisches Bundesamt
DRG	Diagnosis Related Groups/ Fallpauschalen
DZT	Deutsche Zentrale für Tourismus
EBC	Employer-based Coverage
EbHC	Evidence-based Health Care
EU	Europäische Union
FDA	Food and Drug Administration
GATS	General Agreement on Trade in Services
GDP	Gross Domestic Product/ Bruttosozialprodukt
GHORFA	Arab-German Chamber of Commerce and Industry e.V.
GHTC	Global Healthcare Travel Council
GOÄ	Gebührenordnung für Ärzte
HIPAA	Health Insurance Portability and Accountability Act
IHK	Industrie- und Handelskammer
InEK	Institut für das Entgeltsystem im Krankenhaus
IO	International Office
ISO	International Organization for Standardization
ISQua	International Society for Quality in Health Care
IT	Informationstechnologie
JCI	Joint Commission International
MT	Medizintourismus
MTA	Medical Tourism Association
NHS	National Health Service
OECD	Organization for Economic Cooperation and Development
ÖPNV	Öffentlicher Personennahverkehr
OP	Operation
PPACA	Patient Protection and Affordable Care Act
PESTILE	Political, Economic, Social, Technological, International, Ecological, Legislative Factors
PÖSTIRÖ	Politische, Ökonomische, Sozio-kulturelle, Technologische, Internationale, Rechtlich-regulatorische, Ökologische Einflussfaktoren
PPP	Public Private Partnership
SWOT	Strengths, Weaknesses, Opportunities, Threats

UN/ UNO	United Nations/ United Nations Organization
USA	United States of America
VAE	Vereinigte Arabische Emirate
WHO	World Health Organization
WTO	World Trade Organization

Tabellenverzeichnis

Abbildungsverzeichnis

1 Einleitung

Ihr Hausarzt sagt, Sie benötigen bald eine Bypass-Operation?

Ein amerikanischer Freund von Ihnen hat diese Herz-OP kürzlich in einer exzellenten Klinik mit Qualitätssiegel in Indien machen lassen. Er ist begeistert von dem erfahrenen Kardiologen mit englischer Ausbildung, dem Top-Standard, dem zuvorkommenden Service und dem anschließenden Strandurlaub dort.

Würden Sie seiner Empfehlung folgen? Was hält Sie im deutschen Gesundheitswesen? Mit welchen Argumenten überzeugen Sie ihn, für die nächste OP solle er nach Deutschland kommen? Das sind sehr persönliche und schwierige Fragen, antworten Sie – zu Recht. Gesundheit, medizinische Dienstleistungen und Medizintourismus sind genau dies: individuell, existenziell, komplex, kontrovers.

Dem Einen erscheint der Vorschlag einer Behandlungsreise nach Asien wie eine fernliegende, abwegige Spielerei. Für den Anderen ist es eine naheliegende, vernünftige Option und eine Chance, zeitnah eine gute und bezahlbare Behandlung zu bekommen. Dank des Medizintourismus brauchte Ihr Freund sein Haus nicht zu verkaufen (vgl. Gan, 2013, S. 49). Die Bypass-OP in Indien kostete ihn 5.200 $, d.h. 3.6 % des Preises von durchschnittlich 144.000 $ in den USA (vgl. Kumar & Yang, 2015, S. 2).

Menschen nehmen weite Wege auf sich, wenn sie in der Ferne eine Verbesserung ihrer Gesundheit erwarten. In den frühen Kulturen Asiens und des Orients waren z.B. der Indus und das Tote Meer Anziehungspunkte. Das bekannteste Sanatorium der Antike befand sich in Epidaurus, wo der Schlüssel zur Heilung im Traum gesucht und dem Gott Asklepios gehuldigt wurde (vgl. Guiry & Vequist, 2011, S. 253). Auch die Bäder des Römischen Reichs waren überregional bekannt, wie Bath (England), Spa (Belgien) und Baden-Baden – diese Orte tragen ihre Hauptattraktion noch im Namen. Traditionen um Thermalquellen, in Seebädern und Luftkurheilorten finden sich auf allen bewohnten Kontinenten. Häufig fand und findet die Suche nach Heilung in Verbindung mit Pilgerschaft statt – ob in Varanasi am Ganges, in Lourdes an den Pyrenäen, in postmodernen Luxusresorts mit Selbstfindungsaktivitäten in der Karibik oder in der Praxis eines brasilianischen Schönheitschirurgen, wo die ästhetische Selbstoptimierung zum Kult wird (vgl. Connell, 2011, S. 12ff). Die Reisemotive sind heute häufig dieselben wie vor Jahrhunderten, doch neu sind das Ausmaß und die Komplexität dieses globalen Phänomens: *„Health tourism is a concept as ancient as prehistory and as up-to-date as tomorrow"* (Ross, 2001, o.S.).

Infolge der Globalisierung ist die weltweite Patientenmobilität seit den 1990er Jahren stetig gewachsen (vgl. Bookman & Bookman, 2007, S. 2ff). Die Mitte des Jahrzehnts 2000 gilt als die Durchbruchsphase für den Medizintourismus, vor allem in Asien (vgl. Connell, 2011,

S. 7). Die Dynamik dieses volatilen, kompetitiven Marktes und die Komplexität dieses Phänomens werfen eine Vielzahl an ökonomischen, medizinischen, rechtlichen, sozio-kulturellen und ethischen Fragen auf. Als interdisziplinärer Forschungsgegenstand findet das Thema seit der Jahrtausendwende verstärkt Aufmerksamkeit, was als Reaktion auf die wachsende ökonomische Bedeutung des Marktes interpretiert wird (vgl. Hall, 2013, S. 5ff).

Im Medizintourismus werden vier Diskurse unterschieden: den medizinischen, marktbezogenen, ethischen und den patientenbezogenen Diskurs. Der marktbezogene Diskurs wird als die „Essenz" bezeichnet und beschäftigt sich mit den Marktbeziehungen, den Auswirkungen der Globalisierung und dem Patienten als Konsument (vgl. Mainil, Platenkamp & Meulemans, 2011, S. 31ff). Diese Studie bewegt sich im Rahmen des marktbezogenen Diskurses und analysiert das Marktsegment des Medizintourismus durch Patienten aus den USA im deutschen Krankenhaussektor. Sie ist in der Betriebswirtschaftslehre und der Gesundheitswirtschaft angesiedelt. Anleihen werden u.a. an die Epidemiologie und die Tourismusforschung genommen.

Eine Eigenheit des Medizintourismus ist der internationale Mangel an verlässlichen Daten und Aussagen (vgl. Lunt, Smith, Exworthy, Hanefeld & Mannion, 2014, S.603ff). Auch sind die Zielgruppen, Kosten, Nutzen und Risiken des Marktes unzureichend erforscht. Dies gilt auch für den Forschungsstand in Deutschland (vgl. Pforr & Locher, 2013, S. 91).

Medizintourismus wird als eine Funktion des ökonomischen Wandels gewertet (vgl. Connell, 2011, S. 118), und von Regierungen und Kliniken als Strategie für Wirtschaftswachstum gesehen (vgl. Bookman & Bookman, 2007, S. 9; Hall, 2013, S. 18). Das deutsche Gesundheitswesen ist durch steigenden Kostendruck und Wettbewerb geprägt (vgl. Pforr & Locher, 2013, S. 77ff). Viele Krankenhäuser sehen sich mit finanziellen Defiziten und einer wachsenden Deckungslücke zwischen Kostensteigerungen und Erlösen konfrontiert, weshalb nach Einnahmen außerhalb des Klinikbudgets und nach Möglichkeiten der Querfinanzierung gesucht wird. In dieser Lage erwägen Kliniken, ob sie Behandlungen für internationale Patienten anbieten oder bestehende Angebote ausweiten sollen, welche Zielgruppen in Frage kommen und wie die Patientenakquise zu bewerkstelligen ist (vgl. Christ & Zutt, 2004, S. 269ff). Die internationale Nachfrage nach deutscher Medizin steigt seit ca. 20 Jahren stetig (vgl. Kap. 4.2.3).

Die USA mit ihren 321 Millionen Einwohnern sind der größte Nachfrager nach Medizintourismus. In einer konservativen Schätzung wird von 500.000 Patienten ausgegangen, die jährlich ins Ausland reisen (vgl. Horsfall & Lunt, 2015, S. 31).

Wo steht hier Deutschland als Exporteur? In 2014 wurden lediglich etwa 2.500 amerikanische Patienten in deutschen Krankenhäuern behandelt (vgl. Kap. 4.1.4), was eine geringe Zahl im Vergleich mit anderen Patientengruppen aus außereuropäischen Ländern ist. Möchten deutsche Kliniken dieses Geschäftsfeld ausbauen?

Strategische Entscheidungen in einem komplexen Markt bedürfen einer fundierten Basis in Form von Marktforschung (vgl. Thommen, 2007, S. 216). Diese Studie leistet in einem bislang nicht analysierten Marktsegment einen Beitrag zur Orientierung. Sie bietet eine explorative Marktanalyse und betrachtet das Geschäftsfeld aus drei Richtungen: aus der Sicht der Forschungslage, in Bezug auf zwei Länder und ergänzend aus der Perspektive von Experten. Die Analyse erfolgt auf vier Betrachtungsebenen: erstens auf der internationalen Ebene, zweitens in Bezug auf die amerikanische Nachfrage, drittens auf der Ebene des deutschen Krankenhaussektors und viertens bezüglich des genannten Marktsegments. Der ersten und zweiten Ebene wird in dieser Studie besonders viel Raum gegeben. Aufgrund der vier Ebenen beinhalten die Fragen 4), 5) und 6) im Themenbereich A) also je vier Teilfragen, die nicht ausformuliert werden, um den Leser nicht mit Redundanz zu langweilen. Die Forschungsfragen dieser Studie lauten:

A) Rahmenbedingungen, Volumina, Zielgruppen und Marketing des Medizintourismus – international, in den USA, in Deutschland und im Marktsegment der amerikanischen Patienten in deutschen Kliniken

1) Welches sind die Förderfaktoren, Handelshindernisse und Risiken dieses Marktes?
2) Welches sind die Merkmale und Besonderheiten dieser Dienstleistung?
3) Welche Stakeholder nehmen am Medizintourismus teil?
4) Wie sind die Volumina an Personen und Geldern im Medizintourismus?
5) Welche Gruppen und Motive finden sich bei den Patienten?
6) Welche Schwerpunkte hat das Marketing des Medizintourismus in Bezug auf Produkt, Preis, Distribution und Kommunikation?

B) Die USA und sein Gesundheitswesen als Nachfrager nach Medizintourismus

7) Welches sind die Merkmale und Besonderheiten des amerikanischen Gesundheitswesens, die relevant für die Nachfrage nach Medizintourismus sind?
8) Welche Personengruppen haben im Hinblick auf ihren Versicherungsstatus und die Finanzierung der Behandlung Interesse an Medizintourismus?

C) Deutschland und seine Krankenhäuser als Anbieter von Medizintourismus

9) Welches sind die Merkmale und Besonderheiten des deutschen Krankenhaussektors, die als Antriebskräfte für das Angebot von Medizintourismus wirken?

D) SWOT-Analyse der Medizintourismus-Destination Deutschland und seiner Klini-ken als Ziel von Patienten aus den USA aus Expertensicht

10) Was sind die Stärken und Schwächen Deutschlands und seiner Kliniken?

11) Was sind aus Sicht der Experten die Vorteile für deutsche Kliniken in der Behandlung amerikanischer Patienten?

12) Was sind die Hindernisse und Risiken in diesem Geschäftsfeld?

13) Was sind die Potenziale und Trends im Medizintourismus aus den USA nach Deutsch-land aus Expertensicht?

14) Wie ist das Potenzial für das Geschäftsfeld des Medizintourismus aus den USA im deut-schen Krankenhaussektor zu bewerten (Diskussion)?

Zielsetzung ist, dieses Marktsegment erstmals zu erkunden, die Merkmale und Einflussfakto-ren von Nachfrage und Angebot zu analysieren, Stärken und Schwächen der Anbieterseite aufzuzeigen sowie die Chancen, Risiken und Potenziale des Marktes zu identifizieren.

In Kapitel 2 wird die Methodik der Analyse erläutert. Die globalen Rahmenbedingungen des Medizintourismus, die Hintergründe der Nachfrage aus den USA sowie die des deutschen Angebots sind Inhalt von Kapitel 3. Die Volumina, Zielgruppen und das Marketing des Medi-zintourismus sind Inhalt von Kapitel 4. In Kapitel 5 werden von Experten die Stärken und Schwächen Deutschlands und seiner Kliniken als Destination sowie die Chancen, Risiken und Potenziale des Marktsegments bewertet. Die Diskussion des Potenzials erfolgt in Kapitel 6, mit einem Fazit und Ausblick in Kapitel 7.

Die Form und der Zitationsstil der Studie folgen den Richtlinien des Studiengangs und denen der Deutschen Gesellschaft für Psychologie (vgl. 2007). Auf eine Kopfzeile wurde verzichtet. Anglizismen werden verwendet, wenn kein passender deutscher Begriff existiert; englische Zitate bleiben im Original. Männliche Personenbezeichnungen schließen jeweils die weibli-che Variante ein. Auf Formen wie Patient/-in oder PatientIn wird zugunsten einer besseren Lesbarkeit verzichtet.

2 Methodik der Marktforschung

In der Betriebswirtschaftslehre wird Marktforschung als Teilgebiet des Marketing verstanden (vgl. Kuß & Eisend, 2010, S. 1). Marketing ist ein unternehmerisches Aufgabengebiet, in dem der Markt und die Zielgruppe eines Produktes analysiert, Ziele und Strategien definiert, anhand von Marketing-Instrumenten Produkte im Markt platziert und der Verkaufserfolg schließlich evaluiert werden (vgl. Tommen, 2007, S. 189ff).

2.1 Betrachtungsebenen, Instrumente und Objekte der Analyse

Für viele Krankenhäuser in Deutschland ist das Geschäftsfeld der Behandlung internationaler Patienten neu. Selbst wenn in einer Klinik bereits Erfahrungswerte dazu vorliegen, bietet ein solches auf Erfahrung basierendes Marktwissen bei der Komplexität des Marktes keine solide Basis für Entscheidungen (vgl. Thommen, 2007, S. 216). Zudem ist der globale Markt des Medizintourismus besonders volatil und dynamisch, und die Datenlage zu ihm unzureichend (vgl. Johnston, Crooks, Snyder & Kingsbury, 2010, S. 10). Daraus ergibt sich die Notwendigkeit zu systematischer Marktforschung im Medizintourismus.

Thommen definiert Marktforschung als *„systematische, auf wissenschaftlichen Methoden beruhende Gewinnung und Auswertung von Informationen über die Elemente und Entwicklungen des Marktes unter Berücksichtigung der Umweltbedingungen. Ziel ist das Bereitstellen von objektiven Informationen und Analysen, die als Grundlage für die Planung, Entscheidung, Anordnung und Kontrolle von Marketing-Massnahmen dienen"* (2007, S. 217).
In der Marktforschung werden allgemein drei Studientypen unterschieden: explorative, deskriptive und Kausal-Untersuchungen. In der Exploration, die meist am Anfang der Analyse eines Marktes steht, werden Einflussfaktoren ausfindig gemacht, Einzelaspekte eines komplexen Themenfelds gesucht und Zusammenhänge festgestellt.
In deskriptiven Studien werden relevante Merkmale eines Marktes und seiner Segmente beschrieben, Zusammenhänge analysiert und Prognosen erstellt. Dies kann sich als Querschnitts-Untersuchung auf einen Zeitpunkt oder als Längsschnitt-Studie auf Zeiträume beziehen. Die Analyse von Ursache-Wirkungs-Beziehungen ist Inhalt des dritten Studientyps (vgl. Kuß & Eisend, 2010, S. 34ff). Die Wahl des Untersuchungstyps hängt neben der Fragestellung und dem Ziel davon ab, wieviel bereits über den betreffenden Markt bekannt ist, und welche Güte die verfügbaren Daten haben.
Der deutsche Medizintourismus ist wie der weltweite Medizintourismus ein wenig erforschter Nischenmarkt (vgl. Pforr & Locher, 2013, S. 86). Hier ist ein explorativer Untersuchungstyp angemessen (vgl. Kuß & Eisend, 2010, S. 34). Diese Studie ist eine explorative Marktanalyse; dort, wo es die Datenlage erlaubt, wird ergänzend deskriptiv vorgegangen.

In dieser Studie wird der Markt auf vier Betrachtungsebenen analysiert. Auf der ersten wird die aktuelle Situation des globalen Medizintourismus skizziert. Die Gesundheitswesen der USA und Deutschlands in ihrer Funktion als Nachfrager und Anbieter werden auf den nächsten zwei Ebenen dargestellt. Als Synthese dieser drei Ebenen und als Präzisierung der vorherigen Perspektiven wird der Bezug zum Medizintourismus im deutschen Krankenhaussektor und zum Marktsegment der Behandlung amerikanischer Patienten hergestellt. Das Vorgehen in dieser Studie ist deduktiv, vom Allgemeinen zum Speziellen.

Ein gebräuchliches Instrument, um komplexe Datenmengen zu erfassen und für strategische Entscheidungen aufzubereiten, ist die SWOT-Analyse (Strengths, Weaknesses, Opportunities, Threats), deren Autor unbekannt ist. Sie kann sowohl auf Individuen und einzelne Organisationen als auch auf Länder und Märkte angewendet werden (vgl. Helms & Nixon, 2010, S. 219ff). Allerdings wird vor einer unreflektierten Anwendung gewarnt, da die vier Kategorien zu Simplifizierungen und Fehleinschätzungen verleiten können (vgl. Everett, 2014, S. 58ff). Es wird empfohlen, die SWOT-Analyse mit weiteren Instrumenten zu kombinieren, um ein differenzierteres Bild der Einflussfaktoren des immer komplexer werdenden Umfeldes der Organisation zu bekommen (vgl. Panagiotou & van Wijnen, 2005, S. 156). Diesem Zweck dient die PESTEL-Analyse (Political, Economic, Social, Technological, Ecological, Legislative Factors) und ihre Variationen wie PEST. Panagiotou und van Wijnen schlagen eine Erweiterung in der Form von PESTILE mit dem I für International Issues vor, um die globalen Einflussfaktoren besser abzubilden (vgl. 2005, S. 159). Die Kombination einer SWOT- mit einer PESTILE-Analyse wird für die Markforschung im Medizintourismus als besonders geeignet angesehen (vgl. Illing, 2000, S. 8; Caballero-Danell & Mugomba, 2007, S. 51ff). In dieser Studie wird dies in Kapitel 5 zur Analyse Deutschlands als Destination umgesetzt. Auf Deutsch ergibt sich aus PESTILE das Kürzel PÖSTIRÖ: politische, ökonomische, sozio-kulturelle, technologische, internationale, rechtliche und regulatorische sowie ökologische Einflussfaktoren.

Die meisten Publikationen und Expertenaussagen zum deutschen Medizintourismus beziehen sich auf den Krankenhaussektor. Für diesen stärker Sektoren- und Unternehmensbezogenen Fokus wurde für diese Studie ein drittes Analyseinstrument ausgewählt, der sogenannte Marketing-Mix. Wie oben beschrieben, gilt Marktforschung als die Basis für das Marketing und die Definition von Unternehmenszielen. Aus den Zielen werden Strategien entwickelt, z.B. zur Kundengewinnung. Ein verbreitetes marketingpolitisches Instrument zur Gliederung und Operationalisierung dieser Strategien ist der Marketing-Mix. Er wird in der Form der sogenannten 4 Ps dargestellt: Product, Price, Place und Promotion, zu Deutsch: Produkt, Preis, Distribution und Kommunikation. Die Ps sind als Oberbegriffe zu verstehen, so steht z.b. Produkt für Produktpolitik (vgl. Thommen, 2007, S. 191). Für das Gesundheitswesen wird vorgeschlagen, die 4 Ps auf 7 Ps zu erweitern, z.b. um Personnel, Physical Facilities und Process Management (vgl. Schlüchtermann, 2013, S. 176). Da diese drei Ps einen eher unternehmensinternen Fokus haben, diese Studie jedoch den Markt und den Krankenhaussektor insgesamt betrachtet, wird hier der Marketing-Mix mit 4 Ps genutzt. Wo relevante Aspekte zu den weiteren Ps gefunden wurden, werden sie an passender Stelle integriert.

Je nach Herkunft der Daten wird die Marktforschung in Primär- und Sekundärforschung unterteilt. Bei der Sekundärforschung werden bereits vorhandene inner- oder außerbetriebliche Daten verwendet. Neue Daten werden dagegen in der Primärforschung gewonnen (vgl. Thommen, 2007, S. 219ff). Den Schwerpunkt dieser Untersuchung bilden Recherchen und Datenauswertungen in Form von Sekundärforschung; diese werden durch selber erhobene Primärdaten ergänzt.

2.2 Quellen der Sekundärforschung in dieser Marktanalyse

Als eine Methodik der Sekundärforschung wurde für diese Studie die Evidence-based Health Care (EbHC) genutzt. Die EbHC bietet eine Richtlinie zur Recherche und Auswertung von Studien der Medizin, der Sozial- und der Wirtschaftswissenschaften und betrachtet sie nach deren Evidenzgrad, d.h. nach der wissenschaftlichen Güte. Dies können Studien der klinisch-experimentellen Forschung, der qualitativen Forschung und der unter den Alltagsbedingungen der Leistungserbringung stattfindenden Versorgungsforschung sein (vgl. Schrappe & Lüngen, 2010, S. 26ff; Büsching, 2014, S. 20f). Für diese Analyse wurden hauptsächlich Studien innerhalb der marktbezogenen Perspektive Medizintourismus ausgewertet. Tabelle 1 dient als Überblick über die genutzten Ressourcen. Die Beispiele, die Thommen zu Quellen der Sekundärforschung nennt, werden hier auf den Markt des Medizintourismus angewendet (vgl. 2007, S. 220).

Es wurden Recherchen in mehreren Etappen und Differenzierungsgraden durchgeführt und dafür Suchmaschinen, Datenbanken, elektronische und Print-Medien sowie der wirtschaftswissenschaftliche Bestand, die Zugriffsrechte und das Fernleihsystem von zwei Hochschulbibliotheken genutzt. Zusätzlich wurde von einigen Organisationen wie dem Statistischen Bundesamt Datenmaterial erbeten. Der Besuch des deutschen Fachkongresses ergänzte die Datenerhebung.

Abschließend ist anzumerken, dass die Quellen für diese Studie nach bestem Vermögen gesucht, ausgewählt und analysiert wurden. Die Literaturauswahl erhebt jedoch keinen Anspruch auf Vollständigkeit in dem Sinn, wie bei systematischen Reviews vorgegangen wird, in denen einzelne Fragestellungen mit engem Fokus betrachtet werden (vgl. Crooks,

Kingsbury, Synder & Johnston, 2010, S. 4). Bei dem begrenzten zeitlichen und personellen Rahmen dieser Studie muss sozusagen ein toter Winkel im Rückspiegel der Recherche in Kauf genommen werden.

Tabelle 1: Quellen der Sekundärforschung für die explorative Marktanalyse des Medizintourismus aus den USA nach Deutschland

Allgemein (international und national)	International
• Fachdatenbanken (Medline etc.) • Elektronische Fachzeitschriften • Printmedien (Bücher, Zeitschriften) • Suchmaschinen-Ergebnisse • Überblicksarbeiten, Reviews • Hochschulpublikatonen • Consulting-Analysen • Tagungsbände, Forschungsberichte, Projektpapiere (Graue Literatur) • Abschlussarbeiten • Medienberichte, Presse • Websites von Fachmessen • Websites von Vermittlungsagenturen • Gespräche und Mails mit Experten (zusätzlich zu den Interviews)	• United Nations Organization • World Trade Organization • World Health Organization • World Trade Organization • Organization for Economic Cooperation and Development • Joint Commission International • International Society for Quality in Health Care • Observatoire Social Européen • Publikationen von Forschungsgruppen wie die um Lunt, Hanefeld et al.; Johnson et al.; Crooks, Turner et al. und andere • Standardwerke von Bookman & Bookman, Connell, Hall, Lunt u.a.
USA	**Deutschland**
• U.S. Department of Commerce • U.S. Department of Health and Human Services • Agency for Healthcare Research and Quality • Deloitte Center for Healthcare Solutions • Gallup Corporation • American Medical Association • Medical Tourism Association • Ratgeberliteratur von Todd • Medizintourismus-Reiseführer	• Bundes- und Landesministerien • Statistische Bundes- und Landesämter • Außenhandelskammern, Handelskammern • Deutsche Zentrale für Tourismus • Deutsche Krankenhausgesellschaft • Verbände, Vereine, Interessengemeinschaften • Besuch Fachkonferenz • Publikationen der Hochschule Bonn-Rhein-Sieg

2.3 Der qualitative Forschungsansatz in der Primärforschung

Es ist wenig Datenmaterial zum Marktsegment des Medizintourismus aus den USA nach Deutschland vorhanden. Daher wird die Datenerhebung in dieser Untersuchung durch Primärforschung ergänzt. Bei explorativer Primärforschung zu einem wenig bekannten Thema wird der qualitative Ansatz als Untersuchungsdesign empfohlen. Unter qualitativen Daten werden hier gemäß Kuckartz alle Arten von Daten (Texte, Interviews, Websites etc.) verstanden, die nicht numerisch sind (vgl. 2014, S. 14). Die qualitative Forschung hat zum Ziel, die Merkmale und Einflussfaktoren eines komplexen Phänomens aufzuzeigen und zu

8

strukturieren. Die so gewonnenen Erkenntnisse dienen als Grundlage für vertiefende qualitative, quantitative oder experimentelle Untersuchungen. Im Unterschied zum Anspruch der Objektivität bei quantitativen Studien ist beim qualitativen Ansatz das Subjekt der forschenden Person gewollt Teil des Erhebungsprozesses. So kann sie bei zunehmender Kenntnis des Phänomens z.B. einen anfänglich entworfenen Interview-Leitfaden im Forschungsverlauf zielgerichtet ergänzen – im Sinn eines zirkulären, hermeneutischen Verstehens-Prozesses (ebd., S. 31). Diese Option wurde auch hier in Form von vertiefenden Ergänzungsfragen während der Interviews genutzt. Die Probanden werden bei qualitativen Studien nicht als Zufallsstichprobe, sondern nach inhaltlichen Gesichtspunkten ausgewählt, ohne den Anspruch statistischer Repräsentativität. Die Probandenzahl ist meist klein, die gewonnene Datenmenge allerdings groß (vgl. Kuß & Eisend, 2010, S. 44ff). Dies war auch bei dieser Studie der Fall (vgl. Anhang B).

Eine häufig eingesetzte Methode in explorativen Marktstudien und in qualitativen Studien ist das Experteninterview (vgl. Flick, 2010, S. 214). Eine Definition des Experten lautet: *„In Abgrenzung insbesondere zum Spezialisten verfügt der Experte also insofern über umfassenderes Wissen, als es ihn nicht nur zur Problemlösung, sondern zur Erkenntnis und zur Begründung sowohl von Problemursachen als auch von Lösungsprinzipien befähigt"* (Pfadenhauer, 2005, S. 115). In der Marktforschung sind Experten Personen, die spezifisches Wissen zu Prozessen und Inhalten eines Geschäftsfeldes haben, wie Autoren, Wissenschaftler und unternehmensinterne Fachleute (vgl. Kuß & Eisend, 2010, S. 35). Für die Interviews in dieser Studie wurden Experten gewonnen, die langjährige Erfahrung mit dem Markt des Medizintourismus haben und mit den Gesundheitswesen der USA und Deutschlands vertraut sind (vgl. Kap. 5.1). Tabelle 2 gibt einen Überblick über die Merkmale der Experteninterviews. Die für die Tabelle verwendeten Kriterien orientieren sich an den Empfehlungen der American Association for Public Opinion Research (vgl. 2015, o.S.).
Die Themen und Fragen des Leitfadens wurden in Anlehnung an Alleman et al. (2010), Boscher (vgl. 2015, o.S.) und Todd (vgl. 2012a, S.125ff; 2012b, S. 89ff) entwickelt. Als Einschränkung ist anzumerken, dass die Auswertung der Interviews nicht nach dem vertieften qualitativen Verfahren erfolgte, bei dem jeder Satz exakt wörtlich transkribiert und anhand eines komplexen Kodierungs-Systems entschlüsselt wird, u.a. um unbekannte Aspekte zu finden.
Auch wenn zu dem betrachteten Marktsegment im Medizintourismus wenige Daten vorliegen, so können doch die zentralen Oberthemen als gesichert gelten. Die Antworten der Experten wurden stattdessen beim Gespräch in Schnellschrift notiert, direkt danach ausformuliert und ins Deutsche übersetzt. Eine leichte Unschärfe bei manchen Formulierungen wird toleriert.

Tabelle 2: Merkmale der leitfadengestützten Interviews mit amerikanischen und deutschen Experten zum Medizintourismus aus den USA nach Deutschland

Studiendesign; Datenerhebung	• Qualitativ; strukturiertes telefonisches Experteninterview anhand von Leitfaden; ergänzend orientierende Inhaltsanalyse der Unternehmenswebsite
Grundgesamtheit	• Amerikanische und deutsche Experten, die den Markt des Medizintourismus und die Gesundheitswesen der USA und Deutschlands kennen • Profil: Geschäftsführer von Patientenvermittlungsagenturen und Consulting-Firmen, Autoren, Hochschulpersonal und -dozenten, Verbandsvorstände
Stichprobenziehung; Teilnehmerzahl	• Gezielte Auswahl, keine Zufallsstichprobe • Anfrage bei 25 Personen per Telefon und Mail • Teilnehmerzahl: 6 Personen (4 Männer, 2 Frauen)
Zeitliche Informationen	• Pre-Test & Revision der deutschen und englischen Version des Leitfadens mit 4 Personen (2 Deutsche, 2 US-Amerikaner) im November 2015 • Experteninterviews November bis Dezember 2015 • Dauer pro Interview: 40 – 120 Minuten • Zeitbedarf für Auswertungs-Gesamtprozess pro Interview: ca. 12 Stunden
Zielsetzung	• Explorative Untersuchung; breites Themenspektrum • Blick auf den Medizintourismus aus den USA nach Deutschland aus amerikanischer und deutscher Perspektive • Innen- und Außensicht auf den deutschen Markt
Theoretischer Hintergrund der Themenbereiche des Leitfadens	• Marktanalyse anhand Primärforschung • Einschätzung, Meinung, Prozess- und Deutungswissen von Experten • Stärken, Schwächen, Chancen und Risiken in Bezug auf Deutschland als Medizintourismus-Destination (SWOT-Analyse) • Berücksichtigung von politischen, ökonomischen, sozio-kulturellen, technologischen, internationalen, rechtlich-regulatorischen und ökologischen Einflussfaktoren (PÖSTIRÖ-Faktoren) • Marketing (Marketing-Mix: Produkt, Preis, Distribution, Kommunikation) von deutschen Kliniken im Medizintourismus aus Expertensicht
Themenbereiche	• Unternehmens- und Tätigkeitsprofil der Experten • Zielgruppe der Patienten (Altersspannen, Versicherungsstatus) • Nachgefragte Produkte (medizinische Fachgebiete und Einrichtungen) • Finanzierung der Behandlung sowie der Vermittlung • Qualitätsbeurteilung des medizinischen Dienstleisters aus Expertensicht • SWOT-Analyse von Deutschland und seiner Kliniken als Destination • Frage des Datenschutzes, der Akkreditierung und des Haftungsrechts • Einschätzung der Potenziale und Trends im Geschäftsfeld

Die Interviewteilnehmer bestanden nicht auf Anonymisierung. Im Verlauf der Befragung wurde jedoch deutlich, dass dieses Marktsegment klein und kompetitiv ist, und die Experten der Autorin z.T. betriebliche Interna anvertrauten. In dieser Studie interessiert weniger die Einzelperson als ihre exemplarische Expertenmeinung. Auch wäre es bedauerlich, wenn die Autorin einen Sperrvermerk über die Studie verhängen müsste. In Abwägung dieser Argumente und zum eigenen Schutz und dem der Befragten hat die Autorin daher entschieden, die Aussagen – auch in Bezug auf das Geschlecht der Person – anonymisiert wieder zu geben. Die Aussagekraft wird dadurch nicht verringert, und eine Rückverfolgbarkeit im Sinn eines Unternehmensprofils wird gewährleistet (vgl. Stickel-Wolf & Wolf, 2011, S. 263). Im Text werden die Experten AE1/ AE2/ AE3 (= Amerikanischer Experte 1 etc.) und DE1 etc. genannt (= Deutscher Experte) und die Aussagen jeweils zugeordnet. Der Interview-Leitfaden findet sich in Anhang A; in Anhang B das Gesamtdokument der anonymisierten Rohdaten.

Abschließend ist zur Methodik anzumerken, dass bei jeder Analyse des Phänomens Medizintourismus die Herausforderung besteht, große Literaturmengen in einem Feld zu bewältigen, in dem es gleichzeitig an verlässlichen und hochwertigen Daten mangelt (vgl. Lunt, Smith, Exworthy et al., 2014, S. 603ff). Diese Problematik erfordert laut Lunt et al. ein innovatives Vorgehen und eine breite Methodik. Der *„Mixed-Methods-Approach"* versucht, dem gerecht zu werden, indem quantitative und qualitative Daten genutzt, und Primär- und Sekundärforschung kombiniert werden. Es wird eingeräumt, dass dieses Vorgehen vorläufig ist und nur eine Momentaufnahme von diesem volatilen Markt bieten kann (Lunt, Smith, Mannion et al., 2014, S. 7). Diese Studie folgt diesem Ansatz und unterliegt denselben Einschränkungen. Die inhaltliche Breite hat den Vorrang vor der Vertiefung, die auf der Grundlage der hier geleisteten Exploration in zukünftigen deskriptiven Studien und Ursache-Wirkungs-Analysen erfolgen kann.

3 Rahmenbedingungen des Medizintourismus

Medizintourismus wird als eine Funktion des ökonomischen Wandels gesehen. In Kapitel 3 werden die Rahmenbedingungen und Merkmale des Medizintourismus sowie die Nachfrageseite der USA und die deutsche Anbieterseite im Kontext dieses globalen Wandels dargestellt.

3.1 Eingrenzung und Definitionen

Medizintourismus wird als ein Teilbereich des Gesundheitstourismus angesehen und ist nach Connell zu verstehen *„as umbrella term for circumstances where improved health is a key element within a holiday or travel overseas, and where this involves some invasive procedures (but also medical tests and check-ups), rather than the more passive involvement of health and wellness tourism"* (2011, S. 7). Connell schließt die Zahnmedizin, die Kosmetische Chirurgie und die Rehabilitation ein. Der Begriff Medizintourismus wird seit den 1970er Jahren benutzt (vgl. Bookman & Bookman, 2007, S. 5). Über die Definition besteht international kein Konsens. Je nach Autor, Land und Interessenlage wird der Begriff unterschiedlich gehandhabt, wie nach der Art des Eingriffs (invasiv vs. nicht invasiv), nach der Indikation (medizinisch notwendig vs. nicht notwendig), nach der Intention (planbar vs. ungeplant) sowie nach der Dauer und dem Ort (kurz/ ambulant vs. länger/ stationär) (vgl. Connell, 2013, S. 1ff; Freyer, 2014, S. 73). Beichl unterscheidet zwei Arten von Medizintourismus: erstens der allgemeine Medizintourismus, in dem die Kostenfrage dominiert und Routineeingriffe durchgeführt werden. Zweitens der selektive Medizintourismus, bei dem hochspezialisierte Eingriffe an herausragenden Kliniken vorgenommen werden, und die Aspekte des Spezialistentums und der Technologie Vortritt vor der Kostenfrage haben (vgl. 2012, S. 114f). Der uneinheitliche Gebrauch des Begriffs Medizintourismus erschwert die Verständigung aller Akteure und eine solide wissenschaftliche Analyse des Phänomens. Die Datenlage im Medizintourismus ist insgesamt spärlich und häufig von ökonomischen Interessen verzerrt (vgl. Connell, 2011, S. 7; Horsfall & Lunt, 2015, S. 25). Als Synonyme für Medizintourismus sind u.a. die Begriffe *„medical travel"* und *„cross-border healthcare"* gebräuchlich (Turner & Hodges, 2012, S. 7), auf Deutsch u.a. auch *„Patientenimport"* (vgl. Illing, 2000, Vorwort) und *„Patiententourismus, Kliniktourismus, Operationstourismus"* (Juszczak & Beyer, 2014, S. 4).

Es wird kritisiert, der Begriff Medizintourismus trivialisiere das Leid der Patienten und suggeriere Vergnügen (vgl. Cohen, 2010, S. 225f). Gleichwohl wird er auch von Experten vorrangig benutzt (vgl. Turner & Hodges, 2012, S. 6f). Tourismus beschreibt *„die Gesamtheit aller Erscheinungen und Beziehungen, die mit dem Verlassen des üblichen Lebensmittelpunktes und dem Aufenthalt an einer anderen Destination (…) verbunden sind. Das Kriterium der Bewegung außerhalb des üblichen Arbeits- und Wohnumfeldes ist allein begriffsbestimmend"* (Frietzsche, 2016, o.S.). Nach dieser Definition von Tourismus sind auch reisende

Patienten Touristen, unabhängig vom Erholungs- oder Vergnügungswert der Reise. Sie nehmen mit ihrer Begleitung touristische Leistungen wie Transport, Unterkunft, Verpflegung etc. in Anspruch – auch in Fällen, in denen das Reisebudget klein ist (vgl. Connell, 2006, S. 1098). Daher wird hier an dem Begriff Medizintourismus festgehalten und in Sinn der Definition von Connell verwendet. Im Tourismus und im Medizintourismus wird der Begriff Destination verwendet, um Zielländer und Zielregionen zu beschreiben. Weitere Begriffsdefinitionen erfolgen im jeweiligen Kontext.

Das Leistungsspektrum im Medizintourismus ist divers und kontrovers – es beinhaltet alle erdenklichen Behandlungen von Routine-Operationen bis zu Hightech-Medizin. Manche der Behandlungen berühren Fragen, die im Land des Patienten ethisch und juristisch anders bewertet werden als im Land der Behandlung (vgl. Connell, 2011, S. 173f). Hohe Gewinnmargen im Medizintourismus und eine steigende Nachfrage nach Organen befördern z.T. kriminelle Lieferketten. Die Vereinten Nationen gehen davon aus, dass bis zu 10 % aller mehr als 100.000 jährlich weltweit transplantierten Organe auf illegale Weise beschafft wurden (vgl. Ärzte Zeitung online, 2014, o.S.). Destinationen für Transplantationstourismus sind u.a. China, Pakistan und Indien; Empfängerländer sind meist westliche Industrie- oder arabische Staaten (vgl. Jäger & Günther, 2011, S. 180).

In manchen Ländern wird Medizintourismus als eine bedeutsame Einkommensquelle und hoffnungsvolle Strategie für Wirtschaftswachstum mit viel Potenzial gesehen, und von Regierungen und Kliniken strategisch ausgebaut (vgl. Bookman & Bookman, 2007, S. 9; Hall, 2011, S. 9). Kritiker sehen Medizintourismus als Symptom eines forcierten Neo-Liberalismus, der die Privatisierung von Krankheitskosten beschleunige und damit die soziale Ungleichheit verstärke (vgl. Hall, 2013, S. 18).

Als Forschungsgegenstand zeigt sich im Medizintourismus seit etwa 2005 ein rasanter Anstieg der Publikationen (vgl. Hall, 2011, S. 5). Ein viel zitierter Beitrag aus der Anfangszeit spielt ironisch mit der Alliteration *„Sea, sun, sand and … surgery"* (Connell, 2006, S. 1093). In einer Studie wurde mit 392 wissenschaftlichen Publikationen des Medizintourismus eine Pfadanalyse durchgeführt, um die Schwerpunkte und Knotenpunkte des Forschungsgebietes seit 2004 zu identifizieren. Es zeigten sich zwei Themenstränge: der eine beschäftigt sich mit Ethik, Risiken und Regulierungsfragen, z.B. in Bezug auf Organtransplantationen. Der zweite Pfad behandelt die Entwicklung des Marktes, die Motive der Patienten, die ökonomischen Fragen und das Marketing. Seit 2011 sind eine Fusion der Pfade und neue Schwerpunkte festzustellen, was für eine Konsolidierung des Marktes und seiner Analyse spricht. Seither sind z.B. die Mechanismen und Akteure des Marktes, Risikoanalysen, die Soziologie des

Medizintourismus und kleinere Marktsegmente Forschungsobjekt (vgl. Chuang, Liu, Lu & Lee, 2014, S. 50ff). Diese Studie beleuchtet ein solches Marktsegment. Der internationale Rahmen des Marktes wird im Folgenden dargestellt.

3.2 Internationaler Handel mit Gesundheitsdienstleistungen

Die Globalisierung wirkt als Förderfaktor auf den Handel mit der internationalen Dienstleistung Medizintourismus, gleichzeitig bestehen Handelshindernisse und Risiken. Diese Faktoren und die ökonomischen Merkmale des Marktes sind Inhalt der folgenden Kapitel.

3.2.1 Modus der Dienstleistung und Förderfaktoren des Medizintourismus

Der Rahmen des internationalen Handels mit Dienstleistungen wird durch das 1995 von der Welthandelsorganisation (WTO) verabschiedete Handelsabkommen „General Agreement on Trade in Services" (GATS) definiert (vgl. WTO, 2016a, o.S.). Ziel sind der Abbau von Handelshindernissen und einheitliche Standards. Der Dienstleistungshandel macht etwa 20 % des Gesamtvolumens des globalen Handels aus, mit weiterem Wachstumspotenzial (vgl. WTO, 2016b, o.S.). Tabelle 3 stellt die vier Dienstleistungsmodi im grenzüberschreitenden Handel nach GATS dar.

Im Medizintourismus sind alle vier Dienstleistungs-Modi zu finden; die meisten Dienstleistungen werden im Modus 2 angeboten, d.h. die Patienten bewegen sich für die Behandlung ins Ausland (vgl. Turner & Hodges, 2012, S. 8).

Tabelle 3: Die vier Dienstleistungsmodi nach dem General Agreement on Trades in Services (GATS) mit Beispielen aus dem Medizintourismus; eigene Darstellung in Anlehnung an Bookman & Bookman (2007, S. 27) und Turner & Hodges (2012, S. 8)

Dienstleistungsmodus	Definition
Supply mode 1: Cross-border supply	Angebot und Inanspruchnahme der Dienstleistung, ohne dass sich der Anbieter oder der Konsument physisch bewegen müssen; Beispiel: Ein malaysischer Chirurg berät in einer Telefonkonferenz einen australischen Patienten nach dessen Heimkehr (Telemedizin).
Supply mode 2: Consumption abroad	Angebot und Inanspruchnahme der Dienstleistung durch physische Bewegung des Konsumenten zum Ort des Angebots; Beispiel: Ein mongolischer Patient reist für eine Operation nach Südkorea.
Supply mode 3: Commercial presence	Angebot der Dienstleistung in einem Land durch rechtliche Körperschaften, die ihren Sitz in einem anderen Land haben; Beispiel: Ein indisches Unternehmen baut eine Klinik auf den Cayman Islands.
Supply mode 4: Movement of the supplier	Angebot und Inanspruchnahme der Dienstleistung, indem sich der Anbieter zeitlich begrenzt in das Land des Konsumenten bewegt; Beispiel: Eine deutsche Psychologin leitet für ein Jahr ein Projekt von „Ärzte ohne Grenzen" in Nigeria für Kinder mit Blei-Vergiftung.

Der aus einem Land hinausführende Medizintourismus ist ein Dienstleistungsimport dieses Landes, der hineinkommende Medizintourismus ein Export (vgl. Bookman & Bookman, 2007, S. 26).

Wie in der Einleitung dargestellt, ist Medizintourismus geschichtlich kein neues Phänomen, doch wurden seine heutige Größe und Bandbreite erst durch den Einfluss der Globalisierung möglich. Diese wird als ein komplexer Prozess aus politischen, ökonomischen, sozialen, kulturellen und technologischen Faktoren verstanden, der viele Dimensionen und Gesellschaftsbereiche betrifft (ebd., S. 4). Die Globalisierung bedingt die heutige Ausprägung des Medizintourismus, gleichzeitig befördert der Medizintourismus die Globalisierung (vgl. Connell, 2011, S. 118). Daher wird Medizintourismus auch als eine Funktion der Globalisierung angesehen (vgl. Lunt, Ki, Horsfall & Hanefeld, 2014, S. 19). Von den zahlreichen Merkmalen der Globalisierung, die als Förderfaktoren auf den Medizintourismus wirken (vgl. Bookman & Bookman, 2007, S. 4ff; Connell, 2011, S. 42ff), kann hier nur eine Auswahl genannt werden.

Ökonomisch wirken die Zunahme des Dienstleistungshandels, die steigenden Personenzahlen im Tourismus und günstige Devisenkurse als Förderfaktoren im Medizintourismus. Im technologischen Bereich ist das Internet das zentrale Informationsmedium, das die globale Vermarktung des Medizintourismus ermöglicht (vgl. Lunt, Hardey & Mannion, 2010).

Als sozio-kultureller Faktor wirkt zum einen die zunehmende Vertrautheit von Reisenden mit anderen Kulturen. Zum anderen zeigt sich als internationaler Trend ein Wandel in der Einstellung zu Gesundheit und Schönheit, wonach beide als erwerbbares Gut angesehen werden, und das Individuum Anstrengungen zu unternehmen hat, seine Gesundheit und sein Äußeres zu optimieren. Indikatoren für diesen Trend sind die wachsende Nachfrage nach Angeboten wie Fitness, Wellness sowie Plastischer und Kosmetischer Chirurgie (vgl. Connell, 2011, S. 35ff).

Epidemiologisch steigert die Zunahme chronischer Erkrankungen die Nachfrage nach medizinischer Versorgung. Demografisch wirken der Anstieg der Lebenserwartung und eine Zunahme älterer Bevölkerungsgruppen in vielen Industriestaaten als Förderfaktor für Medizintourismus. Eine besonders relevante Teilgruppe sind die sogenannten Baby Boomer (Jahrgänge 1946 – 1964). Allein in den USA besteht diese Gruppe aus 80 Mio. Personen (vgl. Deutsche Zentrale für Tourismus/ DZT, 2015a, S. 22). Viele der Baby Boomer haben einen gesundheitsbewussten Lebensstil und treten zunehmend als Selbstzahler im Gesundheitswesen auf (vgl. Bookman & Bookman, 2007, S. 6).

Die Vorteile von Medizintourismus werden vorranging darin gesehen, dass das Land durch den Export dieser Dienstleistung Deviseneinkünfte hat, und durch die Beteiligung mehrerer Branchen ein positiver Erlös für die Volkswirtschaft erzielt wird (vgl. Bookman & Bookman,

2007, S. 28ff). Es wird gehofft, dass die lokale Bevölkerung einen Nutzen von Medizintourismus durch den Ausbau der medizinischen Versorgung hat (vgl. Gan & Frederick, 2011, S. 168), und die Abwanderung von Gesundheitspersonal (brain drain) gebremst werden kann (vgl. Lunt & Mannion, 2014, S. 156).

Als Fazit lässt sich festhalten, dass das Wachstum des Medizintourismus-Marktes seit der Jahrtausendwende unmittelbar durch die Globalisierung bedingt ist und diese befördert.

3.2.2 Ökonomische Merkmale des Medizintourismus als Markt

Medizintourismus bildet eine Schnittmenge aus medizinischen und touristischen Leistungen (vgl. Bookman & Bookman, 2007, S. 21f). Für die Beschreibung der ökonomischen Merkmale des Marktes ist der Sachverhalt der Elastizität der Nachfrage in Bezug auf Einkommen und Preis zentral. Primäre Produkte wie Agrarprodukte haben eine niedrige Einkommenselastizität der Nachfrage, d.h. höhere finanzielle Ressourcen der Konsumenten führen nicht regelhaft zu einem vermehrten Konsum. Dagegen steigt bei mehr verfügbarem Einkommen die Nachfrage nach industriell verarbeiteten Produkten und nach Dienstleistungen, so auch nach Tourismus. Dieser hat somit eine hohe Einkommenselastizität der Nachfrage. Die Preiselastizität der Nachfrage hängt dagegen davon ab, wie stark die Ware oder Dienstleistung vom Konsumenten als Notwendigkeit betrachtet wird, und welche relative Bedeutung sie im Gesamtbudget der Person hat. Je mehr die Ware als notwendig und bedeutsam bewertet wird, desto höher ist die Preiselastizität der Nachfrage – dieser Zusammenhang ist als Konsumfunktion bekannt. Daraus lässt sich folgern, dass der Konsument ein höheres verfügbares Einkommen wahrscheinlich eher in eine notwendig erachtete medizinische Behandlung investieren wird als in Tourismus. Die Preiselastizität von medizinischen und medizintouristischen Dienstleistungen ist also höher als die von touristischen Dienstleistungen. Doch auch hier gilt die Regel, dass die Nachfrage bei steigenden Preisen sinkt.

Gleichwohl bietet der Medizintourismus sowohl für Schwellenländer als auch für Industriestaaten stabilere und nachhaltigere Wachstumsperspektiven als der Tourismus (ebd., S. 36f). Tourismus und Medizin benötigen viel Humankapital und hängen mehr von der Nachfrage und von äußeren Einflussfaktoren als von nationaler Kontrolle ab. Die Medizin hat jedoch ein komplexeres technologisches Niveau und höhere Eintrittsbarrieren. Nach der Theorie des komparativen Nutzens (comparative advantage) entstehen Wettbewerbsvorteile zwischen Ländern durch die Unterschiede im Produktionsniveau und durch die Spezialisierung auf diejenigen Waren oder Dienstleistungen, die das Land besonders effizient produzieren kann (ebd., S. 21ff). In Kapitel 4 und 5 wird aus Expertensicht dargestellt, welche Merkmale und Stärken des deutschen Gesundheitswesens dem Land und seinen Kliniken als Wettbewerbsvorteile im Markt des Medizintourismus dienen können.

Die Hindernisse und Risiken auf diesem Markt werden im folgenden Kapitel dargestellt.

3.2.3 Handelshindernisse, Risiken und Eintrittsbarrieren

Die Hindernisse und Risiken im Medizintourismus können hier nur knapp in Form der Tabelle 4 dargestellt werden, ohne weiteren Kommentar im Text. Die Inhalte der Tabelle orientieren sich an den im Tabellentitel genannten Quellen. Eine Vertiefung der Themen Datenschutz (vgl. Kap. 4.5.5), Akkreditierung (vgl. Kap. 5.5.1) und Haftpflicht (vgl. Kap. 5.5.2) erfolgt in der Ergebnisdarstellung der Experteninterviews.

Für eine Überwindung der Eintrittsbarrieren in den Medizintourismus-Markt und eine erfolgreiche Destinationsentwicklung sind u.a. staatliche Unterstützung, funktionierende öffentliche Institutionen, ein stabiles wirtschaftliches Umfeld, Investitionen sowie touristische Attraktivität notwendig (vgl. Bookman & Bookman, 2007, S. 13). Abschließend lässt sich festhalten, dass im Medizintourismus z.T. inkompatible gesetzliche Standards existieren, der Markt weitgehend unreguliert ist und für die Gesundheitswesen, medizinischen Einrichtungen und die Patienten eine Vielzahl von Risiken bestehen, von denen viele noch unzureichend erforscht sind (vgl. Johnston et al., 2010, S. 10ff). Somit ist die Forschungsfrage 1) zu den Förderfaktoren, Handelshindernissen und Risiken des Medizintourismus beantwortet.

Tabelle 4: Handelshindernisse und Risiken des Medizintourismus für die beteiligten Länder, Institutionen und Patienten; eigene Darstellung in Anlehnung an Bookman & Bookman (2007, S.139ff), Crooks et al. (2010, S. 6f), Smith, Martínez Álvarez & Chanda (2011, S. 278f), Gan & Frederick (2011, S. 168), Kimball & Hodges (2012, S. 297ff), Beichl (2012, S. 115ff)

Themenfeld	Handelshindernisse und Risiken
1) rechtlicher und regulatorischer Rahmen	• Rechtliches und regulatorisches Vakuum in vielen Bereichen des Medizintourismus • Gleichzeitig Vielzahl von gesetzlichen Vorgaben im medizinischen Waren- und Dienstleistungshandel zu beachten • Nationale Datenschutzrichtlinien international z.T. inkompatibel • Reduzierte Transparenz für die Akteure in Bezug auf Korruption • Rechtliche Unklarheiten im Umgang mit Patienten, die einen im Herkunftsland verbotenen Eingriff im Ausland vornehmen ließen • Begrenzte Aufdeckung und juristische Verfolgung von sozialer Ausbeutung, z.B. bei Organgewinnung und der Rekrutierung von Leihmüttern
2) Qualitätsstandards und Akkreditierung	• Keine internationale Institution vorhanden, die Standards und Richtlinien im Medizintourismus entwickelt, durchsetzt und kontrolliert • Internationale Unterschiede in den Niveaus und Inhalten von Qualitätsstandards, Akkreditierungen und Personal-Lizensierungen • Erwerb von internationalen Akkreditierungen z.T. kostspielig

	• Unterschiedliche Behandlungsstandards zwischen den Ländern, auch bei vorhandener internationaler Akkreditierung der Einrichtung • Zusätzliche gesundheitliche Risiken durch Qualitätsunterschiede • Mangelnde Kontinuität, Versorgungs- und Finanzierungslücken bei medizinischen Komplikationen nach der Heimkehr des Patienten
3) Versicherung und Kosten-erstattung	• Krankenversicherungsgesellschaften, Arbeitgeber und staatliche Kostenträger, die Behandlungen im Medizintourismus nicht erstatten, stellen ein Handelshindernis dar • Übertragbarkeit und Kostenerstattung bei Versicherungsverträgen in Bezug auf Medizintourismus sind international uneinheitlich geregelt • Patient häufig in der Rolle des Selbstzahlers
4) Haftpflicht-schutz	• Aufeinandertreffen von zwei nationalen Rechtssystemen • Haftungsfrage z.T. ungeklärt bei Arbeitgebern als Kostenträgern • Grad des Rechtschutzes bei Behandlungsfehlern (malpractice) und Fahrlässigkeit (negligence) international uneinheitlich • Rechtsstreit im Land der Behandlung kann für den Patienten ein Risiko darstellen
5) Einreise-bestimmungen (Visa) und Transport	• Unterschiede in Einreisebestimmungen und bei der Vergabe touristischer und medizinischer Visa können ein Handelshindernis darstellen • eine ungünstige geographische Lage mit schlechter Verkehrsanbindung sind ein Nachteil im internationalen Wettbewerb im Medizintourismus • Die Reise an sich kann für den Patienten gesundheitliche Risiken bergen (Flug, Landtransport, Unterkunft)
6) Weiteres	• Gefahr der Verbreitung von Infektionskrankheiten und multiresistenten Keimen • Abwanderung von Gesundheitspersonal innerhalb des Landes (brain drain) aus dem öffentlichen in den privaten Gesundheitssektor • Investitionen bevorzugt im privaten Sektor, zum Nachteil des öffentlichen • Psychologische Handelshindernisse durch kulturelle Fremdheit

3.3 Dienstleistungen und Kommunikation im Gesundheitswesen

Dienstleistungen sind immateriell und nicht berührbar, sondern nur erlebbar (vgl. Lüthy, 2013, S. 564). Die Erstellung und der Konsum der Dienstleistung geschehen gleichzeitig, was Uno-Actu-Prinzip genannt wird. Ferner sind Dienstleistungen nicht auf Vorrat produzierbar und nicht lagerfähig. Sie können nicht den Besitzer wechseln (vgl. Illing, 2009, S. 109; Thommen, 2007, S. 238). Eine Besonderheit von Gesundheitsdienstleistungen ist, dass sich Dienstleister und Patient räumlich und zeitlich treffen müssen. Zusätzlich ist die Kooperation des Patienten notwendig, im medizinischen Sprachgebrauch Compliance oder Adhärenz genannt (vgl. WHO, 2003, S. 3). Der Patient ist Co-Produzent der Leistung und gleichzeitig ihr direktes Objekt (vgl. Schlüchtermann, 2013, S. 12). Ferner ist die medizinische Dienstleistung nicht vorführbar, und nicht im Voraus zu testen. Daher wird in diesem

Zusammenhang auch der Begriff Vertrauensgüter verwendet, in Abgrenzung zu Erfahrungsgütern. Eine falsche Entscheidung bei der Wahl des Vertrauensgutes kann hohe Kosten für den Konsumenten zur Folge haben, z.B. in Form von bleibender Behinderung bis hin zu vorzeitigem Tod. Eine weitere Besonderheit ist die ausgeprägte Informationsasymmetrie zwischen dem Kunden und dem Leistungserbringer, hier vor allem in der Beziehung zwischen Patient und Arzt. Das Spezialistentum des medizinischen, therapeutischen und pflegerischen Personals bedeutet einen Informationsvorsprung, den der Patient schwerlich einholen kann (vgl. Schreyögg, 2013, S. 166) – auch nicht in Zeiten des Internets.

Die letzte zentrale Besonderheit der Gesundheitsdienstleistung ist systemischer Art und wird als das *„Dreieck der Beteiligten in der Gesundheitswirtschaft"* bezeichnet (Schlüchtermann, 2013, S. 4). Es bildet die Stellung der beteiligten Akteure zueinander ab. In allen Fällen, in denen der Patient den Behandler nicht direkt bezahlt, sind ein oder mehrere Dritte beteiligt. Diese Dritte finanzieren über *„Third Party Payment Systeme"* die Leistung, in Deutschland meist in Form der gesetzlichen oder privaten Krankenversicherung (Schreyögg, 2013, S. 167). In diesem Dreieck besteht zwischen Patient und Leistungserbringer ein Behandlungsvertrag, zwischen Patient und Kostenträger ein Versicherungsvertrag, und zwischen Leistungserbringer und Kostenträger ein Versorgungs- und Vergütungsvertrag (vgl. Busse & Schreyögg, 2013, S. 3). Diese diversen vertraglichen Bindungen und teils divergierenden Interessen machen die Kommunikation zwischen den Beteiligten im Dreieck kompliziert und störungsanfällig. Das Dreieck ist von Informationsasymmetrien und *„spärlichen Informationsflüssen"* zwischen den Beteiligten gekennzeichnet (Schlüchtermann, 2013, S. 4). Damit sind Gesundheitsdienstleistungen sowohl *„regulation-intensive"* als auch *„trust-intensive"* (Lautier, 2014, S. 112).

Im internationalen Medizintourismus werden die Komplexität der Beziehungen und die Problematik der Informationsasymmetrie noch größer, da Akteure aus zwei Gesundheitssystemen interagieren, ein Mangel an Regulierung herrscht, und zur Medizin weitere Branchen dazu kommen. Aus dem Dreieck wird im Medizintourismus ein Vieleck (vgl. Kap. 4.5 zu Distribution und Kommunikation). Damit ist die Forschungsfrage 2) zu den Merkmalen und Besonderheiten der Dienstleistung Medizintourismus beantwortet.

Im Kontext dieser Besonderheiten ist für diese Studie abzuwägen, welcher der verwandten Begriffe der passendste für die Zielgruppe im Medizintourismus ist – Kunde, Konsument, Verbraucher, Klient, Medizintourist, Gastpatient oder Patient? Auch wenn viele der Personen, die Medizintourismus in Anspruch nehmen, als Kunde agieren, besteht hier eine besondere Situation – nach Schlüchtermann: *„Der Patient ist ein Kunde, allerdings ein* *besonderer Kunde.*" (2013, S. 175). Der Patient befindet sich aufgrund seines Gesundheits-problems in einer vulnerablen Lebenslage und ist in den bestehenden Informationsasymme-trien derjenige Akteur mit dem geringsten Informationsstand (vgl. Kimball & Hodges, 2012, S. 296). Der Patient bedarf somit eines besonderen Schutzes, der sich z.B. in der Berufs-ethik des medizinischen Personals und im Haftungsrecht zeigt. Der Kundenbegriff greift da-her nach Ansicht der Autorin im Medizintourismus zu kurz; trotz des marktbezogenen Fokus in dieser Studie wird daher der Begriff Patient benutzt. Wer neben ihm die Akteure im Medi-zintourismus sind, ist Inhalt des folgenden Kapitels.

3.4 Stakeholder im Medizintourismus

In Märkten treten diverse Interessengruppen auf, die jeweils spezifische Ansprüche und Er-wartungen (engl. Stakes) an ein Unternehmen haben – die Stakeholder in der Wirtschafts-terminologie. Aus Unternehmenssicht sind alle mit ihm verbundenen internen und externen Anspruchsgruppen Stakeholder (vgl. Thommen, 2007, S. 58). Konzentrische Anordnungen bieten sich zur grafischen Darstellung von Stakeholdern in der Gesundheitswirtschaft an (vgl. Dahlbeck & Hilbert, 2008, S. 3; Birschmann, 2013, S. 586; Helmig, Hinz & Graf, 2013, S. 186). Ziel bei Abbildung 1 in der Form eines Brainstormings ist es, einen Eindruck von der Vielzahl und Vielfalt der Stakeholder im Medizintourismus zu geben. Der Patient als zentraler Stakeholder befindet sich in der Mitte, um ihn versammeln sich diejenigen Personen, die z.B. in einer Klinik persönlichen Umgang mit ihm haben. Im äußeren Ring finden sich weitere Interessengruppen aus den Bereichen Transport, Tourismus, Politik, Gesundheitswesen, Weitere Dienstleister, Wissenschaft, Öffentlichkeit sowie Kostenträger und Entsender.

Zahlreiche weitere Stakeholder befinden sich im Herkunftsland des Patienten – dies wird mit „überweisender Arzt" angedeutet. Auch hinter „Krankenhaus" steht in einer imaginären Dopplung eine zweite Klinik – diejenige, für die der Medizintourismus des Patienten ein öko-nomischer Verlust darstellt, weil sie ihn als Kunden an einen medizinischen Wettbewerber im Ausland verloren hat. Zuweilen wird sie ungeplant einbezogen: dann, wenn nach der Heim-kehr gesundheitliche Komplikationen auftreten (vgl. Kapitel 3.2.3).

Abbildung 1: Vielzahl und Vielfalt der Stakeholder im Medizintourismus; eigene Darstellung in Anlehnung an Juszczak (2007, S. 29) und Lunt et al. (2012, S. 18)

Legende:
IHK = Industrie- und Handelskammer; Vertreter IO = Vertreter des International Office der Klinik; IT-Firma = Informationstechnologie-Firma; ÖPNV = Öffentlicher Personennahverkehr
Anmerkung: Um die grafische Darstellung mit möglichst knappen, eindeutigen Wörtern zu erleichtern, werden uneinheitliche Kategorien verwendet. Es werden mal die Person (im Singular, z.B. Dolmetscher), mal die Institution (z.B. Abrechnungsfirma) und mal die Branche (z.B. Pharma-Industrie) genannt; Auswahlkriterium dabei war allein die Kürze und Prägnanz das Wortes.

Dieser Blick auf die Vielzahl und Vielfalt der Beteiligten im Medizintourismus beantwortet die Forschungsfrage 3) zu den Stakeholdern. Es wird deutlich, dass bei jedem einzelnen Patientenfall ein spezifisches Netzwerk an formellen und informellen Stakeholdern mitwirkt. Für das Unternehmen ist daher eine detaillierte Stakeholder-Analyse unabdingbar, in der diese nach Einfluss und Bedeutung kategorisiert werden. Nur so können Risiken begrenzt, durch eine strategische, qualitativ hochwertige Kooperation im Netzwerk Synergien erreicht und Mehrwert geschaffen werden.

3.5 Die USA: Größter Nachfrager nach Medizintourismus

Um die Nachfrage eines Landes nach Medizintourismus einschätzen zu können, ist eine Betrachtung der wesentlichen Charakteristika seines Gesundheitswesens notwendig. Bei der folgenden Darstellung des amerikanischen Gesundheitswesens als Nachfrager werden teilweise Vergleiche zum deutschen gezogen, so dass relevante Unterschiede zur Anbieterseite aufgezeigt werden können. Die Anbieterseite beleuchtet Kapitel 3.6.

3.5.1 Vergleichende Darstellung des amerikanischen Gesundheitswesens

Die Autorin möchte diesem Kapitel voranstellen, dass das amerikanische Gesundheitswesen ein hochkomplexes Feld ist, und die gezeichnete Skizze nur grobe Umrisse bietet. Wenn hier die Schwächen dieses Systems als Faktoren der Nachfrage betont werden, dann geschieht dies in voller Anerkennung der herausragenden Innovationskraft, der Qualität und der Verdienste des Gesundheitswesens der USA.

International werden drei Arten von Finanzierungssystemen im Gesundheitswesen unterschieden: die Sozialversicherungs-, die steuerfinanzierten und die Privatversicherungs-Systeme. Das Sozialversicherungssystem (synonym: Bismarck-Modell) wurde seit dem 19. Jahrhundert in Deutschland entwickelt; u.a. haben die Benelux-Staaten dieses System. Hier bilden gesetzliche Krankenversicherungen die Grundlage der Finanzierung, die die Gelder der Pflichtversicherten unabhängig vom staatlichen Finanzhaushalt verwalten. Ein zentral organisiertes, steuerfinanziertes System ist z.B. in Großbritannien zu finden. Lediglich in den USA, Griechenland und Singapur existiert das Privatversicherungssystem, in dem die Versorgung mehrheitlich über den privatwirtschaftlichen Versicherungsmarkt finanziert wird (vgl. Schlüchtermann, 2013, S. 49ff). Die USA ist innerhalb der Länder der Organization for Economic Cooperation and Development (OECD) eine Ausnahme, indem der Bevölkerung kein universeller Schutz für einen Katalog an medizinischen Grundleistungen geboten wird (vgl. OECD, 2015a, S. 20), was im nächsten Kapitel zur Finanzierung der Behandlung vertieft wird.

In der Jahresstatistik zu den OECD-Mitgliedsländern werden u.a. Kennzahlen zu den Gesundheitswesen und dem Gesundheitsstatus der Bevölkerungen veröffentlicht. Sie bieten Anhaltspunkte zu den Stärken und Schwächen des jeweiligen Systems. Die Indikatoren zur Leistungsfähigkeit des Gesundheitswesens werden hauptsächlich unter den Themenbereichen Gesundheitsausgaben und Finanzierung, Zugang zur Versorgung sowie Versorgungsqualität zusammengefasst (ebd. S.6) – in Kurzform also die Themen Kosten, Zugang und Qualität. Beim Gesundheitsstatus ist der prominenteste Indikator die Lebenserwartung ab Geburt, die auf Grundlage der aktuellen Todesraten ermittelt wird. In den OECD-Ländern nimmt die Lebenserwartung stetig mit drei bis vier Monaten pro Jahr zu; der OECD-

Durchschnitt lag 2013 bei 80.5 Jahren, in Deutschland bei 80.9 Jahren. Die USA nehmen bei diesem Indikator mit 78.8 Jahren eine negative Sonderstellung in den OECD-Ländern ein. Dies wird auf eine Reihe von Einflussfaktoren zurückgeführt (ebd., S. 47).

Zum Gesundheitsstatus der Bevölkerung der USA wird u.a. die Adipositas genannt – mit einem Anteil von 35 % bei allen Erwachsenen an höchster Stelle im Ländervergleich. Ferner werden eine mangelhafte Versorgungsqualität bei chronischen Erkrankungen (wie Diabetes und Asthma) und Defizite bei der Vermeidung von Klinikaufenthalten bei diesen Erkrankungen festgestellt. Stärken werden dem amerikanischen Gesundheitswesen u.a. in der Form einer exzellenten Akutversorgung bei lebensbedrohlichen Erkrankungen wie Schlaganfall oder Herzinfarkt und in Form von hohen relativen Überlebensraten bei verschiedenen Krebsformen bescheinigt (vgl. OECD, 2015b, S. 2). Im deutschen Gesundheitswesen stellt die OECD ebenfalls Defizite in der Versorgungsqualität, der Kontinuität der Versorgung und der Vermeidung von Krankenhausaufenthalten bei chronischen Krankheiten fest (vgl. OECD, 2015c, S. 3).

Gesundheitsausgaben definiert die OECD als Summe des Endverbrauchs von Gütern und Dienstleistungen durch private und öffentliche Zahler. Zentrale Indikatoren sind die Gesundheitsausgaben per capita und diese Ausgaben in Relation zum Bruttosozialprodukt (Gross Domestic Product/ GDP). Bei beiden Indikatoren liegen die USA und Deutschland über dem OECD-Durchschnitt. Per capita wurden in Deutschland in 2013 4.819 $ für Gesundheitsausgaben verbraucht, in den USA 8.713 $. Die USA ist mit Abstand das Land mit den höchsten Gesundheitsausgaben weltweit und liegt per capita zweieinhalb Mal über dem OECD-Durchschnitt von 3.453 $. Deutschland nimmt den sechsten Rang ein. Die Ausgaben als Anteil am GDP lagen 2013 im Schnitt der OECD bei 8.9 %. Die USA führten mit 16.4 %, Deutschland lag mit 11 % an fünfter Stelle (vgl. OECD, 2015a, S. 164ff). Im Jahr 2014 erreichte dieser Wert in den USA 17.5 %, mit 9.523 $ per capita (vgl. Centers for Medicare & Medicaid Services, 2015, o.S.). Ein weiterer Anstieg wird prognostiziert (vgl. Morris, 2016, o.S.).

Die Kosten eines einzelnen stationären Krankenhausaufenthalts betrugen in Deutschland im Jahr 2014 durchschnittlich 4.239 € (vgl. Statistisches Bundesamt, 2016, o.S.), in den USA im Jahr 2010 13.131 $ (vgl. Mirel & Carper, 2013, S. 1). Bei einer Unterscheidung von chirurgischen und nicht-chirurgischen Krankenhausaufenthalten beliefen sich die Kosten für die nicht-chirurgischen in 2012 in den USA im Schnitt auf 8.500 $, und die Kosten der chirurgischen Aufenthalte auf 21.200 $ (vgl. Moore, Levit & Elixhauser, 2014, o.S.).

In Beantwortung der Forschungsfrage 7) zu den Merkmalen und Besonderheiten des amerikanischen Gesundheitswesens lässt sich abschließend feststellen, dass sich in diesem System spezifische Schwächen zeigen. In Fachdiskussionen wird dies *„The US health disadvantage relative to other high-income countries"* genannt (Woolf & Aron, 2013, S. 771). Kumar, Breuing & Chahal schreiben diesen Schwächen eine starke Wirkung auf die aktuelle und zukünftige Nachfrage nach Medizintourismus zu (vgl. 2012, S. 178ff).

3.5.2 Finanzierung der Behandlung in den USA

Für eine Einschätzung, wie Behandlungen im Privatversicherungssystem der USA finanziert werden und welche Personengruppen anhand des Versicherungsstatus zu unterscheiden sind, ist ein Exkurs in das Thema Krankenversicherung notwendig. Im Jahr 2010 wurde im Rahmen einer Gesundheitsreform das „Patient Protection and Affordable Care Act" (PPACA oder ACA; auch: „Obamacare") eingeführt, dessen zentrales Ziel ein besserer Zugang zur Versorgung war. Neben vielen weiteren Maßnahmen, z.B. einer Ausweitung der Zugangsberechtigung zu staatlichen Versorgungsprogrammen wie Medicare (für Rentner) und Medicaid (für Bedürftige unter der Armutsschwelle), wurde eine individuelle Krankenversicherungspflicht eingeführt, die seit 2014 gilt (vgl. Reisman, 2015, S. 575ff). Der Bevölkerungsanteil der unversicherten Erwachsenen reduzierte sich laut OECD von 14.4 % in 2013 auf 11.5 % in 2014 (vgl. 2015b, S. 2). Im Jahr 2015 sank die Rate der Unversicherten auf 9.1 % (vgl. Cohen, Martinez & Zammitti, 2016a, S. 1), im ersten Quartal 2016 auf 8.6 %, was 27.3 Mio. Personen entspricht. Seit 2010 ist dies eine Reduktion der Zahl der Unversicherten um 21.3 Mio. (vgl. Cohen, Martinez & Zammitti, 2016b, S. 1). Explizites Ziel der Republikaner im Präsidentschaftswahlkampf 2016 war die Abschaffung des ACA. Am ersten Tag nach der Wahl des republikanischen Kandidaten Donald Trump zum 45. Präsidenten der USA schlossen über 100.000 Personen eine gesetzliche Krankenversicherung ab, eine überdurchschnittliche Zahl (vgl. Frankfurter Allgemeine Zeitung, 2016, o.S.).

Die Gruppe der Unversicherten besteht nicht nur aus finanziell schlecht gestellten Personen, sondern auch aus solchen mit höherem Einkommen. Diese Teilgruppe betrug 2009 etwa 5 Millionen Personen, machte im Jahr 2010 etwa 10 % der Unversicherten aus, und liegt mit ihrem Einkommen per Definition 400 % oder mehr über der Armutsschwelle. Diese Personen haben nach ACA keinen Anspruch auf Programme wie Medicare, finanzieren ihre Gesundheitsausgaben als Selbstzahler (out of pocket) und haben ein starkes Interesse an niedrigen Behandlungspreisen, um Kosten zu sparen (vgl. Johnson, Garman, Hohmann, Meurer & Allen, 2012, S. 29). Medizinische Einrichtungen in den USA können bei Unversicherten höhere Behandlungspreise als bei Versicherten verlangen (vgl. Connell, 2011, S. 44). Unversicherte müssen nicht selten ihr Haus verkaufen, um sich z.B. eine Koronare Bypass-OP, die bis zu 200.000 $ kosten kann, leisten zu können (vgl. Gan, 2013, S. 49; vgl. Fallbeispiel in Kap. 1).

Neben Versicherten und Unversicherten ist eine dritte Gruppe zu beachten. Aus der deutschen Perspektive darf nicht vorschnell der Schluss gezogen werden, dass ein bestehender Krankenversicherungsvertrag in den USA gleichbedeutend mit einem ausreichenden Versicherungsschutz sei, da viele Policen umfangreiche Leistungsausschlüsse, hohe Selbstbeteiligungen und niedrige Kappungsgrenzen beinhalten (vgl. Lavarreda, Brown & Dandurand Bolduc, 2011, S. 474ff). Aus dieser Problematik ergeben sich die sogenannten Unterversicherten. Link und McKinlay zeigen dies im Titel einer Studie auf: *„Only half of the problem is being adressed: underinsurance is as big a problem as uninsurance"* (2010, S. 507). Für 2010 wird geschätzt, dass die Zahl der Unterversicherten im Alter 19 – 64 Jahre 29 Millionen betrug. Zusammen mit den Unversicherten ergibt sich ein Anteil von 44 % an dieser Altersgruppe und 81 Millionen Personen, also etwa ein Viertel der Bevölkerung. Unterversicherung wird für den Fall angenommen, wenn die selbst finanzierten Gesundheitsausgaben eines Haushalts mindestens 10 % des Einkommens betragen. Wenn das Einkommen unter 200 % der Armutsschwelle liegt, wird als Grenze 5 % angesetzt. Im Rahmen des ACA wurden auch Regularien zur Verbesserung der Lage der Unterversicherten eingeführt. Optimistische Studien sagen eine deutliche Reduktion der Größe dieser Gruppe voraus (vgl. Schoen, Doty, Robertson & Collins, 2011, S. 1763ff), während kritische Stimmen befürchten, dass das Problem bestehen bleibt (vgl. Pearson, 2013, o.S.).

In einer Längsschnittstudie wurde festgestellt, dass im Jahr 2007 62.1 % aller Privatinsolvenzen in den USA aufgrund medizinischer Ursachen erfolgten, meist durch Schulden bei Behandlungskosten. Von 2001 auf 2007 wurde ein Anstieg von knapp 50 % in dieser Gruppe verzeichnet. Die Mehrheit der Betroffenen gehörten zur Mittelschicht, mit Hausbesitz und gutem Bildungsstand; drei Viertel von ihnen waren krankenversichert (vgl. Himmelstein, Thorne, Warren & Woolhandler, 2009, S. 742ff). Dies weist darauf hin, dass auch bei vielen Versicherten die Kostenfrage in der medizinischen Versorgung drängend ist.

In Antwort auf die Forschungsfrage 8), welche Personengruppen im Hinblick auf ihren Versicherungsstatus und die Finanzierung der Behandlung Interesse an Medizintourismus haben, ist folgendes Resümee ziehen. Trotz einer möglichen Reduktion der Personenzahlen bei Unversicherten und Unterversicherten ist bei allen drei Gruppen ein Nachfragepotenzial gegeben.
Eine abschließende Bewertung der Wirkungen des ACA ist derzeit noch nicht möglich. Ob dieses in den USA weiterhin kontrovers diskutierte und vielfach angefochtene Gesetz unter dem neuen, republikanischen Präsidenten Donald Trump ab 2017 beibehalten, in Teilen verändert oder rückgängig gemacht wird, ist noch offen.

Unabhängig vom Versicherungsstatus verschiedener Bevölkerungsgruppen und von den zukünftigen Maßnahmen im Rahmen der Gesundheitsreform, besteht die Problematik der hohen Behandlungskosten fort. Zudem wird laut Johnson et al. die demografische Entwicklung diese Problematik weiter verschärfen und den Zugang zur Versorgung verschlechtern. Dieser Druck werde an die Patienten weiter gegeben, so dass auch bei vorhandenen Versicherungspolicen in Zukunft ein steigender Anteil an Gesundheitsausgaben von den Patienten selbst bezahlt werden wird (vgl. 2012, S. 33ff). Die Finanzierung der Behandlung im Medizintourismus ist untrennbar verbunden mit der Distribution der Dienstleistung. Daher werden die verschiedenen Finanzierungsarten des amerikanischen Medizintourismus ins Ausland in Kap. 4.5.2 dargestellt.

3.6 Antriebskräfte des Angebots: Die Situation deutscher Krankenhäuser

Die deutsche Gesundheitswirtschaft ist eine Wachstumsbranche, mit 5.2 Mio. Beschäftigen in 2014 (vgl. Statistisches Bundesamt, 2016, o.S.). Nach dem Zwiebelmodell der Gesundheitswirtschaft besteht diese aus dem Kernbereich der stationären und ambulanten Dienstleistungen und drei äußeren Ringen, in denen sich u.a. das Kur- und Bäderwesen und die Medizintechnik befinden (vgl. Dahlbeck & Hilbert, 2008, S. 3). Im Jahr 2014 gab es in Deutschland ca. 1.200 Einrichtungen der Vorsorge und Rehabilitation sowie ca. 350 Heilbäder und Kurorte (vgl. DZT, 2015c, S. 22). Der Krankenhaussektor als größter Teilbereich der Gesundheitswirtschaft setzte sich im Jahr 2014 aus 1.980 Krankenhäusern mit einer Gesamtzahl von 500.680 Betten zusammen. Die Bettenzahl verteilte sich zu 47.7 % auf öffentliche, zu 33.8 % auf freigemeinnützige und zu 18.2 % auf private Krankenhäuser. Die Bettenauslastung betrug im Gesamtschnitt 77.4 %, die durchschnittliche Verweildauer 7.4 Tage. In Bezug auf die Trägerschaft waren die Krankenhäuser zu 29.7 % öffentlich, zu 35.2 % freigemeinnützig (d.h. z.B. durch Wohlfahrtsverbände getragen) und zu 35.1 % privat. Der Anteil privater Krankenhäuser ist seit der Einführung der einheitlichen statistischen Erfassung 1991 stetig gestiegen: Im Vergleich sind diese Kliniken meist kleiner als die öffentlichen, daher stellen sie den geringsten Anteil an den Gesamtzahl der Betten (vgl. Statistisches Bundesamt, 2015, S. 8).

Welches sind die Antriebskräfte und Gründe, weshalb deutsche Kliniken – oder Krankenhäuser, in dieser Studie als Synonyme benutzt – Behandlungen für internationale Patienten anbieten und sich zunehmend im Medizintourismus engagieren?

Als Besonderheit des deutschen Gesundheitswesens gilt die sogenannte Duale Finanzierung der meisten Krankenhäuser nach dem Krankenhausfinanzierungsgesetz (KHG) seit 1972, bei der – unabhängig von der Art der Trägerschaft – eine Förderung der Investitionen durch die öffentliche Hand erfolgt, und die laufenden Betriebskosten (Sach- und Personalkosten) von den Krankenkassen finanziert werden (vgl. Schlüchtermann, 2013, S. 10). Die Duale Finanzierung und ihre Folgen sind ein kontrovers diskutiertes Dauerthema in der Gesundheitswirtschaft und -politik. Die öffentlichen Fördermittel durch die Bundesländer nehmen seit ca. 15 Jahren ab, so dass sich ein Investitionsstau in Form einer Deckungslücke zwischen Investitionsbedarf und realen Fördermitteln auftut (ebd., S. 288f). Im Gutachten des Sachverständigenrates zur Begutachtung der Entwicklung im Gesundheitswesen (SVR) von 2007 wird die Höhe des Investitionsstaus je nach Berechnungsart auf 19 bis 50 Mrd. € geschätzt (vgl. Deutscher Bundestag, 2007, S. 162). Im Gutachten des SVR von 2014 wird angenommen, dass sich die Fördermittel der Länder weiter verringern werden (vgl. SVR, 2014, S. 425), so dass von einer Vergrößerung der Deckungslücken in der Investitionsfinanzierung vieler Krankenhäuser auszugehen ist. Im Jahr 2012 hatten ca. ein Drittel der Krankenhäuser einen Jahresfehlbetrag, und 13% waren von Insolvenz gefährdet; die mangelnde Investitionskostenfinanzierung wird als einer der Gründe dafür gesehen. Um trotz der Investitionslücke eine moderne Infrastruktur vorhalten zu können, verwenden manche Kliniken für Investitionen Gelder, die für die Betriebskostenfinanzierung vorgesehen waren. Dies birgt die Gefahr von Versorgungsdefiziten und Rationierungen in der Behandlung (vgl. Refferscheid, Thomas, Pomorin & Wasem, 2015, S. 6). Die Problematik der Investitionskostenfinanzierung und das Dilemma der Deckungslücke durch steigende Kosten und gleich bleibende Erlöse sind zwei der zentralen Antriebskräfte, die Kliniken nach neuen Finanzierungsmöglichkeiten, Einnahmequellen und Geschäftsfeldern wie dem Medizintourismus suchen lassen (vgl. Schlüchtermann, 2013, S. 290).

Die Vorteile für deutsche Kliniken in der Behandlung internationaler Patienten werden vor allem in den Erlösen außerhalb des Klinikbudgets, in zusätzlichen Entgelten für wahlärztliche Leistungen sowie in einer höheren Auslastung von Betten und weiteren Ressourcen gesehen (vgl. Boscher, 2013, S. 8). Seit einer Änderung der Bundespflegesatzverordnung im Jahr 1998 können die Erlöse von der Klinik behalten werden, ohne die Verpflichtung, diese als Reinvestition für die Krankenhausfinanzierung zu verwenden (vgl. Oelschläger, 2005, S. 10). Als weitere Vorteile werden gesehen, dass internationale Patienten in Studien zu seltenen Erkrankungen einbezogen werden können, und dass das Ansehen der Klinik steigt (vgl. Juszczak, 2013, S. 152ff). Für die deutschen Patienten ist es ein Vorteil, wenn sich Kliniken im Medizintourismus um eine Erhöhung ihres Qualitätsstandards bemühen (vgl. Juszcak & Nöthen, 2006, S. 1360). Die Nachteile und Risiken für Kliniken in dem Geschäftsfeld bestehen u.a. durch zusätzliche Kosten in der Form von erhöhtem Betreuungsaufwand der Patienten und ihrer Begleitpersonen, z.B. durch zusätzliche Räumlichkeiten und Personal, Dolmetscher- oder Übersetzungsdienste u.v.a.m. (vgl. von Bandemer, Salewski & Schwanitz, 2009, S. 11). Der Vorgang des Inkasso erweist sich bei institutionellen Kostenträgern wie Botschaften als langwierig, mit einer Wartezeit bis zur Kostenerstattung von ca. 6 Monaten oder mehr (vgl. Juszczak, 2013, S. 156). Weitere Risiken im Geschäftsfeld des Medizintourismus bestehen in der Form von Zahlungsausfällen. In einer Befragung von deutschen Kliniken im Medizintourismus gaben diese im Durchschnitt den Betrag von 100.000 € Außenstand an, 14 % der Einrichtungen nennen einen Betrag von über 1 Mio. € an offenen Forderungen (vgl. Geiger, 2015, o.S.). In einer repräsentativen Umfrage des Deutschen Krankenhausinstituts gaben im Jahr 2015 35.4 % der Krankenhäuser an, Zahlungsausfälle bei nicht-deutschen EU-Bürgern, Asylbewerbern, ausländischen Kriegsversehrten und bei Patienten zu haben, die von Schleuser-Ringen in die Klinik gebracht wurden. Die Kriegsversehrten kamen u.a. aus Libyen und aus der Ukraine (vgl. Blum, Löffert, Offermanns & Steffen, 2015, S. 26f). Die Deutsche Krankenhausgesellschaft weist darauf hin, dass *„zahlreiche Krankenhäuser massive Zahlungsausfälle"* seit der Behandlung libyscher Kriegsversehrter im Rahmen einer Hilfsaktion der Bundesregierung in den Jahren 2012 und 2013 haben (2015, S. 16).

Die Behandlung internationaler Patienten wird trotz dieser Risiken als zukunftsträchtig angesehen. In einer Befragung von im Medizintourismus engagierten Kliniken sahen bereits 2004 mehr als vier Fünftel ein hohes Marktentwicklungspotenzial (vgl. Juszczak, 2007, S. 32). Dieser Anteil ist seither annähernd stabil geblieben (Stand 2013). In 2013 gaben 70 % der Kliniken an, dass sie in Zukunft hohe Aufwendungen für Investitionen in diesem Geschäftsfeld planen (vgl. Beyer & Juszczak, 2014, S. 40ff). Bei diesen Angaben muss allerdings beachtet werden, dass sie nicht für die Gesamtheit der deutschen Krankenhäuser repräsentativ sind. Als Zwischenfazit und als Antwort auf die Forschungsfrage 9) zu den Merkmalen und Besonderheiten des deutschen Krankenhaussektors, die als Antriebskräfte für das Angebot von Medizintourismus wirken, lässt sich festhalten: Krankenhäuser jeglicher Art von Trägerschaft, die im Rahmen der Dualen Finanzierung unzureichende Mittel zur Investitionsfinanzierung erhalten und eine Deckungslücke zwischen Finanzbedarf und Erträgen erleben, sind auf der Suche nach extrabudgetären Einnahmen. Die Behandlung internationaler Patienten bietet eine Gelegenheit dafür. Für diejenigen Kliniken in privater Trägerschaft, die gewinnorientiert arbeiten, sind diese Erlöse ebenfalls attraktiv. Den Vorteilen dieses Geschäftsfeldes stehen Nachteile und Risiken gegenüber. Es gibt Anzeichen dafür, dass die Kliniken, die bereits im Medizintourismus aktiv sind, mehrheitlich ihre Aktivitäten ausbauen wollen und weiteres Potenzial in dem Markt sehen.

4 Volumina, Zielgruppen und Marketing im Medizintourismus

In Kapitel 4 werden die Volumina, Zielgruppen und das Marketing im Medizintourismus auf jeweils vier Ebenen analysiert: der internationalen, der nationalen Ebene der zwei Länder und in Bezug auf das Marktsegment. Die Ergebnisse basieren auf Sekundärforschung; ergänzend fließen auch schon in Kapitel 4 Aussagen aus den Experteninterviews ein.

4.1 Volumina im Medizintourismus: Personen und Gelder

International und national gibt es keine einheitlichen Definitionen und Erhebungsstandards im Medizintourismus (vgl. Kap. 3.1). Daher sind auch alle folgenden quantitativen Angaben im Sinn eines *„generous guesstimating"* kritisch abzuwägen (Connell, 2011, S. 7).

4.1.1 Globale Bewegungsrichtungen, Anbieterländer und Volumina

Im Medizintourismus zeigen sich Bewegungen mit verschiedenen Richtungen und Distanzen: der nationale Medizintourismus innerhalb eines Landes (intrabound) und der intraregionale Medizintourismus zwischen Nachbarländern, z.B. innerhalb der EU (vgl. Connell, 2011, S. 3); drittens der internationale, oft transkontinentale Medizintourismus, der in Medien und Wissenschaft die größte Aufmerksamkeit findet (ebd., S. 114). Aus der Landesperspektive teilt sich Medizintourismus in hinausführenden (outbound) und hineinkommenden (incoming) Medizintourismus auf (vgl. Khoury, 2009, o.S.).

Geschichtlich werden die Patientenströme im Medizintourismus in drei Wellen eingeteilt: die frühen Wanderungen zu sakralen Orten, Heilern und Quellen bilden die erste Welle; sie hält bis heute an. Die zweite Welle seit dem 19. Jahrhundert zeigt sich bei Reisen aus weniger entwickelten in mehr entwickelte Länder, wie die Besuche der zaristischen Oberschicht Russlands in Baden-Baden oder die Reisen von Politikern in Kliniken der USA mit Weltruf. Als dritte Welle wird die Bewegung von Patienten aus Industriestaaten in weniger entwickelte Länder seit den 1990er Jahren bezeichnet (vgl. Pafford, 2009; zit. nach Kumar et al., 2012, S. 179). Bei der dritten Welle hat sich die vorher dominierende Bewegungsrichtung von Ost nach West mehrheitlich umgekehrt – meist in Richtung Asien (vgl. Connell, 2011, S. 3). Für viele asiatische Länder war die Finanzkrise von Ende der 1990er Jahre der Anlass, das Geschäftsfeld des Medizintourismus strategisch auszubauen (vgl. Connell, 2015, S. 398).

Die Volumina an Patientenströmen aus Entwicklungs- und Schwellenländern und solche aus Industriestaaten halten sich heute mengenmäßig in etwa die Waage (vgl. Connell, 2011, S. 3). Es wird angenommen, dass ein großer Teil der Patientenströme im Medizintourismus durch persönliche Verbindungen, Netzwerke und Traditionen zwischen Ländern (z.B. bei Indien und Großbritannien in Folge der Kolonialzeit) begründet ist – der Markt des

Medizintourismus insgesamt also weniger global, homogen, offen und wettbewerbsbezogen sei, als er häufig dargestellt wird (vgl. Lunt, Smith, Exworthy et al., 2014, S. 605ff). Im heutigen Medizintourismus finden sich bidirektionale oder multidirektionale Ströme von Patienten und Gesundheitspersonal (vgl. Connell, 2011, S. 59). Solche vielfältigen Bewegungen finden z.b. statt, wenn Amerikaner für Routineeingriffe nach Indien fliegen, die Oberschicht Saudi Arabiens für die Konsultation von Spezialisten in die USA reist, Patienten aus arabischen Nachbarländern die Dubai Healthcare City mit ihren 4000 Mitarbeitern nutzen (vgl. DHCC, 2015, o.S.), in der viele der Ärzte in England studiert haben, und wenn wiederum in England eine hohe Zahl indischer Ärzte arbeitet, die aktuell auch Deutschland als attraktives Arbeitsfeld entdecken usw.... Die Fäden dieses Geflechts lassen sich beliebig weiter kreuz und quer knüpfen, und die fortschreitende Globalisierung bildet den Webrahmen dafür.

Wie sieht die Weltkarte der Anbieterländer im Medizintourismus aus? Auch bei Länderlisten besteht die Problematik der uneinheitlichen Definitionen für Medizintourismus, daher sind nur Annäherungen möglich. In einer Studie von 2010 wurden anhand einer Analyse von 820 Websites von Vermittlungsagenturen folgende Länder aus drei vorrangigen Weltregionen identifiziert (alphabetisch nach Region): 1) Mittel- und Südamerika: Argentinien, Brasilien, Costa Rica, Kuba, Mexiko; 2) Zentraleuropa/ Naher Osten/ Afrika: Ägypten, Belgien, Deutschland, Frankreich, Griechenland, Großbritannien, Israel, Kroatien, Lettland, Litauen, Malta, Österreich, Polen, Rumänien, Slowakei, Südafrika, Tschechische Republik, Türkei, Tunesien, Ungarn, Zypern; 3) Asien: Indien, Malaysia, Philippinen, Singapur, Südkorea, Taiwan, Thailand (vgl. Connell, 2011, S. 57). Zusätzlich zu diesen Destinationen besitzen etwa 30 Länder einzelne medizinische Einrichtungen, die Anziehungspunkte für Medizintourismus sind (vgl. Juszczak, 2013, S. 151). Aktuell wird in mehreren zentralamerikanischen Ländern forciert in Medizintourismus-Projekte investiert, z.B. Antigua, Bahamas, Barbados und Cayman Islands (vgl. Connell, 2011, S. 18; Woodman, 2016, o.S.). Auch durch die aktuelle ökonomische Öffnung Kubas wird ein weiteres Anwachsen der Patientenströme in Mittelamerika prognostiziert. Für die Öl fördernden Länder Saudi-Arabien und die Vereinigten Arabischen Emirate (VAE) wird angenommen, dass diese angesichts der Wirtschaftskrise durch den niedrigen Ölpreis ihre Gesundheitswesen als Destinationen für Medizintourismus ausbauen werden, um damit unabhängiger von der Erdölindustrie zu werden (vgl. Deloitte Touche Tohmatsu Ltd./ DTTL, 2016, S. 15).

Wie viele Patienten nehmen weltweit pro Jahr Medizintourismus in Anspruch? Eine Studie von McKinsey veranschlagte für 2007 weltweit 60.000 – 85.000 Patienten im Medizintourismus (vgl. Ehrbeck, Guevara & Mango, 2008, S. 2). Diese Schätzung wird von anderen als zu vorsichtig beurteilt (vgl. Horsfall & Lunt, 2015, S. 28f). Horsfall und Lunt schätzen 5 Mio.

Patienten für 2015, bei denen der Hauptgrund der Reise eine Behandlung ist. Eine höhere Zahl sei anzusetzen, wenn alle Personen einbezogen werden, bei denen die Behandlung einer der Reisegründe ist. Es wird davon ausgegangen, dass viel Befragte einen gesundheitlichen Reisegrund verschweigen (ebd., S. 30f). Youngman geht von 6 Millionen Personen aus (vgl. 2015a, o.S.).

Für die Einschätzung der Volumina an stationären Behandlungen sind die nationalen Krankenhausstatistiken nutzbar. Allerdings wird nicht erfasst, welche Fälle ungeplant und welche im Sinn von Medizintourismus geplant waren. Für diese Problematik wird in einer McKinsey-Analyse die folgende Kalkulation vorgeschlagen: von 100 % stationären internationalen Patienten eines Landes seien 25 – 30 % abzuziehen für *„expatriates"* (d.h. Patienten, die eine andere Nationalität haben und zurzeit in dem Land wohnen, in dem sie als Krankenhausfall registriert wurden), sowie weitere 30 – 35 % als Notfälle. Nach Abzug dieser beiden Gruppen seien letztlich 35 – 45 % der Fälle als medizintouristische Patienten anzusehen (Ehrbeck et al., 2008, S. 3). Andere Autoren setzen 20 % (vgl. Pforr & Locher, 2013, S. 86) oder 30 – 40 % (vgl. Juszczak, 2013, S. 154) an. Dies muss bei der Nutzung der Krankenhausstatistik im Medizintourismus beachtet werden.

Auch bei den Schätzungen zu den globalen finanziellen Volumina im Medizintourismus gehen die Meinungen weit auseinander. Eine Kalkulation auf Basis der Daten des Internationalen Währungsfonds geht von 11.8 Mrd. $ für 2010 aus (vgl. Lautier, 2014, S. 107). Da ein großer Teil der Eingriffe im globalen Medizintourismus kleinere, nicht-operative Behandlungen seien, setzen Horsfall und Lunt einen durchschnittlichen Behandlungspreis von 500 $ pro Fall an und errechnen bei 5 Mio. Patienten ein globales finanzielles Gesamtvolumen von 2.5 Mrd. $ für 2015. Sie betonen, dass diese Kalkulation absichtlich die euphorischen Schätzungen anderer Autoren kontrastieren solle (vgl. 2015, S. 32f). Diese reichen von 20 Mrd. $ für 2011 (Pafford, 2009; zit. in Kumar & Yang, 2015, S. 1) über 45 – 95 Mrd. $ in 2013 (vgl. Medical Tourism Association/ MTA, 2014a, o.S.) oder 60 Mrd. $ (vgl. Noree, Hanefeld & Smith, 2016, S. 30) bis zu 100 Mrd. $ für 2012 (vgl. DTTL, 2014, S. 3). Diese großen Spannen bei der Frage des globalen Finanzvolumens des Medizintourismus bieten ein Beispiel für die kontroverse, unsichere Datenlage Medizintourismus (vgl. Lunt, Smith, Exworthy et al., 2014, S. 602f).

Zusammenfassend lässt sich als Antwort auf die Forschungsfrage 4) zu den globalen Volumina an Personen und Geldern feststellen, dass die meisten Destinationen in Asien, Mittelamerika und Zentraleuropa liegen. Europa und die USA sind historisch und aktuell Ziel der zweiten Welle des Medizintourismus, während sich die dritte Welle seit der Jahrtausendwende hauptsächlich auf Asien und Mittelamerika richtet.

Bei der Frage, welche Länder aktuell im Hinblick auf die Finanzvolumina im Medizintouris-mus führen, nennt eine Quelle Indien und Mexiko (vgl. MTA, 2014a, o.S.), eine andere Thai-land und Mexiko; in letzterem seien in 2014 3 Mrd. $ erzielt worden (vgl. DTTL, 2016, S. 15). Die größten Wachstumspotenziale des Tourismus weltweit werden in den Reisekategorien des Medizintourismus und der Naturreisen gesehen, mit einer Steigerung der Umsätze von 5.5 % zwischen 2010 und 2015 für den Medizintourismus (vgl. DZT, 2015c, S. 19).

4.1.2 Amerikanischer Medizintourismus ins Ausland

Auch die Schätzungen zu den Volumina von Personen und Geldern im Medizintourismus aus den USA ins Ausland variieren stark. Je nach Studie werden unterschiedliche Daten-quellen und Definitionen von Medizintourismus benutzt (vgl. Johnson et al., 2012, S. 28). Häufig zitiert wird eine Schätzung des Deloitte Center for Health Solutions, das die hohe Zahl von 750.000 US-amerikanischen Patienten im Medizintourismus für 2007 annahm (vgl. Keckley & Underwood, 2008, S. 1ff). Diese Schätzung wurde vielfach als unwahrscheinlich kritisiert und bemängelt, dass diese Projektion aus einem indischen Zeitungsartikel von 2006 übernommen worden sei, ohne Angaben zur Entstehung dieser Zahl (vgl. Johnson et al., 2012, S. 25). Die Schätzung zu 750.000 Patienten wird als ein Beispiel für die Mythenbildung in der populären und wissenschaftlichen Literatur über Medizintourismus genannt. Es ließe sich verfolgen, wie über Jahre Angaben zu Patienten- und Finanzvolumina unreflektiert übernommen würden, und häufig eine interessengetriebene Verzerrung und Übertreibung der Marktzahlen erfolge, was *„much heat but relatively littly light"* erzeuge (Lunt, Smith, Exworthy et al., 2014, S. 598ff).

Es liegen weitere Schätzungen des Deloitte Center vor, mit 540.000 Patienten für 2008 und 1.62 Mio für 2012, mit einer jährlichen Wachstumsrate von 35 % ab 2010. Die Reduktion der Zahlen von 2007 auf 2008 wird vor allem mit der Rezession in den USA begründet (vgl. Keckley & Underwood, 2009, S. 9).

Eine weitaus niedrigere Schätzung nennt für 2007 die Zahl von ca. 50.000 – 121.000 Patien-ten aus den USA. Die untere Zahl bezieht sich auf stationäre Behandlungen, die obere Zahl auf stationäre und ambulante Therapien sowie Wellness-Maßnahmen (vgl. Johnson & Garman, 2010, S. 171). Wendet man die Systematik dieser Studie auf die aktuell verfügba-ren Daten an, so ergibt sich eine weitere Schätzung: Das U.S. Department of Commerce führt jährlich bei Zehntausenden von Flugpassagieren eine Befragung durch und extrapoliert deren Angaben. Im Jahr 2014 betrug die Zahl der nach overseas (d.h. ins Ausland ohne die Nachbarländer der USA) ausgereisten Personen mit Wohnort USA 30.8 Mio. Gefragt wird u.a. nach dem Anlass der Reise. Eine gesundheitliche Behandlung (health treatment), die medizinische Behandlung und Wellness einschließt, gaben 0.4 % der Befragten als Hauptgrund an; die Behandlung als einen Reisegrund von mehreren nannten 1.0 % (vgl. U.S.

Department of Commerce, 2015a, S. 3). In Anwendung der Kalkulation nach Johnson und Garman auf die Gesamtzahl der Ausreisen, ergibt dies 123.120 – 307.800 Amerikaner in 2014, bei denen eine gesundheitliche Maßnahme der Hauptgrund oder ein Grund für die Reise waren. Dies liegt nicht weit entfernt von der Personenzahl von 500.000 für 2015, die Horsfall und Lunt mit einer jährlichen Wachstumsrate von 10 % veranschlagen (vgl. 2015, S. 31).

Zu den finanziellen Volumina des Medizintourismus aus den USA wird in einer Projektion für einen Zeitraum von 10 Jahren ab ca. 2014 geschätzt, dass das Importvolumen für Medizintourismus 300 Mrd. $ betragen wird (Riczo & Riczo, 2009; zit. nach Kumar & Yang, 2015, S. 1), das hieße 30 Mrd. $ pro Jahr. Die Datenbank der Vereinten Nationen (UN) zum Dienstleistungshandel weist unter Personal Travel/ Health-related expenditures für das Jahr 2010 jedoch lediglich ein Importvolumen von 1 Mrd. $ und für 2013 1.4 Mrd. $ für die USA aus. Der Export aus den USA, d.h. also der Medizintourismus in die USA hinein, wird mit 3.3 Mrd. $ beziffert (vgl. United Nations, 2016a, o.S.).

In einer Studie zu den Behandlungskosten in den USA, Thailand und Indien bei den drei Operationsarten Koronarer Bypass, Hüftersatz und Knieersatz wird vermutet, dass der Gesundheitswirtschaft der USA in 2005 durch den Medizintourismus in Asien allein bei diesen drei Behandlungen 1.3 – 2 Mrd. $ an Einnahmen verloren gegangen seien. Es wird davor gewarnt, dass der weiter wachsende Medizintourismus zu einer Schwächung der nationalen Gesundheitswirtschaft führen könne (vgl. Kumar et al., 2012, S. 177ff).
Eine Schätzung der fallbezogenen Ausgaben setzt für 2007 1.722 $ pro amerikanischem Patient an (vgl. Johnson & Garman, 2010, S. 176). Eine andere Studie veranschlagt in 2013 zwischen 7.475 $ und 15.833 $ pro Medizintourismus-Reise (vgl. MTA, 2014a, o.S.).

Auf die Forschungsfrage 4) zu den amerikanischen Volumina an Personen und Geldern im hinausführenden Medizintourismus muss geantwortet werden, dass hier die Angaben pro Quelle in den USA stark differieren. In dieser Studie wird der Schätzung des Personenvolumens von 0,5 Mio. nach Horsfall und Lunt gefolgt (vgl. 2015, S. 31).

4.1.3 Nachfrage nach Medizin und Tourismus in Deutschland

Gesundheits- und Medizintourismus haben in Deutschland eine lange Tradition, z.B. in der Medizinischen Fakultät Heidelbergs seit dem 14. Jahrhundert, seit dem 18. Jahrhundert in der Berliner Charité sowie in mondänen Kurorten wie Wiesbaden. Seit dem 19. Jahrhundert sind die Luftkurorte in den Mittelgebirgen und den Alpen sowie die Seebäder an Nord- und Ostsee gefragt (vgl. Wesley & Pforr, 2009, S. 17). Nach einer Krise des deutschen

Kurwesens werden Gesundheitstourismus und Wellness inzwischen als solide Wachstums-branchen angesehen (vgl. Pforr & Locher, 2012).

Im Medizintourismus ist Deutschland ist nicht nur Anbieter, sondern auch relevanter Nach-frager. So verzeichnete z.B. Polen in 2012 ein Import-Volumen von 152 Mio $ durch gesund-heitsbezogene Reisen von Deutschen in das Land. Der Import aus allen Ländern nach Deutschland, d.h. der aus Deutschland hinausführende Gesundheitstourismus inklusive Me-dizintourismus, wird für 2012 auf 832 Mio $ beziffert (vgl. Vereinte Nationen, 2016b, o.S.).

Der Medizintourismus durch internationale Patienten in Deutschland findet in Medien und Wissenschaft seit der Jahrtausendwende zunehmend Beachtung, in der Anfangszeit z.B. als Marktstudie von Illing (2000), bei Grönemeyer (2000), im Sammelband von Braun (2004), in der Presse bei Stockinger (2003) und im Deutschen Ärzteblatt (vgl. Juszczak & Zangerle, 2004 und Juszczak & Nöthen, 2006). Die Hochschule Bonn-Rhein-Sieg führt seit 2004 alle zwei Jahre eine Längsschnitt-Marktstudie in Form einer schriftlichen Befragung deutscher Kliniken durch, die im Medizintourismus engagiert sind. Kontaktiert werden etwa 250 Klini-ken, jeweils mit einer Rücklaufquote von ca. 20 – 30 % (J. Juszczcak, persönl. Mitteilung, 03.02.2016). Die Ergebnisse dieser Befragung werden hier wiederholt zitiert. Zu Teilaspek-ten des deutschen Medizintourismus aus außereuropäischen Ländern liegen einige publizier-te Abschlussarbeiten vor (z.B. Oelschläger, 2005; Ozod-Hamad, 2007; Beer, 2008; Markus, 2009; Nawarecki, 2012; Beyer, 2013). Im Vergleich zum englischsprachigen Forschungs-raum ist die Zahl der deutschen wissenschaftlichen Publikationen zum Medizintourismus gering, und ihr Evidenzgrad gemäß der Evidence-based Health Care meist relativ niedrig.

Die Patienten, die für Medizintourismus nach Deutschland kommen, bestehen aus zwei Gruppen: europäische Patienten, die im Rahmen des EU-Sozialversicherungsabkommens einreisen, und außereuropäische Patienten. Bei letzteren steht Deutschland als Destination im Wettbewerb mit der Schweiz und den USA (vgl. Juszczak, 2013, S. 153) und zusätzlich mit Großbritannien, Österreich, Tschechien, Frankreich und Israel (vgl. Tschuck, 2014, S. 20).

Eine eigene Summierung der aktuellen Rohdaten des Statistischen Bundesamtes ergibt für 2014 knapp 100.000 (99.951) stationäre Patienten, bei denen ein Hauptwohnsitz im Ausland mit genauer Benennung des Landes aufgeführt ist. Folgt man der Einschätzung, dass von dieser Fallzahl ca. 40 % als geplante Eingriffe im Sinn von Medizintourismus anzusehen sind (vgl. Juszczak, 2013, S. 154), ergeben sich knapp 40.000 Medizintourismus-Patienten, die geplant Behandlung suchten. Bei ambulanten Fallzahlen wird eine Zahl von 144.000 für 2013 geschätzt. Bei den stationären Fällen nahm die Zahl von 2012 auf 2013 um 7.7 % zu

(Juszczak, 2015; zit. nach Youngman, 2015b, o.S.). Der Anteil internationaler Patienten an allen stationär behandelten Patienten in Deutschland wird mit 0.5 % veranschlagt, bei gleichbleibender Tendenz (vgl. Juszczak & Beyer, 2014, S. 6). In Kliniken, die sich verstärkt im Medizintourismus engagieren, kann der Anteil der internationalen Patienten allerdings bis zu 40 % betragen (vgl. Pforr & Locher, 2013, S. 86). Die häufigsten Herkunftsländer der Patienten finden sich in Kap. 4.2.3.

Das finanzielle Volumen, das deutsche Kliniken jährlich im Medizintourismus erwirtschaften, wird auf 1.1 Mrd. € geschätzt (vgl. Juszczak & Beyer, 2014, S. 6). Die Datenbank der Vereinten Nationen enthält bedauerlicherweise keine Export-Daten für Deutschland in der Rubrik Personal Travel/ Health-related expenditures, so dass hier kein Datenvergleich möglich ist. Die durchschnittlichen Behandlungskosten pro Patient werden mit 9.000 – 12.000 € angesetzt (vgl. Juszczak, 2015; zit. nach International Medical Travel Journal/ IMTJ, 2015a, o.S.). Nimmt man die ca. 100.000 im Jahr 2014 stationär behandelten internationalen Patienten und setzt 9.000 € pro Fall an, ergibt sich ein Umsatzvolumen von 900 Mio. €. Für das Jahr 2013 geben im Medizintourismus engagierte Kliniken an, dass ca. 15 % ihrer Durchschnittserlöse durch internationale Patienten unter 5.000 € liegen, ca. 59 % der Erlöse zwischen 5.001 und 10.000 €, und ca. 26 % über 10.000 €. Bei den ambulanten Behandlungen betragen ca. 39 % der Erlöse zwischen 501 und 10.000 €, und ca. 15 % über 10.000 €. Pro Monat bearbeiten die Kliniken ca. 140 Behandlungsanfragen, zu ca. 70 % dieser Anfragen würden Kostenvoranschläge verschickt, und ca. 40 % dieser Voranschläge führten zu einer Behandlung (vgl. Beyer & Juszczak, 2014, S. 32). Das Universitätsklinikum Bonn gibt ein Beispiel für seine Personen- und Finanzvolumina im Medizintourismus: Zwischen 01.11.2012 und 14.08.2013 habe die Klinik 530 stationäre und teilstationäre internationale Patienten behandelt und dadurch Einnahmen von ca. 4.5 Mio. € erzielt. Die Kostenvoranschläge dieser Zeit beliefen sich auf ca. 8.6 Mio € (vgl. Holzgreve, 2014, S. 16). Dies ergibt einen Schnitt von 8.490 € pro Fall.

Die touristischen Ausgaben des Patienten und seiner Begleitung betragen meist ein Vielfaches des Behandlungspreises (vgl. Juszczak, 2013, S. 151). Wenn eine Behandlung mehrere Besuche in Deutschland erfordert, und Begleitpersonen mitreisen, ergeben sich hohe Multiplikationsfaktoren (vgl. Freyer, 2014, S. 84). Boscher nennt das Beispiel einer russischen Familie mit vier Personen (davon ein Patient) auf Klinikbesuch in Deutschland, die auf Anfrage ihr Reisebudget offenlegten. Nur ein Fünftel der Ausgaben bezogen sich auf die medizinische Behandlung (vgl. 2013, S. 11f). Es lässt sich also vermuten, dass die Tourismusbranche in vielen Fällen deutlich mehr vom Medizintourismus profitiert als die Kliniken. Tabelle 5 gibt einen Überblick über die touristischen Volumina in 2014, die die Deutsche Zentrale für

Tourismus (DZT) in Bezug auf Reisende aus USA, Russischer Föderation und arabischen Golfstaaten nennt. Patienten aus den beiden letzteren Ländergruppen stellen die Haupt-Zielgruppen im deutschen Medizintourismus dar; eine gemeinsame Betrachtung der drei Gruppen ist daher sinnvoll (vgl. Kap. 4.2.3). Die Angaben beziehen sich auf alle Reisearten und auf Unterkünfte mit über 10 Betten.

Tabelle 5: Daten der Deutschen Zentrale für Tourismus zu Ankünften, Übernachtungen, Aufenthaltsdauern und Umsätzen bei Touristen aus den USA, der Russischen Föderation und den arabischen Golfstaaten im Jahr 2014; eigene Darstellung in Anlehnung an die Daten der Deutschen Zentrale für Tourismus (vgl. 2015a, S. 12ff; 2015b, S. 12ff; 2015c, S. 8ff)

Herkunftsland der Touristen	Zahl Ankünfte/ Übernachtungen (in Millionen)	Aufenthaltsdauer (Mittelwert; in Nächten)	Gesamtumsatz pro Reise (Mittelwert; in Euro)	Ausgaben pro Nacht (Mittelwert; in Euro)
USA	2.4/ 5.2	8	2.127	256
Russische Föderation	0.95/ 2.4	9.2	1.290	140
Arabische Golfstaaten	0.58/ 1.86	12	4.344	381

Bei Reisenden aus den USA stiegen die Übernachtungszahlen von 2005 bis 2014 um 16.6 %; von 2013 auf 2014 um 5 % (vgl. DZT, 2015a, S. 13). Die USA sind der drittgrößte Quellmarkt des deutschen Tourismus nach den Niederlanden und der Schweiz, sowie der größte Überseemarkt (vgl. DZT, 2015d, S. 13). Bei den Touristen aus russischen Ländern nennt die Deutsche Zentrale für Tourismus eine Gesamtsumme des Umsatzvolumens von 3.1 Mrd. €. Das Übernachtungsvolumen steigerte sich von 2005 bis 2014 um ca. 178 %. Von 2013 auf 2014 zeigte sich ein Minus von 7.5 % (vgl. DZT, 2015b, S. 13ff), was mit der *„instabilen wirtschaftlichen und politischen Situation sowie dem schwachen Rubel (...)“* begründet wird. Es wird ein weiterer Rückgang, dann ein neuer Anstieg prognostiziert (ebd., S. 9). Bei Reisenden aus den arabischen Golfstaaten zeigte sich von 2005 auf 2014 ein Anstieg der Übernachtungszahlen von 187 %; für 2016 werden weitere 15 % angenommen (vgl. DZT, 2015c, S. 13).

Zum Bereich des Gesundheits- und Medizintourismus erwähnt die Deutsche Zentrale für Tourismus, dass russische Touristen sehr zufrieden seien in Bezug auf deutsche *„Wellness-, Schönheits-, Kur- und Gesundheitsangebote“* (2015b, S. 23). Bei arabischen Touristen wird Medizintourismus als wesentlicher Grund für Auslandsreisen allgemein genannt; Deutschland hebe sich im Vergleich mit anderen Ländern aufgrund des Niveaus der gesundheitlichen Versorgung positiv ab (vgl. DZT, 2015c, S. 11ff).

Als Fazit und Antwort auf die Forschungsfrage 4) zu den Volumina des nach Deutschland hineinkommenden Medizintourismus lässt sich festhalten, dass der deutsche Medizintourismus im Vergleich mit anderen Destinationen als Nischenmarkt zu bezeichnen ist (vgl. Pforr & Locher, 2013, S. 86), allerdings mit steigenden Volumina. Es kann jährlich von ca. 100.000 stationären und einer höheren Zahl ambulanten Behandlungsfällen ausgegangen werden, von denen ca. 40 % als geplante Behandlungen anzusehen sind. Laut Deutscher Zentrale für Tourismus ist jede zehnte Klinik bereits im Medizintourismus aktiv, mit einem Marktwachstum von 5.5 % in 2015. Dem deutschen Medizintourismus wird ein bedeutsames Wachstumspotenzial bescheinigt (vgl. 2015c, S. 18f).

4.1.4 Patientenzahlen aus den USA in Deutschland

Die Schätzung der Volumina des Medizintourismus aus den USA auf Basis der Flugpassagierbefragung des U.S. Department of Commerce (vgl. Kap. 4.4.2) lässt sich in Bezug auf Europa und Deutschland weiter führen. Deutschland lag 2014 an vierter Stelle der europäischen Reiseziele, mit einem Volumen von 1.869.000 amerikanischen Reisenden. Von den befragten Europareisenden gaben 2014 0.2 % eine Behandlung als Hauptgrund der Reise und 0.6 % die Behandlung als einen von mehreren Gründen an (vgl. 2015b, S. 3). Von der genannten Personenzahl 0.2 % und 0.6 % genommen, ergibt 3.738 Personen mit Ziel Deutschland, bei denen eine Behandlung der Hauptgrund, und 11.214 Personen, bei denen dies einer der Gründe für die Reise war. Da diese Schätzung sehr grob ist, ist ein Abgleich mit einer anderen Datenquelle sinnvoll. Dies ist zumindest für stationäre Behandlungen über die Rohdaten der Krankenhausstatistik möglich, in der sich für 2014 eine Gesamtzahl von 2.548 Patienten aus den USA finden.

Eine eigene Detailanalyse ergab, dass sich von 2000 bis 2014 eine breite Streuung in der Zu- und Abnahme der Zahlen zeigt. Die stärkste Abnahme erfolgte von 2000 auf 2001 mit -17.4 %, die stärkste Zunahme von 2008 auf 2009 mit +27.1 %. Die höchste Fallzahl wurde 2012 mit 2.955 Personen erreicht. Durchschnittlich stieg die Fallzahl jährlich um 4.5 % an, mit einer Standardabweichung von 12.5 (Ø 4.5 % ± 12.5). Von 2012 auf 2013 sank die Zahl um 6.9 %, von 2013 auf 2014 erneut um 7.4 %. Die Gründe für diesen zweimaligen Rückgang um 203 Fälle in 2013 und 204 Fälle in 2014 können mit der Methodik dieser explorativen Studie nicht festgestellt werden. Der Rückgang kann an einzelnen Kliniken und Multiplikatoren liegen, auf Konkurrenz durch asiatische oder mittelamerikanische Destinationen hindeuten oder andere Gründe haben. Eine grafische Darstellung des Zeitverlaufs der Fallzahlen aus den USA sowie ein Ländervergleich im Zeitverlauf finden sich in Abbildung 2 in Kap. 4.2.3.

Für eine Einschätzung der finanziellen Volumina in 2014 durch amerikanische Patienten stehen die Daten der Deutschen Zentrale für Tourismus und die Schätzungen nach Juszczak zur Verfügung. Setzt man für die 2.548 stationären Patienten aus den USA die durchschnittliche touristische Aufenthaltsdauer von acht Tagen und die Ausgaben pro Nacht von 256 € laut Deutscher Zentrale für Tourismus an (vgl. Tabelle 5), ergibt sich ein touristisches Umsatzvolumen von 5.2 Mio. €. Geht man von der Annahme aus, dass (unabhängig davon, ob es sich um geplante oder ungeplante Krankenhausbehandlungen handelte), 75 % der Patienten mit einer Begleitperson in Deutschland waren, ergeben sich 9.1 Mio. € touristisches Umsatzvolumen.

Nimmt man den unteren Wert der geschätzten durchschnittlichen Behandlungskosten internationaler Patienten in Deutschland von 9.000 € (vgl. Juszczak, 2015; zit. nach IMTJ, 2015a, o.S.) für die Fallzahl von 2.548, ergibt sich ein medizinisches Umsatzvolumen von 22.9 Mio. €. Folgt man der Einschätzung, dass höchstens 40 % der stationären Aufenthalte internationaler Patienten als echte medizintouristische Fälle im Sinn von geplanten Eingriffen anzusehen seien (vgl. Juszczak, 2013, S. 154), läge dann die Zahl bei 1.019 amerikanischen Medizintourismus-Patienten, die sich im Jahr 2014 absichtlich in die Hand deutscher Spezialisten im Krankenhaussektor begaben. Vermutlich hatten diese geplanten Behandlungen höhere Preise als 9.000 €.

Diese eigenen Kalkulationen in den Kapiteln 4.1.2 bis 4.1.4 sind als grobe und konservative Schätzungen einzuordnen; mehr Präzision ist bei der begrenzten Datenlage in diesem Rahmen nicht möglich. Die Antwort auf die Forschungsfrage 4) zu den Volumina in dem betrachteten Marktsegment lautet also, dass es sich bei den Amerikanern, die jährlich geplant oder ungeplant eine Behandlung in Deutschland wahrnehmen, um eine kleine Personengruppe handelt. Wie oben gezeigt, reichen die Schätzungen für 2014 von ca. 2.500 Personen (stationäre Behandlung) über ca. 3.700 Personen (ambulante oder stationäre Behandlung als Reise-Hauptgrund) bis zu ca. 11.200 Personen (gesundheitliche Maßnahme als ein Reisegrund).

4.2 Zielgruppe: Der verletzliche Kunde

Wie in Kapitel 3.4 dargestellt, ist der zentrale Stakeholder des Medizintourismus der Patient. Er hat wesentliche Interessen und Ansprüche, und es geht um seine Gesundheit und damit um seine Existenz. Seine Teilnahme am Medizintourismus kann für ihn umso mehr existenzielle Dimensionen erreichen, als er bei seiner Reise ins Ausland und in ein fremdes Gesundheitswesen mit anderen medizinischen und rechtlichen Standards besondere Risiken eingeht (vgl. Kap. 3.2.3). Dies legt auf Englisch das Wortspiel nahe: *In medical tourism, the patient holds the main stakes, and his health and life are at stake.*

4.2.1 Typologie und Motive von Patienten

Für eine grobe Typologie der Patientengruppen im Medizintourismus wird eine Einteilung in fünf Zielgruppen vorgeschlagen (vgl. Connell, 2011, S. 38f; 58f):

Die erste Gruppe besteht aus Patienten aus Entwicklungs- oder Schwellenländern, die nach Europa oder die USA reisen und damit nach Pafford der traditionellen, zweiten Welle des Medizintourismus folgen (vgl. 2009; zit. nach Kumar et al., 2012, S. 179). Hier wird die weltweit beste Behandlung gesucht; die Qualität ist relevanter als der Preis. Bekannte Ziele sind z.B. die Harley Street in London, die Schweiz, deutsche Universitätskliniken sowie das Johns Hopkins Hospital, die Mayo- und die Cleveland-Kliniken der USA.

Angehörige der Mittelschicht aus allen Arten von Ländern bilden die zweite Gruppe, nach Pafford historisch die dritte Welle des Medizintourismus. Zusammen mit der ersten Gruppe ist sie die Gruppe, die von Medien und Wissenschaft besonders beachtet wird. Bei dieser Gruppe spielen Preisunterschiede im Medizintourismus z.T. eine große Rolle.

Eine dritte Gruppe, die kaum Aufmerksamkeit auf sich zieht, aber für die Entstehung des Medizintourismus und seine aktuellen Volumina eine zentrale Rolle spielt, ist die Diaspora. Damit sind diejenigen Patienten und ihre Kinder gemeint, die im Ausland leben, arbeiten oder ihren Ruhestand dort verbringen und für eine medizinische Behandlung in das Land ihrer Geburt oder der Eltern Geburt zurückkehren, oft in Verbindung mit Verwandtenbesuchen. Die mexikanische Diaspora in den USA hat maßgeblich zur Entstehung des Medizintourismus nach Mexiko beigetragen. Ähnliches gilt für den Medizintourismus in Indien und Südkorea. Neben der kulturellen Nähe zu der Destination sind auch hier Preisunterschiede relevant.

Patienten im grenznahen Verkehr bilden die vierte Gruppe. In der EU regelt die Richtlinie EU/2011/0024 von 2011 den innereuropäischen Medizintourismus und die Erstattungsmöglichkeiten der Behandlungskosten durch den heimischen Kostenträger, u.a. im Rahmen von Kooperationen zur Verringerung von Wartelisten im Herkunftsland. Der innereuropäische Medizintourismus ist ein separates Themen- und Geschäftsfeld, in dem andere Marktfaktoren und Regularien greifen als beim außereuropäischen Medizintourismus; es sei z.B. auf Wismar, Palm, Figueras, Ernst & van Ginneken (2011) und Schreiner (2014) verwiesen.

Zur fünften Gruppe nach Connell gehören Patienten, die sich in einer medizinischen Zwangslage befinden und wegen einer Mangelversorgung im Herkunftsland ins Ausland reisen, auch wenn dafür kaum eigene Mittel zur Verfügung stehen.

Wie ist die Sicht der Patienten auf den Medizintourismus? Das Forschungsfeld zu den Sichtweisen, Motiven und Entscheidungen der Patienten im Medizintourismus wächst aktuell stark. Es werden hier einige wenige Studienergebnisse ausgewählt.

Anhand von 216 Quellen wurde ein Review mit der Frage durchgeführt, was über die Erfahrungen der Patienten im Medizintourismus bekannt ist (vgl. Crooks et al., 2010). Die Autoren stellen, ähnlich wie im ganzen Medizintourismus, einen deutlichen Mangel an empirischen Studien und höherwertiger Evidenz fest. Vier Themenbereiche wurden zur Patientenperspektive gefunden: Entscheidungsfindung, Motivation, Risiken und Patientenberichte. Im ersten Bereich werden u.a. die Push- und Pull-Faktoren diskutiert. Die hohen Behandlungskosten werden als der zentrale Push-Faktor bezeichnet, der den Patienten gleichsam aus dem Herkunftsland wegschiebt. Fehlende oder unzureichende Krankenversicherung sowie Wartelisten für Behandlungen sind weitere Push-Faktoren. Als Pull-Faktoren, die den Patienten oder Kostenträger hinaus ins Ausland ziehen, gelten vor allem die Behandlungsqualität sowie u.a. die politische Stabilität und die touristische Attraktivität der Destination. Zur Motivation wurden drei Arten von Motiven gefunden: behandlungsbezogene, reisebezogene und kostenbezogene. Im Bereich der Risiken wurden Gesundheitsrisiken, Reise-Risiken und Risiken der Vor- und Nachsorge identifiziert. Als letztes Gebiet werden die Erfahrungsberichte von Patienten im Internet genannt. Die Autoren folgern, dass Patienten im Medizintourismus viel Verantwortung zukommt, Qualität in Information und Behandlung einzufordern (ebd., S. 5ff).

Runnels und Carrera verfolgen einen bedürfnisorientierten Ansatz. Zu Beginn der Nachfrage stehe ein individuelles unbefriedigtes Bedürfnis nach medizinischer Versorgung. Als Modell wird eine vierstufige Hierarchie der Bedürfnisse vorgeschlagen, ähnlich der Maslow'schen Bedürfnispyramide. Sie geht 1) vom Bedürfnis nach basaler Gesundheitsversorgung 2) über Behandlung bei Erkrankung 3) bis hin zu Gesundheitsförderung und 4) zur optimalen Gesundheit (vgl. 2012, S. 300ff).

Hanefeld, Lunt, Smith & Horsfall führten mit 77 Patienten und ca. 60 weiteren Akteuren in Destinationen (z.B. Ärzten und Agenturen) qualitative Interviews mit der Frage durch, welches aus Patientensicht die Gründe für die Teilnahme am Medizintourismus sind (vgl. 2015, 356ff.) Ein Ergebnis war, dass formelle und informelle Netzwerke einen starken Einfluss auf die Entscheidung des Patienten haben. Sie wirken zusammen mit Agenturen als Moderatoren. Die in der Studie gefundenen allgemeinen Motive für Medizintourismus werden unter den Begriffen Zugang, Kosten, Expertise und kulturelle Nähe zusammengefasst (ebd., S. 359). Dies bestätigt die Motive und Antriebskräfte, die auch andere Studien in Form der Trias Zugang, Kosten, Qualität sowie der kulturellen Vertrautheit als weiteren Aspekt fanden (vgl. Glinos & Baeten, 2006, S. 6).

Als Antwort auf die Forschungsfrage 5) zu den Gruppen und Motiven der Patienten im globalen Medizintourismus lässt sich festhalten, dass es innerhalb der Typologie von fünf Gruppen diverse Untergruppen gibt, die – mal mehr von Push-Faktoren, mal mehr von Pull-Faktoren beeinflusst – das heimische Gesundheitswesen verlassen. Die Diversität der Patientenmotive lässt sich auf die Formel Kosten, Zugang und Qualität reduzieren. Insgesamt ist davon auszugehen, dass der Patient die Behandlung in der vertrauten Umgebung bevorzugt hätte, wäre sie für ihn dort nach seinen Maßstäben zugänglich, bezahlbar und qualitativ annehmbar gewesen (ebd., S. 18). Die Beweggründe der Patienten für Medizintourismus können demnach als Spiegelbild der Defizite des heimischen Gesundheitswesens gesehen werden: *„Patients' motives for engaging in medical tourism often provide a mirror image of their respective health systems' shortcomings"* (Turner & Hodges, 2012, S. 9).

4.2.2 Profile und Beweggründe amerikanischer Patienten

Auch das Forschungsfeld zur Sicht amerikanischer Patienten im Medizintourismus wächst gegenwärtig. Dieses Kapitel beschränkt sich zusammenfassend auf die Ergebnispräsentation aus vier Studien.

In einer qualitativen Studie wurden die Motive und Profile von Patienten aus den USA anhand von Experteninterviews mit Vermittlungsagenturen erhoben. Die Kunden dieser Agenturen bestehen aus zwei Gruppen: die eine wünscht Eingriffe der Kosmetischen Chirurgie (z.B. Fettabsaugungen), die andere Gruppe benötigt Operationen u.a. in der Kardiologie, Orthopädie oder Gynäkologie. Personen mit sehr niedrigem und sehr hohem Einkommen seien wenig am Medizintourismus interessiert, während solche mit niedrigem und mittlerem Einkommen Medizintourismus mehr nachfragten; das Geschlecht und die ethnische Zugehörigkeit spielten dabei eine geringe Rolle. Relevant waren hingegen der Versicherungs- und Arbeitsstatus, Schmerzen und die Einstellung gegenüber Risiken und Neuem. Die Kostenersparnis wurde als das zentrale Motiv genannt, daneben der Grund, Zugang zu Behandlungen zu bekommen, die in den USA noch nicht von der Zulassungsbehörde Food and Drug Administration (FDA) genehmigt wurden. Die Behandlungsqualität machten die Patienten häufig an der Person des Chirurgen fest, an den Englischkenntnissen des Personals und an dem Erscheinungsbild und der Akkreditierung der Klinik. Diejenigen, die schwerer krank und von Schmerz getrieben waren, fragten weniger nach der Qualität. Nur eine Minderheit kombinierte die Behandlung mit einem Urlaub (vgl. Karuppan & Karuppan, 2011, S. 116ff).

In einer anderen qualitativen Studie mit 114 amerikanischen Bürgern wurde eine Vielzahl von Motiven und Erwägungen zu Medizintourismus gefunden: Sie bezogen sich u.a. auf die Vorteile, Risiken und Barrieren des Medizintourismus und auf die Krise des Gesundheitswesens der USA. Die Risiken betrafen die Versorgungsqualität, Behandlungskosten, Versicherung, Art der Behandlung und medizinischen Einrichtung, Sicherheit, Nachsorge und Unterstützung durch die Familie. Auch hier war eines der Motive, noch nicht durch die FDA anerkannte Behandlungen zu bekommen. Personen mit einem medizinischen Beruf lehnten Medizintourismus am stärksten ab (vgl. Davis, Yu & Kurtz, 2013, S. 86ff).

Der Versicherungsstatus und das Einkommensniveau beeinflussen die Bedeutung, die die Befragten den ökonomischen Anreizen durch Medizintourismus beimessen, zeigte sich bei einer Befragung von 289 Personen. Medicaid-Empfänger, niedrige und mittlere Einkommensgruppen sowie Unversicherte empfanden die Möglichkeit der Kostenersparnis durch Medizintourismus am bedeutsamsten. Erwachsene im Alter 18 – 50 waren am empfänglichsten für ökonomische Anreize. Die Autoren erwarten eine steigende Zahl von Unversicherten in der Altersgruppe 51 – 64 und vermuten, dass die Auswirkungen der Rezession in den USA von 2007 – 2010 zum Zeitpunkt der Studie noch nicht voll sichtbar seien. Personen mit besserer Gesundheit waren motivierter, Medizintourismus in Erwägung zu ziehen. Dies wird damit erklärt, dass die besonders kranken Befragten wahrscheinlich eine längere Reise für sich ausschlossen (vgl. Gan & Frederick, 2013, 177ff).

Die Ergebnisse dieser drei Studien wurden weitgehend von einer vierten, quantitativen Studie mit einer repräsentativen Stichprobe von 207 Amerikanern bestätigt, von denen 139 angaben, sie würden Medizintourismus für sich als Möglichkeit sehen. In dieser Teilgruppe wurden als häufigste Gründe für Medizintourismus die Kostenersparnis und der Zugang zu in den USA nicht erhältlichen Therapien genannt. Weitere signifikante Motive für Medizintourismus waren die Behandlungsqualität, Erfolg der Klinik, Privatsphäre, geringe Wartezeiten und die Option auf Urlaub in Verbindung mit Medizintourismus (vgl. Henson, Guy & Dotson, 2015, S. 12).

Für eine Analyse der Wahrnehmungen und Erwartungen amerikanischer Patienten in Bezug auf Servicequalität im Medizintourismus sei auf Guiry und Vequist (2011) verwiesen.

Die Beweggründe und Motive amerikanischer Patienten stimmen also mehrheitlich mit denen der Patienten im Medizintourismus allgemein überein, lässt sich auf die Forschungsfrage 5) zu den Gruppen und Motiven von Patienten aus den USA antworten.

4.2.3 Außereuropäische Patienten in deutschen Kliniken

Um die Fallzahlen bei den amerikanischen Patienten besser einschätzen zu können, ist eine Betrachtung aller größeren außereuropäischen Zielgruppen des deutschen Medizintourismus hilfreich. Abbildung 2 zeigt eine Längsschnitt-Darstellung der stationären Behandlungsfälle von 2009 – 2014 in Bezug auf die acht häufigsten Herkunftsländer.

Die dominante und bis 2013 am stärksten wachsende Gruppe kommt aus der Russischen Föderation. Setzt man ihre Zahl im Jahr 2004 als 100 % an, so hat sich diese bis 2012 um 702 % gesteigert (vgl. Juszczak & Beyer, 2014, S. 11). Seit 2014 schwächt sich diese Entwicklung ab, mit dann 9.855 Patienten.

Werden die Patientenzahlen aller sechs – z.T. hier nicht abgebildeten – Staaten des Gulf Cooperation Council (Bahrain, Katar, Kuwait, Oman, Saudi-Arabien und VAE) zusammengenommen, ergeben sich 8.994 Patienten für 2014. In der Summe stehen die arabischen Golfstaaten damit an zweiter Stelle des Ländervergleichs.

Abbildung 2: Fallzahlen der Krankenhausbehandlungen bei Patienten aus den acht häufigsten außereuropäischen Herkunftsländern im Zeitraum 2009 – 2014 in Deutschland; eigene Darstellung nach Daten des Statistischen Bundesamtes

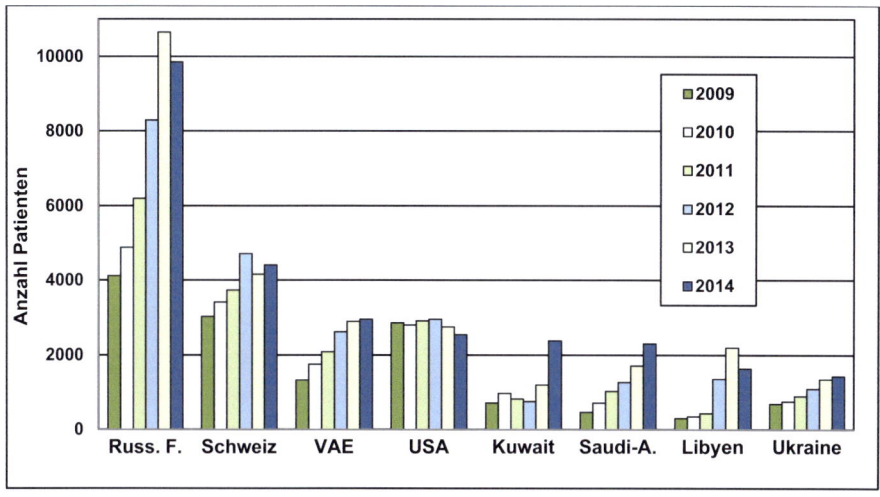

Legende:
Russ. F. = Russische Föderation; VAE = Vereinigte Arabische Emirate; Saudi-A. = Saudi-Arabien

Die Behandlung von Schweizer Patienten erfolgt in Deutschland z.T. auf Veranlassung von Schweizer Krankenkassen (vgl. Juszczak & Nöthen, 2006, S. 1358). Auch wenn diese Gruppe nicht näher thematisiert wird, wurde sie als relevanter Faktor im Medizintourismus in die Grafik aufgenommen.

Die Patienten aus den USA stehen im Vergleich einzelner Länder an vierter Stelle, mit 2.548 Patienten in 2014, seit 2013 mit leicht sinkender Tendenz (vgl. Kap. 4.4.4).

Eine Detailanalyse der Daten von 2000 gibt einen Eindruck von der Dynamik des Geschäftsfeldes Medizintourismus in den Jahren seither, vor allem in Bezug auf die russischen und arabischen Gruppen: Damals lagen die Patientenzahlen der USA an erster Stelle (1.508 Personen), gefolgt von der Schweiz (1.404), der Russischen Föderation (842) und den VAE (339); die Zahlen aller anderen Golfstaaten lagen darunter.

Dies ist eine explorative Studie, die keine kausale Untersuchung leistet. Dennoch lassen sich für den Beginn des Jahrtausends zwei relevante Ereignisse ausmachen, die nachweislich Grund für einen relevanten Anstieg von Patientenzahlen waren: Seit den Terroranschlägen in den USA im September 2001 reiste ein hoher Anteil der Patienten aus arabischen Ländern, die sich vorher in den USA behandeln ließen, nach Europa (vgl. Ehrbeck et al., 2008,

S. 8; Lunt, Horsfall & Hanefeld, 2015, S. 11). Auch der Irak-Krieg ab 2003 führte zu einem weiteren Anstieg der Patientenzahlen aus diesen Ländern (vgl. Beer, 2008, S. 43).

Die Patientenströme im Medizintourismus werden ähnlich stark wie bei Touristen von sozio-politischen Ereignissen wie Terroranschlägen, Kriegen, Epidemien und Naturkatastrophen beeinflusst, d.h. Patienten und Touristen beziehen dergleichen in ihre Entscheidungen ein (vgl. Ehrbeck et al., 2008, S. 7f; DZT, 2015a, S. 9).

Zu den Sichtweisen und Motiven der außereuropäischen Patienten in Deutschland liegt wenig Material vor. Auf die Frage, weshalb sie sich in Deutschland behandeln ließen, nannten in einer Marktstudie zu Check-Ups die Hälfte oder mehr der befragten Patienten die Motive *„Vertrauen in die deutsche Medizin, Überprüfung des Gesundheitszustandes, Qualität der medizinischen Leistungen, Empfehlungen durch Andere, Misstrauen gegenüber heimischer Medizin"* (Beyer & Juszczak, 2011, S. 27). In 10 Interviews mit russischen Patienten in Berlin äußerten diese, dass sie von der Versorgung im Heimatland enttäuscht seien, hohe Erwartungen an die Medizin ‚Made in Germany' haben, und ihre Zufriedenheit mit der Behandlung so hoch sei, dass sie eine erneute Behandlung in Deutschland planen (vgl. Slot, 2013, S. 19). Auf der Moskauer Medizintourismus-Messe 2015 wurde mit 428 russischen Messebesuchern eine Befragung zu ihrer Sicht auf Medizintourismus durchgeführt. Bei 65 % der Befragten bestand der Plan, innerhalb von 6 Monaten Medizintourismus wahrzunehmen. Deutschland wurde von 29 % der Befragten als Reiseziel angegeben, gefolgt von Israel bei 22 %. Alle weiteren 39 genannten Länder lagen im einstelligen Bereich, so auch die USA mit 3 %. Bei 38 % der Teilnehmer waren die Reiseentfernung und der angenehme Zielort primäre Motive, bei 20 % standen das Spektrum und die Qualität der Behandlung im Vordergrund, bei 18 % Empfehlungen durch Bekannte sowie bei 12 % die Behandlungskosten. Ärztliche Empfehlungen und Werbung spielten eine geringe Rolle. Ein knappes Drittel plante, Behandlung und Urlaub zu kombinieren (vgl. IMTJ, 2016, o.S.)

Zu den Motiven arabischer Patienten zählt Tschuck folgende Aspekte auf, die diese am Medizintourismus in Bayern schätzen: *„medizinische hervorragendes Angebot auf kleinstem Raum, vielfältige Serviceleistungen, kulinarisch vielseitig, Respekt anderen Religionen gegenüber, Sicherheit in einem konservativen Bundesland, ‚Laptop und Lederhosen', Shopping-Tourismus, gemäßigtes Klima"* (2014, S. 31). Nachfrage bestünde bei dieser Gruppe vor allem nach Krankenhausbehandlungen, ambulanter Rehabilitation sowie Haus- und Fachärzten; wenig nachgefragt sei Wellness (ebd., S. 22).

In einer Studie mit Experteninterviews mit diversen Akteuren des Medizintourismus in München wurden folgende Motive von Patienten aus arabischen Golfstaaten dokumentiert: in Bezug auf das Herkunftsland mangelnde Infrastruktur und Qualifikation des medizinischen

44

Personals, geringes Vertrauen der Patienten in die Ärzte, keine adäquaten Strukturen für medizinische Nachsorge; in Bezug auf Deutschland die deutsche Politik gegenüber arabischen Ländern, Sicherheit als Tourist und Patient, gemäßigtes Klima und schöne Landschaft, Ausstattung der Kliniken und der gute Ruf der deutschen Medizin (vgl. Beer, 2008, S. 44ff).

Als Antwort auf die Forschungsfrage 5) zu den Gruppen und Motiven der außereuropäischen Patienten in Deutschland sind also die Patienten aus der Russischen Föderation und aus den arabischen Golfstaaten als Haupt-Zielgruppen zu nennen. Ihre Motive beziehen sich vorrangig auf die Qualität der deutschen Medizin.

4.2.4 Touristen und potenzielle Patienten aus den USA in Deutschland

Als ein Instrument, um ein Maß für die Attraktivität einer Medizintourismus-Destination zu gewinnen, wurde kürzlich der Medical Tourism Index vorgestellt (vgl. Fetscherin & Stephano, 2016). Der Index basiert auf vier Dimensionen (*"country environment, tourism destination, medical tourism costs, medical facility and services"*) und 34 Items (ebd., S. 546). In einer ersten Anwendung des Index durch eine repräsentative Stichprobe von 3.000 amerikanischen Bürgern bewerteten 154 Personen Deutschland; das Land erreichte in einer Gruppe von 30 Medizintourismus-Destinationen im Gesamt-Score den neunten Platz. Eine Anwendung des Index durch Stakeholder wie Patienten, die direkt im Medizintourismus involviert sind, steht noch aus (ebd., 543ff).

Da für diese Analyse keine Publikation gefunden wurde, die das Profil amerikanischer Patienten in Deutschland näher beschreibt, wird hier, wie bereits in vorigen Kapiteln, alternativ die Marktforschung der Deutschen Zentrale für Tourismus zu den USA genutzt (vgl. 2015a). Wie in Kapitel 4.1.3 dargestellt, sind die USA im deutschen Tourismus der primäre Überseemarkt mit 2.4 Mio. Ankünften und 5.2 Mio. Übernachtungen in 2014. Für 2030 werden 6.8 Mio. Übernachtungen vorhergesagt. Deutschland ist das vierthäufigste Zielland amerikanischer Touristen in Europa. Bayern, Berlin, Hessen und Baden-Württemberg sind die beliebtesten Bundesländer. Die Analyse des soziodemographischen Profils zeigt, dass 57 % der Reisenden Männer sind, das Durchschnittsalter aller Reisenden 41 Jahre beträgt, und zwei Drittel ein hohes Einkommen haben (ebd., S. 9ff).

In der Expertenbefragung für diese Studie wurde von den drei amerikanischen Experten in ihrer Rolle als Geschäftsführer von Vermittlungsagenturen angegeben, dass ihre Zielgruppe für Medizintourismus aus den USA ins Ausland hauptsächlich aus erwerbstätigen Personen besteht, die der Generation Y (1977 – 1990), der Generation X (1965 – 1976), den Younger

Boomers (1955 – 1964) oder den Older Boomers (1946 – 1954) angehören, mit dem Schwerpunkt auf der Altersspanne von etwa 40 – 65 Jahren.

Laut der Deutschen Zentrale für Tourismus liegt Deutschland in einer Imagestudie für 50 Länder aus Sicht der Amerikaner auf Rang 6, mit besonders positiven Teilnoten für den Export und den Tourismus. Reisemotive in das Land waren u.a. die Kultur (66 %), das moderne Deutschland (23 %) und die Landschaft (10 %). Besonders gut bewertet wurden die Qualität und die Vielfalt des touristischen Angebots, die Unterkunft und die Gastronomie. Im Rahmen des Bevölkerungswachstums in den USA um 21 % von 2000 bis 2020 wird geschätzt, dass die Altersgruppe über 55 Jahre am stärksten, d.h. um 63 % wachsen wird. Es wird besonders auf die Gruppe der 80 Mio. Baby Boomer hingewiesen, von denen viele die nötigen Ressourcen zum Reisen haben (vgl. 2015a, S. 9ff).

Als bedeutender sozio-kultureller Aspekt mit besonderer Bindungskraft zwischen den USA und Deutschland wird der hohe Bevölkerungsanteil der deutschstämmigen Amerikaner angesehen, der derzeit bei 16 % und 50 Mio. Personen liegt, in Folge der Auswanderung von 8 Mio. Deutschen in den vergangenen 400 Jahren seit 1608. Die DTZ sieht in dieser Zielgruppe ein großes Potenzial und Alleinstellungsmerkmal für Deutschland, das bei weitem nicht ausgeschöpft sei (vgl. 2015a, S. 9ff). Insgesamt wird dem Tourismus aus den USA von der Deutschen Zentrale für Tourismus ein *„riesiges Marktpotenzial"* bescheinigt (ebd., S. 22). Es muss festgestellt werden, dass eine Antwort auf die Forschungsfrage 5) zu Teilgruppen und Motiven der amerikanischen Patienten in Deutschland aufgrund von Datenmangel aktuell nicht möglich ist. Die Tourismusforschung gibt jedoch Hinweise auf potenzielle Zielgruppen und Wachstumspotenziale.

4.3 Produkt: Eine Kette aus Dienstleistungen

Die Produktpolitik als erstes P im Marketing-Mix (vgl. Kap. 2.1) bezieht sich auf die Arten und Mengen des Produkts sowie auf die Zusatzleistungen (vgl. Thommen, 2007, S. 237). Das Produkt Medizintourismus besteht aus einer wertschöpfenden Schnittmenge aus touristischen und medizinischen Leistungen. Hierfür verwenden Bookman und Bookman ein Bild: *„Medical tourism thus walks on two legs. Each leg is necessary and neither is sufficient in the creation of a successful medical tourism sector. On their own, both tourism and medicine are high-growth industries in many parts of the world. (…) their potential for growth is more than the sum of their parts."* (2007, S. 21).

4.3.1 Produkt und Medical Tourism Supply Chain

Die Anbieterseite im Medizintourismus ist laut Freyer *„ein sehr komplexes und differenziertes Konstrukt"*, an dem medizinische und touristische, internationale und regionale, öffentliche und private, institutionelle und individuelle Akteure mitwirken, die jeweils eigene Ziele verfolgen (2014, S. 76). Auch das Produkt Medizintourismus selber ist komplex, da individuelle Gesundheitsmerkmale, Werte, Wünsche und die Fortschritte der Medizin aufeinandertreffen (vgl. Kimball & Hodges, 2012, S. 296). Dieses Produkt kann unterteilt werden in das primäre Produkt in Form der medizinischen Leistungen, das sekundäre Produkt aus medizinischen Zusatzleistungen, und die touristischen Leistungen als das tertiäre Produkt (vgl. Juszczak, 2007, S. 29; Beyer & Juszczak, 2011, S. 22).

Im Medizintourismus sind Behandlungen in folgenden Gebieten besonders nachgefragt (alphabetisch): Allgemein- und Viszeralchirurgie (inkl. Magen-OPs bei Adipositas), Augenheilkunde, Diagnostik und Check-Ups, Gynäkologie und Urologie (inkl. Reproduktionsmedizin und Geschlechtsumwandlungen), Kardiologie, Orthopädie, Plastische und Kosmetische Chirurgie, Transplantationsmedizin (inkl. Stammzellbehandlungen) sowie Zahnmedizin (vgl. Lunt et al., 2012, S. 11). Die Zusatzleistungen bestehen z.B. aus der Versorgung mit Medikamenten und Hilfsmitteln. Die touristischen Leistungen umfassen Transport, Beherbergung, Freizeitaktivitäten, diverse Konsumangebote, die Organisation der Anreise und des Aufenthalts und vieles mehr (vgl. Freyer, 2014, S. 83).

Werden die beiden Produktarten zeitlich angeordnet, ergibt sich ein Prozess mit zwei Strängen – die *„Reise-Kette"* und die *„Medizin-Kette"*. Beide Ketten sind in die Phasen Vorsorge, Durchführung und Nachsorge unterteilt (ebd., S. 85).

Im Krankenhausmanagement ist zunehmend Konsens, dass die in der Industrie entwickelte Wertschöpfungskette des Supply Chain Management auch im Gesundheitswesen hilfreich ist. Durch die Supply Chain wird eine Steigerung der Effizienz und der Effektivität für alle beteiligten Stakeholder angestrebt, indem die Ströme von Waren, Dienstleistungen, Informationen und finanziellen Mitteln strategisch koordiniert werden. Ein wesentlicher Teil der Wertschöpfung dabei ist, dass verbindliche Kooperationen etabliert werden. Es wird betont, dass der Weg des Patienten durch diese Kette besonderer Beachtung bedarf (vgl. Schlüchtermann, 2013, S. 151ff).

Zur Supply Chain im Medizintourismus liegen erste Studien vor (vgl. Ferrer & Medhekar, 2012; Lee & Fernando, 2015). Als Besonderheiten der Medical Tourism Supply Chain werden ihr Netzwerk-Charakter und ihre hohe Komplexität hervorgehoben. Nach Lee und Fernando tragen fünf Sektoren zu ihr bei: das Transportwesen, die Hotellerie, das Versicherungswesen, das Gesundheitswesen und die pharmazeutische Industrie (vgl. 2015, S. 148). Je nach Autor und Patient differiert die Anzahl der Teilprodukte und Schritte in der Kette (vgl. Ferrer & Medhekar, 2015, S. 207; Freyer, 2014, S. 85; Lunt, Mannion & Exworthy, 2013, S. 4; Todd, 2012a, S. 91ff).

Im medizinischen Kettenstrang sind häufige Teilprodukte: Recherche & Beratung → Vordia-
gnostik → Kostenvoranschlag & Behandlungsvorschlag → Entscheidung → Bezahlung (Vorkasse) → Klinikreservierung & Terminkoordination → Diagnostik → Behandlung → Rehabilitation → Abrechnung → Nachsorge.

Der touristische Strang enthält oft die Teilprodukte: Recherche & Beratung → Reisevorberei-
tung → Visum → Buchungen → Hinreise →Unterkunft & Verpflegung → Dolmetschen
& Übersetzen → Betreuung & Begleitung → Aktivitäten & Attraktionen → Erholung → Rück-
reise.

Die Entwicklung einer Produktmarke (das sogenannte Branding) wird definiert als die Schaf-
fung eines spezifischen, wiedererkennbaren innerlichen Bildes, das der Kunde in sich trägt
und seine Entscheidung lenkt. Die Markenentwicklung für Produkte im Medizintourismus ist
besonders anspruchsvoll, da das Produkt nicht nur immateriell und nicht testbar ist, sondern
beim Kunden auch mit Krankheit, Risiko-Wahrnehmung und Unsicherheitsgefühlen verbunden ist (vgl. Boga & Wintermair, 2013, S. 139ff).

In Antwort auf die Forschungsfrage 6) zu den Marketing-Schwerpunkten beim Produkt Medizintourismus lässt sich festhalten, dass das Produkt aus einer Dienstleistungskette mit einem
medizinischen und einem touristischen Kettenstrang gebildet wird. Die Beteiligung mehrerer
Branchen und die Komplexität des Produkts rechtfertigen es, dieser Kette als Medical Tourism Supply Chain einen eigenen Namen zu geben. Empfehlungen zu den Standards für
dieses Produkt werden im Folgenden erörtert.

4.3.2 Empfehlungen aus den USA zu Qualitätsstandards

Die Merkmale des Produkts Medizintourismus, das von den USA nachgefragt wird, unterscheiden sich nicht von den oben geschilderten internationalen Charakteristiken.

Doch wer garantiert die Qualität des medizintouristischen Produkts? Im Markt des Medizintourismus gibt es bislang keine international anerkannte Körperschaft, die Standards und
Richtlinien entwickelt und kontrolliert. Es wurden Anstrengungen dazu unternommen, z.B. in
der Form des Global Healthcare Travel Council (GHTC); relevante Ergebnisse stehen jedoch
noch aus (vgl. GHTC, 2013, o.S.; Pollard, 2015a, o.S.).

Der größte Verband im Medizintourismus ist die amerikanische Medical Tourism Association
(vgl. MTA, 2014b, o.S.), die ein eigenes Zertifizierungsprogramm für Kliniken und Patientenvermittler etc. anbietet und einen jährlichen Kongress ausrichtet. In Hinblick auf das Tätig-
keitsprofil der MTA ist in der Branche allerdings umstritten, in wie weit dieser Verband als
eine gemeinnützige Interessenvertretung der Akteure im Medizintourismus weltweit und in

den USA gelten kann, oder als ein gewinnorientiertes Unternehmen anzusehen ist (vgl. Pol-lard, 2015b, o.S.).

Von der American Medical Association (AMA) existiert eine Richtlinie mit neun Empfehlun-gen an Akteure, die am Medizintourismus aus den USA ins Ausland beteiligt sind. Tabelle 6 gibt die Inhalte übersetzt, ergänzt und teilweise in eigenen Worten wieder.

Tabelle 6: Richtlinie der American Medical Association (AMA) zu Medizintourismus aus den USA ins Ausland; übersetzt und ergänzt nach AMA (2016, zit. nach Global-healthtravel, 2016, o.S.)

---

1) **Freiwilligkeit:** Die Teilnahme am Medizintourismus muss freiwillig sein.
2) **Wahlfreiheit:** Wenn Patienten finanzielle Anreize für Medizintourismus angeboten wer-den, sollte dies nicht die Wahl in Diagnostik, Behandlung und Überweisung einschrän-ken.
3) **Akkreditierung:** Es sollten nur solche Kliniken im Ausland empfohlen werden, die inter-national anerkannte Akkreditierungen besitzen; Beispiel: International Society for Quality in Health Care und Joint Commission International.
4) **Nachsorge:** Die Nachsorge und ihre Finanzierung sollten vor Abreise organisiert wer-den.
5) **Finanzierung der Nachsorge:** Der Versicherungsschutz sollte Nachsorge beinhalten.
6) **Rechtliche Absicherung:** Bevor der Patient der Behandlung im Ausland zustimmt, soll-ten ihm Informationen über die Patientenrechte und Klagemöglichkeiten gegeben wer-den.
7) **Zugang zu Daten:** Dem Patienten sollte Zugang zu Daten über die Personal-Lizenzen, Behandlungsergebnisse und Akkreditierung der Einrichtung gegeben werden.
8) **Datenschutz:** Die Versendung von Gesundheitsdaten ins und aus dem Ausland sollten nach den Vorgaben des HIPAA (Health Insurance Portability and Accountability Act) er-folgen.
9) **Risiken:** Der Patient sollte über reisebedingte Gesundheitsrisiken informiert werden.

Zur Frage der Akkreditierung (Punkt 3) ist zu erläutern, dass die International Society for Quality in Health Care (ISQua) eine übergeordnete Institution ist, die internationale und na-tionale Akkreditierungs- und Qualitätssicherungs-Organisationen zertifiziert (vgl. ISQua, 2012, o.S.).

Eine dieser zahlreichen Akkreditierungsfirmen ist die Joint Commission International (JCI; vgl. JCI, 2016, o.S.), ein Ableger der amerikanischen Joint Commission in Accreditation of Healthcare Organization. JCI dominiert im globalen Marketing des Medizintourismus. Dies ist z.B. in einem der Reiseführer für Medizintourismus aus den USA zu sehen, in dem den Pati-enten empfohlen wird, JCI-akkreditierte Kliniken zu bevorzugen (vgl. Woodman, 2007, S. 56ff). Im Jahr 2012 (Stichtag 25.05.) hatten 370 Kliniken weltweit die JCI-Akkreditierung (vgl. Runnels & Carrera, 2012, S. 302f). Eine kursorische Recherche für diese Studie auf der

JCI-Website ergab 813 Einrichtungen (03.02.2016). Die acht Länder mit den meisten JCI-Akkreditierungen stehen in der Rangfolge: VAE, Saudi Arabien, Brasilien/ China/ Thailand auf Rang drei, Türkei, Südkorea und Indien. In Deutschland besitzen drei Kliniken diese Akkreditierung.

Auch die International Organization for Standardization (ISO; vgl. ISO, 2016, o.S.) bietet Akkreditierungen an. Für eine Klinik, die sich im Medizintourismus engagieren möchte, stellt sich also die Frage, welche Akkreditierung anzuraten ist (vgl. Todd, 2012b, S. 72). Dies wird aus Expertensicht in Bezug auf deutsche Kliniken in Kapitel 5.5.1 diskutiert. In Kap. 4.5.5 findet sich die Expertensicht zum Datenschutz (Punkt 8 nach AMA).

4.3.3 Behandlung in deutschen Kliniken als Produkt

Eine Klinikbefragung ergab für 2011 wie auch für 2013, dass die Fachgebiete in der folgenden Rangfolge nach Häufigkeit von internationalen Patienten nachgefragt werden: Innere Medizin, Orthopädie, Allgemein- und Viszeralchirurgie, Kardiologie, Unfall- und orthopädische Chirurgie (vgl. Juszczak & Beyer, 2014, S. 16). Tschuck listet als in Bayern besonders nachgefragte Fachgebiete (ohne Rangfolge) Diabetologie, Gynäkologie, Kardiologie/ Gefäßerkrankungen, Kinderheilkunde, Neurologie/ Neurochirurgie, Onkologie, Orthopädie/ Unfallchirurgie, Rehabilitation, Transplantationen und Urologie auf (vgl. 2014, S. 8).

Einen Eindruck vom Marketing des deutschen Produkts Medizintourismus, seinen Teilprodukten und seinen Akteuren geben eine Broschüre mit dem Motto *„Qualität mit Preis-Gefühl"* (vgl. DZT, 2012a, Titelseite), auf Englisch mit dem Untertitel *„Expert medical care at hospitals and rehabilitation clinics"* (vgl. DTZ, 2012b, Titelseite) sowie eine Website der Deutschen Zentrale für Tourismus mit Recherche-Optionen in 30 Sprachen (vgl. 2016, o.S.). Zur Forschungsfrage 6) zum deutschen Produkt Medizintourismus lässt sich sagen, dass der inhaltliche Schwerpunkt dieses Produkts und seinem Marketing in der Krankenhausbehandlung liegt.

4.3.4 Nachfrage nach Fachgebiet durch Patienten aus den USA

Einen Anhaltspunkt, welche stationären Behandlungen bei amerikanischen Patienten in Deutschland nachgefragt sind, bietet erneut die Krankenhausstatistik. In Abbildung 3 werden diejenigen sieben Fachgebiete jeweils als Zeitreihe von 10 Jahren (2005 – 2014) dargestellt, bei denen die Fallzahl zu mindestens einem Zeitpunkt 100 erreichte. Die Rubrik „Sonstige Fachbereiche und Allgemeinbetten" erreicht ähnliche Werte wie die Urologie, wird hier aber aus Platzgründen nicht dargestellt, ebenso wie alle weniger nachgefragten Fachgebiete und die Teilgebiete der Fachbereiche (z.B. die Kardiologie innerhalb der Inneren Medizin).

Abbildung 3: Die sieben Fachgebiete mit den höchsten Fallzahlen in der stationären Behandlung amerikanischer Patienten von 2005 bis 2014 in Deutschland; eigene Darstellung nach Daten des Statistischen Bundesamts

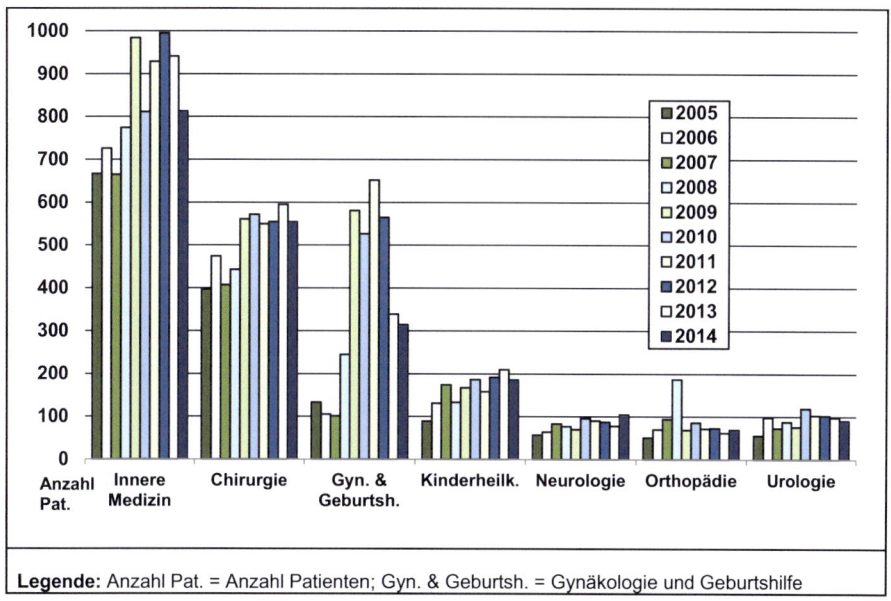

Legende: Anzahl Pat. = Anzahl Patienten; Gyn. & Geburtsh. = Gynäkologie und Geburtshilfe

Es zeigt sich, dass die Innere Medizin, die Chirurgie sowie die Gynäkologie und Geburtshilfe die Fachgebiete mit den meisten Fällen sind. Eine eigene Detailanalyse der Rohdaten des Statistischen Bundesamts ergibt, dass 1) in der Inneren Medizin vor allem die Gastroenterologie, die Hämatologie, die internistische Onkologie und die Kardiologie gefragt sind, dass 2) etwa ein Drittel der Eingriffe in der Chirurgie in der Unfallchirurgie geschahen, also wahrscheinlich nicht auf Medizintourismus zurückzuführen sind, und dass 3) mit etwa 58 Geburten pro Jahr zu rechnen ist, die große Mehrheit der Behandlungsfälle in der Gynäkologie also nicht im Bereich der Geburtshilfe liegt.

In den Interviews für diese Studie wurde u.a. danach gefragt, welche Fachgebiete aus Expertensicht für amerikanische Patienten in Deutschland besonders relevant seien. Die nominalen Antworten werden in Tabelle 7 wiedergegeben, die qualitativen im Text.

In der Tabelle werden z.T. andere Kategorien benutzt als in der Krankenhausstatistik, da die Tabelle im Hinblick auf typische Fachgebiete im Medizintourismus entwickelt wurde. Die Tabelle zeigt, dass in vier Fachgebieten alle Experten Nachfrage sehen: in der Allgemein- und Viszeralchirurgie, der Inneren Medizin, der Kardiologie und der Orthopädie. Als Verbindung zwischen dem ersten und dem zweiten Gebiet wird die Adipositas-Behandlung in Form von

Magen-OPs und eine Therapiefortsetzung in der Inneren Medizin genannt, inklusive der Diabetes-Einstellung, Ernährungsberatung und Rehabilitation.

Tabelle 7: Antworten der amerikanischen und deutschen Experten auf die Frage „Was sind nach Ihrer Meinung die von amerikanischen Patienten am häufigsten in Deutschland nachgefragten medizinischen Fachgebiete?"

Medizinisches Fachgebiet	AE1	AE2	AE3	DE1	DE2	DE3
Allgemein- und Viszeralchirurgie	X	**XX**	X	X	X	**XX**
Augenheilkunde	X		X	X	X	
Check-Ups*			**XX**	X		
Gynäkologie und Urologie		X	X	X		
Innere Medizin	X	X	X	X	**XX**	**XX**
Kardiologie & Kardiovaskuläre Chirurgie	X	**XX**	X	**XX**	X	X
Neurologie & Neurochirurgie	X		X	**XX**	X	X
Onkologie			X	**XX**	X	X
Organtransplantationen			X	X	X	
Orthopädie & Orthopädische Chirurgie	**XX**	**XX**	X	**XX**	X	X
Plastische und Kosmetische Chirurgie			X	**XX**		
Psychiatrie			X	X		
Rehabilitation				X	X	**XX**
Zahnmedizin	X	X	X			
*Anmerkung:						
Die Check-Ups wurden in die Liste aufgenommen, da sie ein häufig nachgefragtes medizintouristisches Produkt sind. Sie stellen kein medizinisches Fachgebiet per se dar, sondern es tragen verschiedene Fachgebiete zu diesem Produkt bei.						
Legende: AE = Amerikanischer Experte; DE = Deutscher Experte; X = nachgefragtes Fachgebiet; **XX** = besonders stark nachgefragtes Fachgebiet						

Die Rehabilitation wird hier nur von den deutschen Experten gesehen. Von DE2 (Deutscher Experte 1, s. Erläuterung in Kap. 2.3) wird das Beispiel einer bayrischen Klinik angeführt, die interdisziplinäre Adipositas-Therapien bei amerikanischen Patienten durchführt. Die Relevanz der Adipositas-Behandlung wird von mehreren Experten mit den epidemiologischen Zahlen in den USA begründet (vgl. Kapitel 3.5.1). Auch in weiteren Teilgebieten der Inneren Medizin spiele die Epidemiologie eine große Rolle, wie in der Diabetologie, der Onkologie und der Pneumologie. Im dritten von allen Experten genannten Gebiet, der Kardiologie und Kardiovaskulären Chirurgie, weist DE1 darauf hin, dass die Preisunterschiede hier zwischen USA und Deutschland besonders groß seien. Dieses Thema wird in Kapitel 4.4.4 vertieft. Im vierten Gebiet, der Orthopädie, sehen die Experten vor allem chirurgischen Eingriffe wie die Endoprothetik bei Knie- und Hüft-OPs sowie die Wirbelsäulen-Chirurgie. DE1 kennt eine deutsche Klinik, die mindestens 100 amerikanische Patienten pro Jahr im Bereich Orthopädie und Endoprothetik erfolgreich und mit gutem Gewinn versorge. Es existiere dort also eine Marktaktivität. Auch AE1 bestätigt, dass auf diesem Gebiet Patienten aus den USA behandelt werden, z.B. durch Kontakte zu deutschen Chirurgen. Die Rehabilitation nach der OP fände in der deutschen Akutklinik und anschließend in den USA statt.

Alle deutschen Experten erwähnen ergänzend, dass sich die Behandlung für amerikanische Patienten besonders dann medizinisch und finanziell lohne, wenn es sich um seltene Erkrankungen oder um komplexe, hochspezialisierte Eingriffe (z.B. urologisch-rekonstruktive OPs bei Kindern mit angeborenen Fehlanlagen) handele. DE1 schildert den Fall eines Patienten aus den USA mit einer seltenen Erkrankung, der über eigene Recherche einen deutschen Spezialisten fand.

DE3 sieht Nachfrage und eine besondere Stärke im deutschen System der medizinischen Rehabilitation, was in der SWOT-Analyse in Kap. 5.2 vertieft wird.

Alle Experten äußerten, dass letztlich jedes Gebiet infrage komme, soweit die Eingriffe planbar seien, nach der schlichten Mediziner-Regel *„Was häufig ist, ist häufig"* (DE3).

Die Interviewfrage bezieht sich zwar auf den Ist-Stand des Medizintourismus aus den USA nach Deutschland, wird von vielen Befragten aber auch als Aufforderung zu einer Potenzial-Einschätzung für die Zukunft verstanden, wie sie im Dialog deutlich machten. Die Tabelle ist also auch als unter dem Gesichtspunkt des zukünftigen Potenzials zu lesen.

Als Fazit und Antwort auf die Forschungsfrage 6) zu dem Produkt Medizintourismus im Marksegment lässt sich feststellen, dass nur zum medizinischen Teilprodukt Daten in Form der Nachfrage nach Fachgebieten vorliegen. Die Ergebnisse der Krankenhausstatistik und die Einschätzung der Experten stimmen weitgehend darin überein, dass eine große Bandbreite an Behandlungen für amerikanische Patienten attraktiv ist.

Bei der Frage, welche Arten von medizinischen Einrichtungen durch Patienten aus den USA in Deutschland nachgefragt werden, nennen alle Experten die Akutkrankenhäuser, insbesondere die 37 Universitätskliniken. Betont wird, dass es erstklassige Krankenhäuser mit renommierten Ärzten sein sollten, insbesondere in der Chirurgie. Die deutschen Experten sehen außerdem Nachfrage und Potenzial in Rehabilitationskliniken, kleineren Spezialkliniken, Ambulatorien und Facharzt-Praxen.

4.4 Preis: Attraktion des Unterschieds

Die Preispolitik bezieht sich auf die Erwägungen des Unternehmens, zu welchem Preis es sein Produkt anbieten möchte (vgl. Thommen, 2007, S. 292). Die Preisbildung im Gesundheitswesen unterliegt im Unterschied zu anderen Branchen starker Regulierung. Im Medizintourismus ist die Frage der unternehmensbezogenen Preispolitik daher weniger relevant als die Thematik des Preisunterschiedes zwischen Nachfrager- und Anbieterland.

Die Preisunterschiede entstehen hauptsächlich aus den unterschiedlichen Kosten der Leistungserbringung. Die Kostenersparnis für Patient oder Kostenträger, die sich durch diese Unterschiede erzielen lässt, wird als eine der zentralen Antriebskräfte im Medizintourismus angesehen. In der Literatur zu Medizintourismus werden Preis, Kosten und Ausgaben häufig synonym verwandt; in diesem Text wird sprachliche Präzision angestrebt.

4.4.1 Internationale Antriebskräfte, Kosten und Preisunterschiede

Wie in Kapitel 3.5.1 aufgezeigt, bewertet die OECD Gesundheitswesen unter den Kategorien Kosten, Zugang und Qualität. Dieselbe Trias findet sich bei den Motiven und Beweggründen der Patienten weltweit und in den USA (vgl. Kap. 4.2.1 und 4.2.2). Auch die zentralen Antriebskräfte der Nachfrage nach Medizintourismus werden unter diesen Begriffen gefasst (vgl. Turner & Hodges, 2012, S. 9; Smith et al., 2011, S. 281). Die drei Antriebskräfte gelten als Konstanten im Medizintourismus-Markt. Das Umfeld, in dem Medizintourismus stattfindet, ist hingegen von Volatilität und Unsicherheiten geprägt (vgl. Lunt, Horsfall et al., 2015, S.1). Ein aktueller Ausblick stellt fest, dass sich die Gesundheitsversorgung weltweit stark verändert, dieser schnelle Wandel als die neue Normalität anzusehen sei, und die Problematik steigender Kosten weltweit bestehe (vgl. DTTL, 2016, S. 2).

Die Kostenfrage in Form der Preisunterschiede zwischen Ländern bei Behandlungen wird als die zentrale der drei Antriebskräfte im Medizintourismus gesehen (vgl. Lunt, Smith, Mannion et al., 2014, S. 59ff). Die Gründe für diese Unterscheide sind vielfältig – z.B. die Lohnkosten für das Klinikpersonal, die in den USA im Jahr 2010 55 % der Gesamtkosten eines Krankenhauses ausmachten, in der bekannten Klinik Bumrungrad in Thailand dagegen nur 18 % (vgl. Connell, 2011, S. 120f). Laut Nicholas und Hyland nutzt der Marketingdirektor der Klinik eine Analogie aus der Automobilbranche: Die Leistungen, die Privatkliniken in Thailand im Medizintourismus böten, seien *„a Mercedes product at a Toyota price"* (2009, S. 22f).

Ein Beispiel für die Kostenersparnis, die dank der Preisunterschiede im Medizintourismus erzielt werden kann, gibt Tabelle 8. Lunt et al. zeigen anhand von Operations-Preisen in Großbritannien und in Indien zum Zeitpunkt 2007/2008 auf, welche Beträge von dem britischen National Health Service (NHS) als steuerfinanziertem, staatlichem Kostenträger durch die Behandlung von britischen Patienten in Indien gespart werden können. Die Ersparnis wird für den Einzelfall und für die Gesamtzahl der Patienten dargestellt, die für den jeweiligen Eingriff auf der nationalen Warteliste des NHS stehen.

Tabelle 8: Exemplarische Darstellung der Kostenersparnis durch Medizintourismus für den britischen National Health Service (NHS) bei einer Hüftersatz-Operation an einem britischen Patienten in Indien mit und ohne Begleitperson zum Zeitpunkt 2007/ 2008, in britischen Pfund (£); Auszug aus Lunt et al. (2012, S. 31–32), mit leichten formalen und sprachlichen Änderungen

Hüftersatz (mit Total-endo-prothese)	OP Preis in GB (£)	OP Preis in Indien (£)	Flug Preis (£)	Hotel Preis (£)	Summe Indien (£)	Summe Ersparnis (£)	Anzahl Personen auf NHS-Warteliste	Ersparnis für den NHS insgesamt (£)
Reise mit Begleit-person	8.811	3.413	1.000	322*	4.735	4.076	28.800	117.388.800
Reise ohne Begleit-person	8.811	3.413	500	0*	3.913	4.898	28.800	141.062.400
Legende: GB = Großbritannien; NHS = National Health Service; OP = Operation *Anmerkung: Der Hotelpreis bezieht sich auf die Übernachtung der Begleitperson.								

Die Summierung der Ersparnis geschieht unter der fiktiven Annahme, der NHS könnte alle Patienten auf der Warteliste zu einer Behandlung in Indien motivieren.

Die Gesamtersparnis ergibt sich aus der Multiplikation der Ersparnisse im Einzelfall mit der Personenzahl der Warteliste. Die Kalkulation erfolgt einmal mit, einmal ohne die Reisekosten für eine Begleitperson; diese Kosten trägt ebenso der NHS. Tabelle 8 wurde aus zwei Tabellen von Lunt et al. erstellt, und als Beispiel die Hüftersatz-Operation in Verbindung mit einer Totalendoprothese ausgewählt (vgl. 2012, S. 31f).

Die Frage des Zugangs zur Versorgung stellt die zweite zentrale Antriebskraft des Medizintourismus-Marktes dar. Wenn eine Behandlung im Herkunftsland des Patienten nicht verfügbar oder erreichbar ist, von ihm aber als notwendig erachtet wird, kann die Frage des Zugangs Vorrang vor der Erwägung der Kosten gewinnen (ebd., S. 52).

Als dritte zentrale Antriebskraft im Medizintourismus wird die Frage der Qualität und des Wertes (value) der Behandlung gesehen. Wie die Kunden im Tourismus erwägen die Patienten im Medizintourismus neben dem Gesichtspunkt des Preises zunehmend, welchen Wert sie geboten bekommen. Der Wert definiert sich aus dem Verhältnis von Qualität zum Preis. Die Wahrnehmung und Bewertung der Qualität durch den Konsumenten ist dabei mindestens genauso wichtig wie die objektive Qualität der Dienstleistung (vgl. Bookman & Bookman, 2007, S. 49ff).

Die Finanzierung der medizintouristischen Behandlung kann durch den Patienten selber, durch Regierungen, Sozialversicherungen inklusive der Krankenversicherungen oder durch Arbeitgeber erfolgen. So entsenden z.b. manche arabische Golfstaaten Patienten mit Hilfe der Botschaften ins Ausland (vgl. Connell, 2011, S. 44f).

Auf die Forschungsfrage 6) zum Preis des Produkts Medizintourismus lässt sich antworten, dass sich durch internationale Preisunterschiede eine beträchtliche Ersparnis bei den Behandlungskosten im Medizintourismus erzielen lässt. Die Kostenfrage wird zwar als die zentrale der drei Antriebskräfte angesehen, sie darf allerdings gegenüber den Fragen der Qualität und des Zugangs nicht überbewertet werden. Auch ist sie nur ein Faktor in dem komplexen Entscheidungsprozess des Patienten für Medizintourismus (vgl. Kap. 4.2.1).

4.4.2 Die Kostenfrage als Antriebskraft der amerikanischen Nachfrage

In den USA wird mit Abstand der höchste Prozentsatz weltweit vom Bruttosozialprodukt für die Gesundheitsversorgung ausgegeben (vgl. Kap. 3.5.1). Die Kostenfrage war und ist weiterhin das dominierende Thema im amerikanischen Gesundheitswesen (vgl. Morris, 2016, o.S.). Für eine Übersicht über die Gründe der hohen Kosten im Themenfeld Medizintourismus sei auf Kumar et al. (2012) verwiesen. Es wird angenommen, dass 80 % der amerikanischen Nachfrage nach Medizintourismus durch die Kostenfrage angetrieben ist (vgl. MTA, 2014a, o.S.). Die Preisunterschiede zwischen den USA und anderen Ländern können eine Kostenersparnis von bis zu 92 % bedeuten (vgl. Gan & Frederick, 2011, S. 167ff). Tabelle 9 gibt ein Beispiel für die Preise in den USA, Indien und Mexiko anhand von vier im Medizintourismus typischen Operationen (vgl. Lunt, Green, Mannion & Horsfall, 2013, S. 34).

Tabelle 9: Exemplarische Darstellung von Behandlungspreisen im Medizintourismus bei vier Operationsarten in den Ländern USA, Indien und Mexiko im Jahr 2011 in US-Dollar ($); Auszug aus Lunt, Green, Mannion & Horsfall (vgl. 2013, S. 34), mit leichten formalen und sprachlichen Änderungen

Eingriff	Preis in den USA ($)	Preis in Indien ($)	Preis in Mexiko ($)
Koronare Bypass-OP	113.000	10.000	3.250
Herzklappenersatz-OP	150.000	9.500	18.000
Hüftersatz-OP	47.000	9.000	17.300
Magenbypass-OP	35.000	11.000	8.000

Milstein und Smith ziehen für die Koronare Bypass-Operation (CABG) einen ähnlichen Vergleich und kontrastieren den Preis, den Versicherungen in den USA dafür zahlen, mit den Preisen, die vier qualitativ hochwertige Kliniken in Indien, Thailand und Mexico dafür verlangen. Die Preise dieser Kliniken liegen zwischen 10 – 20 % des amerikanischen Preises (vgl. 2007, 139f). In derselben Studie wurden 148 amerikanische Haushalte mit einem kranken Familienmitglied dazu befragt, ob sie sich für diese Person eine größere, geplante Operation im Ausland vorstellen könnten, wenn der Behandlungsstandard dem amerikanischen entspräche, und der Chirurg in den USA, Kanada oder Großbritannien studiert habe und Englisch spräche. Diejenigen Personen in Haushalten, die sich durch Gesundheitsausgaben belastet fühlten oder in denen eine Person unversichert war, antworteten zu 20 % mit Ja, wenn dadurch 1.000 – 2.400 $ gespart werden könnten, und ca. 40 % mit Ja, wenn dadurch mindestens 10.000 $ gespart werden könnten. Bei denjenigen Haushalten, die sich nicht durch Gesundheitsausgaben belastet fühlten, stimmten ca. 25 % zu, wenn die Ersparnis über 10.000 $ läge (ebd., S. 140).

Eine andere Studie setzt denselben Betrag von 10.000 $ als Minimum an, ab dem Patienten aus den USA zu Medizintourismus bereit seien (vgl. Ehrbeck et al., 2008, S. 6). In einem Reiseführer wird die „$6.000-Rule" genannt: Medizintourismus lohne sich, wenn die Behandlung in den USA mindestens so viel koste (vgl. Woodman, 2007, S. 23).

In einer randomisierten Studie mit 5.050 amerikanischen Bürgern wurde festgestellt, dass 29 % der Befragten bereit wären, Medizintourismus für Routine-Operationen zu nutzen (vgl. Khoury, 2009, o.S.). Eine andere Befragung ergab, dass 1 % der Befragten (deren Anzahl und Stichprobe nicht beschrieben wird) in den letzten 12 Monaten Medizintourismus in Anspruch genommen haben, 9 % der Personen bei einer Kostenersparnis von 50 % oder mehr wahrscheinlich für eine Operation ins Ausland führen, und 67 % es für jede Art von Eingriff ablehnen, ins Ausland zu fahren (vgl. Ehrbeck & Underwood, 2009, S. 10).

Es lässt sich also als Antwort auf die Forschungsfrage 6) festhalten, dass die Preisunterschiede zwischen den USA und dem jeweiligen Anbieterland bei Behandlungen im Medizintourismus als die zentrale Antriebskraft der amerikanischen Nachfrage gesehen werden.

Für eine differenzierte Einschätzung potenzieller Nachfrage sind ergänzend die Statistiken zu den fünf teuersten Gesundheitsstörungen in den USA im Jahr 2015 hilfreich. Die Summe der Ausgaben pro Erkrankung setzt sich u.a. aus der stationären und ambulanten Behandlung und aus den Medikamentenkosten zusammen. Hier zeigt sich, dass vier der fünf Erkrankungen sowohl für Erwachsene (18 – 64 Jahre) als auch für Senioren (ab 65) dieselben sind: Gesundheitsstörungen infolge von Trauma (z.B. Unfälle), Krebs, Herzerkrankungen sowie Arthritis (inklusive weitere nicht-traumatische Störungen). Bei den Personen bis 64 Jahren kommen als fünfte Störung psychische Erkrankungen dazu, bei den älteren Personen die Chronisch obstruktive Lungenerkrankung (COPD) und Asthma (vgl. Soni, 2015, o.S.).

4.4.3 Preisbildung deutscher Kliniken im Medizintourismus

Die Abrechnung der Behandlung internationaler Patienten erfolgt im Krankenhaussektor über mehrere Preiskataloge. Nach Beyer und Juszczak (vgl. 2014, S. 37) ist die am häufigsten angewandte Variante die Abrechnung über Fallpauschalen (Diagnosis Related Group/ DRG) (vgl. Institut für das Entgeltsystem im Krankenhaus/ InEK, 2016, o.S.). Die zweithäufigste Variante basiert auf der Gebührenordnung für Ärzte (GOÄ) (vgl. JURIS, 2016a) auf normaler Höhe; die dritte Variante erfolgt anhand der GOÄ mit höheren Multiplikationsfaktoren. Weitere, seltener genutzte Abrechnungsarten sind die über tagesgleiche Pflegesätze und über eigene Preislisten der Klinik.

Bei der Abrechnung nach DRGs ergibt sich der Behandlungspreis immer aus der Multiplikation der Bewertungsrelation, die jeder einzelnen DRG zugeordnet ist, mit dem Basisfallwert (baserate), der für dieses Krankenhaus gilt. Hier haben die Kliniken die Möglichkeit, in der Abrechnung entweder den normalen oder einen erhöhten Basisfallwert anzusetzen. Im Jahr 2013 rechneten laut einer Befragung von im Medizintourismus engagierten Kliniken ca. 45 % von ihnen nach normalem Basisfallwert und ca. 52 % von ihnen nach einem erhöhten Basisfallwert ab (vgl. Beyer & Juszczak, 2014, S. 37).

Klinikvertreter und Experten im Medizintourismus bemängeln, dass es für den Zusatzaufwand, die die Klinik durch Dienstleistungen wie das International Office, klinikinterne Dolmetscherdienste, begleitende persönliche Betreuung etc. hat, kein etabliertes, offizielles Bewertungssystem existiert (vgl. Boscher, 2013, S. 13). Die Befragung von Kliniken im Medizintourismus ergab, dass in 2013 dieser Mehraufwand von einem Viertel der Kliniken nicht abgerechnet wird; ca. 38 % rechnen dies über einen erhöhten Basis-Fallwert auf die DRG ab, und ca. 28% über einen Prozentsatz auf die Rechnungssumme. Risikozuschläge bei der Behandlung internationaler Patienten werden von ca. 61 % der Kliniken erhoben; die Art des Risikos wird in medizinische, ökonomische und sonstige Risiken aufgeteilt. Eine Absicherung gegen Zahlungsausfälle nahmen 97 % der Kliniken in der Form vor, dass sie eine Vorauszahlung der Behandlungskosten verlangten; bei ca. 64 % der Kliniken erfolgte die Sicherung über eine Kostenübernahmegarantie, z.B. durch die Botschaft eines arabischen Landes (vgl. Beyer & Juszczak, 2014, S. 37f). In Antwort auf die Forschungsfrage 6) ist festzustellen, dass die deutschen Kliniken einen gewissen, aber keinen großen Spielraum bei der Preisbildung haben. Die Preisunterschiede zwischen den USA und Deutschland sind Thema des folgenden Kapitels.

4.4.4 Deutsche und amerikanische Behandlungspreise aus Expertensicht

Der Medizintourismus nach Deutschland wird als Nischenmarkt betrachtet, in dem der Wettbewerb weniger in Bezug auf Preisunterschiede als mit der Betonung der Qualität geführt wird (vgl. Pforr & Locher, 2013, S. 86). Da die Kostenfrage aus amerikanischer Sicht jedoch eine hohe Relevanz hat, ist dieses Thema gleichwohl zu beachten. Juszczak schätzt, dass die deutschen Behandlungspreise 40 % von denen der Hochpreisländer USA und Schweiz betragen, oder sogar darunter liegen (vgl. 2013, S. 153). Auch aus Sicht der befragten Experten bestehen relevante Preisunterschiede zwischen USA und Deutschland. Diese seien sowohl für Selbstzahler interessant, als auch für Arbeitgeber und Versicherungen, die Patienten ins Ausland schicken. AE1 schätzt, dass in Deutschland die Behandlungspreise zu 40 – 80 % niedriger als in den USA seien. Wenn man die internationale Preisspanne in Drittel teile, befinden sich laut DE3 die deutschen Preise am oberen Ende des unteren Drittels (vgl. Kap. 5.2.3).

Wie bereits in Kap. 4.3.4 zu den nachgefragten Fachgebieten erwähnt, sehen die deutschen Experten eine Behandlung in Deutschland dann als besonders lohnend für amerikanische Patienten an, wenn es sich um seltene Erkrankungen oder um komplexe und hochspezialisierte Eingriffe handelt. Da seien laut DE1 die deutschen Behandlungspreise mindestens mit dem Faktor 3 zu multiplizieren, um das Preisniveau in den USA zu erreichen. Auch in der Kardiologie sieht DE1 besonders hohe Preisunterschiede und führt als Beispiel eine reguläre Bypass-OP zum deutschen Preis von ca. 15.000 € (= 16.959 $, Kurs am 12.02.2016) im Vergleich zu Preisen von 100.000 – 150.000 $ in den USA an, was den Angaben von Kumar und Yang entspricht (vgl. 2015, S. 2). Auch angesichts der in Kap. 4.4.5 erörterten Rechercheergebnisse zu Behandlungspreisen in den USA hält die Autorin diese Aussagen der Befragten für plausibel. Ein Abgleich dieser Aussagen mit anderen Datenquellen wäre wünschenswert. Sie ist in diesem Rahmen jedoch nicht leistbar, da für eine fachlich seriöse Gesamtkalkulation der Preise z.B. für eine Herz-OP anhand von Einzelposten der DRG- oder GOÄ-Kataloge ärztliche Kenntnisse oder zumindest eine Fortbildung in Kodierung nötig sind. In anderen Destinationen listen Kliniken, Agenturen und Portale häufig im Internet Behandlungspreise auf. Im deutschen Raum ist dies für Kliniken untersagt (vgl. Frederick & Gan, 2015, S. 107), und bei Agenturen mit Sitz in Deutschland nicht üblich, wie anhand einer orientierenden Recherche auf ca. 30 Agentur-Websites verifiziert wurde.

In Antwort auf die Forschungsfrage 6) sind folglich nicht nur zwischen den USA und Asien oder Mittelamerika die Preisunterschiede hoch, sondern aus Expertensicht auch zwischen den USA und Deutschland. Dies bedeutet, dass Deutschland hinsichtlich der Trias Qualität, Zugang und Kosten also nicht nur in den ersten beiden Bereichen international konkurrieren kann, sondern auch bei den Behandlungspreisen.

4.5 Distribution und Kommunikation: Wege zwischen Nachfrage und Angebot

Die Distributionspolitik als dritter Bereich des Marketing-Mix befasst sich mit dem Ort der Leistungserbringung, den Vertriebswegen und der Kooperation der Handelspartner. Mit Hilfe der Distribution werden die physische und die zeitliche Entfernung zwischen Angebot und Nachfrage überwunden. Die Kommunikationspolitik als vierter Bereich beschäftigt sich mit der Frage, welche Instrumente der Kommunikation in der *„Werbung, Verkaufsförderung, Öffentlichkeitsarbeit und Markenpolitik"* verwendet werden. Im Kontext zunehmenden Wettbewerbs gewinnt die Kommunikationspolitik für Kliniken an Bedeutung (vgl. Schlüchtermann, 2013, S. 177).

Wie in Kap. 3.4 deutlich wurde, ist am Medizintourismus eine hohe Zahl an Stakeholdern beteiligt, die in komplexen Interaktionen stehen; damit wird das Dreieck der Gesundheitswirtschaft im Medizintourismus in der Distribution und Kommunikation zu einem Vieleck.
Bedingt durch die Merkmale der Dienstleistung Medizintourismus überschneiden sich Distribution und Kommunikation im Medizintourismus häufig. So ist z.B. die Botschaft eines arabischen Landes, die Patienten in eine deutsche Klinik vermittelt und die Behandlungskosten trägt, Vertriebsweg und Kommunikationskanal zugleich. Viele Autoren thematisieren die beiden Bereiche zusammen oder behandeln sie synonym (vgl. Bookman & Bookman, 2007, 60ff; Connell, 2011, S. 126ff; Lunt et al., 2012, S. 18f). Um Redundanz zu vermeiden, werden die beiden Bereiche in diesem Kapitel gebündelt bearbeitet.

4.5.1 Vertriebswege und Kommunikationskanäle

Da in der Recherche für diese Studie keine wesentlichen Unterschiede zwischen den Kommunikationskanälen im Medizintourismus international, in den USA und in Deutschland gefunden wurden, wird hier anders als in den Kapiteln zu Produkt und Preis auf eine nach Ebenen gegliederte Bearbeitung verzichtet. Die Aussagen in diesem Kapitel sind also auf jeder der Ebenen gültig. Wo länderbezogene Erkenntnisse vorliegen, wird dies kenntlich gemacht. Die Distribution ist im Medizintourismus davon geprägt, dass sich der Patient meist zum Dienstleister hin bewegt (vgl. Kap. 3.2.1). Hier ist zu beachten, dass die Distribution in zwei Richtungen und auf zwei Arten abläuft: es werden Informationen und der Patient hin und her transportiert (vgl. Illing, 2000, S. 106). Abbildung 4 zeigt ohne Rangfolge Wege zwischen Angebot und Nachfrage im Medizintourismus, die in der Literatur häufig genannt werden. Mal ist der Weg mehr Vertriebsweg, mal mehr Kommunikationskanal. Die Inhalte der Abbildung orientieren sich an den im Titel genannten Quellen.

Abbildung 4: Wege zwischen Nachfrage und Angebot: Vertriebswege und Kommunikationskanäle zwischen Patient und medizinischer Einrichtung im Medizintourismus; eigene Darstellung in Anlehnung an Illing (2000, S. 106ff), Bookman & Bookman (2007, S. 60ff), Gan & Frederick (2011, S. 165) und Beyer & Juszczak (2014, S. 40ff).

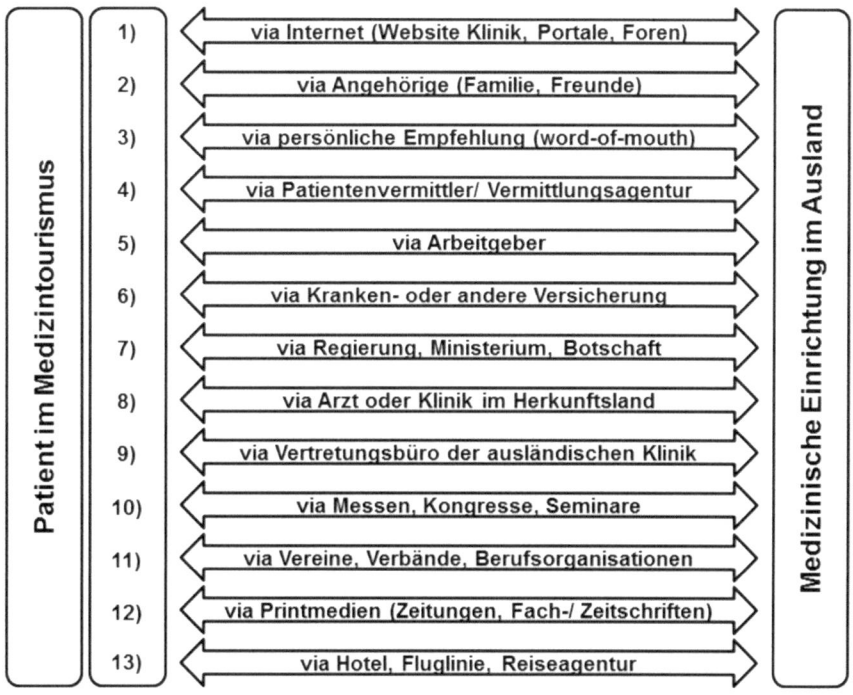

Das Internet als Weg 1) hat als ein Förderfaktor der Globalisierung maßgeblich zur Entstehung des aktuellen Medizintourismus beigetragen und ist eine treibende Kraft in seiner weiteren Expansion (Bookman & Bookman, 2007, S. 61f). Das Potenzial der Digitalisierung ist im Gesundheitswesen noch bei weitem nicht ausgeschöpft, z.B. in der Telemedizin, der personalisierten Medizin, dem Online-Monitoring von Gesundheit und der Datensammlung und -analyse anhand von Big Data (vgl. Taylor, Ronte & Hammett, 2014, S. 8ff). Im Medizintourismus weisen allerdings viele Websites inhaltliche Qualitätsmängel auf und benennen nicht ausreichend die Risiken des Medizintourismus. Standards und Qualitätssiegel werden angemahnt (vgl. Horsfall, Lunt, King, Hanefeld & Smith, 2013, S. 234; Lunt, Smith, Mannion et al., 2014, S. 47f).

Im Weg 2) können die Angehörigen des Patienten besonders bei Personen, die nicht in der Lage sind, selber zu recherchieren und den Medizintourismus zu organisieren, eine tragende Rolle in der Distribution und Kommunikation spielen (vgl. Casey, Crooks, Snyder & Turner, 2013), so z.B. bei Kindern oder bei Erkrankungen, die die Geschäftsfähigkeit beeinträchtigen. Bei schweren neurologischen Störungsbildern wie dem Wachkoma können die Angehörigen zu den zentralen Managern für den Patienten werden, auch im Kontext des Medizintourismus (vgl. Büsching, 2014).

Der persönlichen Empfehlung als Weg 3), sei es durch Familie, Freunde oder Ärzte, wird im Medizintourismus eine hohe Bedeutung zugesprochen (vgl. Bookman & Bookman, 2007, S. 64; Connell, 2011, S. 126ff). Empfehlungen durch zufriedene Patienten als Multiplikatoren werden im Medizintourismus als hoch wirksam eingeschätzt (vgl. Karuppan, 2014, S. 210ff). Bei der elektronischen Empfehlung fusionieren Weg 1) und 3) (vgl. Abubakar & Ilkan, 2015).

Der Weg 4) bezieht sich auf die Intermediäre oder Broker in Form von einzelnen Patientenvermittlern oder Agenturen (vgl. Freyer, 2014, S. 77). Connell merkt zu diesen an: *„The growth of MTCs* [medical tourism companies, Anm. des Verf.] *has been one of the more striking and distinctive features of medical tourism"* (2011, S. 47). In einer Befragung nannten deutsche Kliniken die Patientenvermittler und Agenturen als häufigste Kooperationspartner; es wurde im Mittel mit 10 von ihnen zusammengearbeitet, und etwa 45 % der Patienten kamen auf diesem Weg (vgl. Beyer & Juszczak, 2014, S. 41). Für eine differenzierte Analyse der Dienstleistungsangebote durch Vermittlungsagenturen aus 30 Ländern sei auf Frederick und Gan (2015) verwiesen, für eine Analyse der Angebote für Patienten aus den USA auf Alleman et al. (2010). Sowohl in Deutschland als auch international zeigt sich diese Branche als volatil (vgl. Cormany & Baloglu, 2011, S. 715). Boscher stellt fest, dass Agenturen meist einen höheren Professionalisierungsgrad aufweisen als einzelne Vermittler, und bewertet das fachliche Niveau der amerikanischen Agenturen höher als das der deutschen (vgl. 2015, o.S.). Doch auch in den USA wird kritisiert, dass dieser Beruf nicht geschützt ist und keiner Regulierungsbehörde untersteht (vgl. Gan & Frederick, 2015, S. 180). Vermittlungsagenturen üben eine Vielzahl von z.T. widersprüchlichen Rollen aus (vgl. Snyder, Crooks, Adams, Kingsbury & Johnston, 2011). In der Kooperation zwischen Klinik und Agentur ist zu beachten, dass die Patientenvermittlung laut Gerichtsurteil als sittenwidrig anzusehen ist, wenn die Klinik pauschale Provisionszahlungen tätigt. Dienstleistungen wie Beratung und Betreuung gelten dagegen nicht als sittenwidrig. Statt Pauschalen werden Dienstleistungsverträge mit Einzelpreisen empfohlen (vgl. Juszczak, 2013, S. 156). Für eine Vertiefung hierzu sei auf Werner verwiesen (vgl. 2015, o.S.), für weitere juristische Fragen im deutschen Medizintourismus auf Reisewitz (vgl. 2015). Viele deutsche Agenturen scheinen das Wort Vermittlung zu scheuen und sehen sich als Serviceagentur (vgl. Esslinger Zeitung, 2011, o.S.). Im

Kontext dieser Studie wird der Begriff Vermittlung gleichwohl benutzt, weil er hier der treffendste ist, und der lange Anglizismus Medical Tourism Facilitator vermieden werden soll.

Crooks et al. halten die Wege 1) Internet, 2) und 3) Angehörige und persönliche Empfehlung sowie 4) Patientenvermittler als die einflussreichsten auf die Entscheidung des Patienten für Medizintourismus (vgl. 2010, S. 5ff).

Die Wege 5) Arbeitgeber, 6) Kranken- oder andere Versicherung und 7) Regierung, Ministerium, Botschaft beschreiben Distribution und Kommunikation im Rahmen von Kostenträgerschaft und Finanzierung des Medizintourismus (vgl. Connell, 2011, S. 44f). Dies wird in Bezug auf den amerikanischen Medizintourismus im folgenden Kapitel vertieft.

Der Weg 8) bezieht sich auf Empfehlungen von Ärzten oder Kooperationen von Kliniken, dies wird ebenfalls in Bezug auf die USA in Kapitel 4.5.2 thematisiert.

Ein Beispiel für den Weg 9) (Vertretungsbüro der ausländischen Klinik) ist die kubanische Tourismusagentur Cubanacan, die in ausländischen Büros u.a. für den Medizintourismus auf Kuba wirbt. Auch das thailändische Bumrungrad Hospital, das als ein Vorreiter des Medizintourismus gilt, betreibt solche Büros (vgl. Bookman & Bookman, 2007, S. 62f).

Da Distribution, Kommunikation und Patientenbetreuung im Medizintourismus aufwendig sind, richten manche größeren deutschen Kliniken als Variante von Weg 9) ein sogenanntes International Office (IO) ein (vgl. Nawarecki, 2012). Teils kooperieren diese IOs mit Agenturen, teils konkurrieren sie mit ihnen (vgl. Frederick & Gan, 2015, S. 99), teils ersetzen sie diese (vgl. Gan & Frederick, 2011, S. 181). Detaillierte Darstellungen, welche Prozesse ein IO steuern kann, finden sich bei Boscher (vgl. 2008) und bei Holzgreve (vgl. 2014).

Die Wege 10) (Messen, Kongresse, Seminare), 11) (Vereine, Verbände, Berufsorganisationen), 12) (Printmedien) und 13) (Hotel, Fluglinie, Reiseagentur) sind seltener genutzte Wege, die für einzelne Kliniken jedoch durchaus bedeutsam sein können (vgl. Bookman & Bookman, 2007, S. 62f).

Als Antwort auf die Forschungsfrage 6) zur Distribution und Kommunikation im Medizintourismus lässt sich zusammenfassen, dass diese beiden Marketingbereiche im Medizintourismus oft simultan sind oder sich überschneiden, und eine Vielzahl von Wegen umfassen.

4.5.2 Distribution und Finanzierung des Medizintourismus aus den USA

Für die Akquise von Patienten aus den USA durch deutsche Kliniken ist die Kenntnis der Distributionswege und Finanzierungsarten relevant, die in den USA für Medizintourismus ins Ausland existieren. Der amerikanische Staat selber agiert nicht als Kostenträger im Medizintourismus, abgesehen von Ausnahmeregelungen beim staatlichen Programm Medicare in grenznahen Orten (vgl. Bookman & Bookman, 2007, S. 152).

Gan und Frederick (vgl. 2011, S. 166) sowie Gan stellen eine Systematik für den Medizintourismus aus den USA ins Ausland vor: das Modell der *„four transactional modes of medical tourism"* (2013, S. 48), wie in Abbildung 5 dargestellt. Danach verläuft die Transaktion zwischen den Stakeholdern in vier Modi. Transaktion kann hier als Oberbegriff für die Distribution und die Finanzierung des Medizintourismus verstanden werden. Die amerikanischen Interviewpartner für diese Studie sind in zwei dieser vier Modi involviert.

Abbildung 5: Modell der vier Transaktions-Modi im Medizintourismus von Patienten aus den USA ins Ausland nach Gan und Frederick (2011); leicht modifizierte und übersetzte Abbildung nach Gan & Frederick (2011, S. 166) und Gan (2013, S. 48)

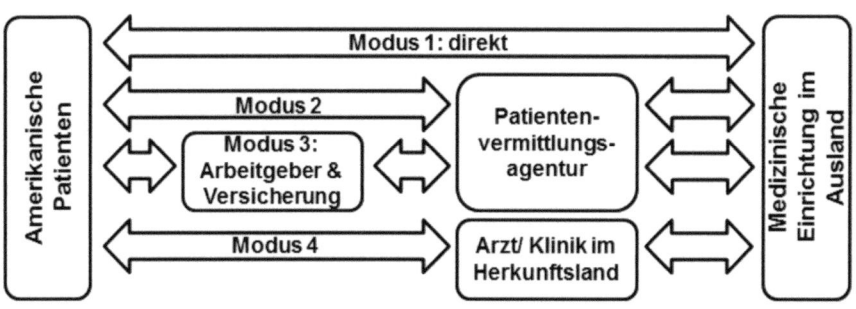

Im Transaktionsmodus 1) organisiert der Patient als Selbstzahler die Reise und Behandlung. Wenn unversicherte Patienten wegen Mangel an Zugang und Bezahlbarkeit der Behandlung als Selbstzahler ins Ausland reisen, wird dies *„primary exit"* aus dem Gesundheitswesen genannt. Als *„complementary exit"* wird beschrieben, wenn versicherte Patienten Medizintourismus als Selbstzahler wahrnehmen (vgl. Laugesen & Vargas-Bustamante, 2010, S. 225ff).

Im Transaktionsmodus 2) ist der Patient als Selbstzahler Kunde einer Vermittlungsagentur, die den Medizintourismus für ihn organisiert (vgl. Gan, 2013, S. 50). Im Interview erklärte AE1, der eine solche Agentur leitet, bei dieser Zielgruppe sei es maßgeblich, dass sie sich den Medizintourismus leisten und die Behandlung direkt im Voraus an die Klinik zahlen könne.

In Modus 3) wird der Patient von seinem Arbeitgeber als Kostenträger dazu motiviert, Medizintourismus wahrzunehmen (ebd., S. 52ff). Etwa 150 Mio. Amerikaner unter dem Rentenalter sind über ihren Arbeitgeber krankenversichert, also knapp 47 % der amerikanischen Bevölkerung. Damit ist diese Vertragsart mit dem Oberbegriff *„employer-based coverage (EBC)"* die führende in den USA (Karuppan, 2014, S. 211). In einer Studie mit 608 Personalmanagern aus Human-Resource-Abteilungen amerikanischer Unternehmen gaben 16.8 % der Befragten an, sie würden Verträge anbieten, die freiwillige Optionen für Medizintourismus beinhalten. Diese Optionen stellten oft ein Zusatzangebot dar, das die Versicherungsgesellschaften, mit denen diese Arbeitgeber kooperieren, noch nicht anbieten. Die Personenzahlen der Angestellten, die diese Option nutzen, werden allerdings bislang als relativ niedrig eingeschätzt; der Markt in diesem Modus 3) sei noch in einem Frühstadium. Laut den Autoren der Studie hängt die weitere Entwicklung der Patientenzahlen stark davon ab, wie zufrieden die Ersten aus dem Ausland zurückkehrten, im Sinn von sehr einflussreicher Meinungsführerschaft (ebd. S. 210ff). In diesem Modus 3) kommt die vom Arbeitgeber beauftragte Agentur als weiterer Akteur hinzu: Es bildet sich also ein Viereck aus Patient, Arbeitgeber, Agentur und Klinik. Dieser institutionell geförderte Medizintourismus durch Arbeitgeber, Versicherungen oder Regierungen nennt sich *„institutionalized exit"* (Laugesen & Vargas-Bustamante, 2010, S. 227).

Zwei der hier befragten amerikanischen Experten leiten eine Agentur, die im Modus 3) Patienten im Auftrag von Arbeitgebern betreuen und vermitteln. Innerhalb dieses Modus' sind zwei Finanzierungsmodelle zu unterscheiden – je nach Vertragsart, die der Arbeitgeber mit einer Versicherungsgesellschaft abschließt. Die erste Vertragsart ist ein sogenannter Health Plan. Der Arbeitgeber wird hier als self-funded employer bezeichnet, der den Vertrag besitzt und über den Leistungsumfang sowie über etwaige Optionen für Medizintourismus entscheidet. In 2011 boten fast 201.600 Health-Plan-Verträge die Möglichkeit an, Medizintourismus einzuschließen; Verträge für staatliche Angestellte sind dabei nicht mitgezählt (vgl. Todd, 2012b, S. 151). Insgesamt bieten aktuell etwa 4.000 Unternehmen ihren Mitarbeitern Health Plans an (M. Todd, persönl. Mitteilung, 03.11.2015).

AE3 schildert im Interview ein Beispiel, wie der Medizintourismus bei einem Health Plan abläuft: Der Arbeitgeber verlangt hier von den Angestellten im höheren Management in regelmäßigem Turnus einen Gesundheits-Check-Up. Verbreiteter Usus und Vertragsbestandteil ist die Offenlegung der Gesundheitsdaten vor der Human-Resource-Abteilung. Der Anreiz für die Manager, am Medizintourismus teilzunehmen, bestehe vor allem in der Möglichkeit, den Check-Up zeitsparend in einem exklusiven und diskreten Setting des medizintouristischen Luxus-Marktsegments durchführen zu lassen und mit einem Urlaub zu kombinieren. Häufig buche der Lebenspartner dasselbe Angebotspaket dazu. Der Arbeitgeber vergüte die Dienstleistungen der Agentur von AE3 per capita, z.B. als eine Gebühr für 30 Angestellte pro Jahr.

Der Vorteil für den Arbeitgeber bestehe in unmittelbaren und langfristigen Kostenersparnissen. Ergebe der Check-Up nämlich Therapiebedarf, dann sei der Patient bereits mit Medizintourismus vertraut und ließe sich eher auf die Behandlung im Ausland ein. AE3 nennt diese Strategie *„with the right eye on one product, with the left eye on the other product".*

Das zweite Finanzierungsmodell innerhalb des Modus 3) ist das eines sogenannten Health Benefits, bei dem der Arbeitgeber self-insured employer genannt wird und den Vertrag bei einem der ca. 500 – 600 Versicherungsunternehmen kauft, die dieses anbieten. Der Health Benefit kann Medizintourismus einschließen, und auch hier profitiert der Arbeitgeber von den Preisunterschieden im Medizintourismus. Die Anreize für die Angestellten, Medizintourismus mitzumachen, bestehen in beiden Modellen u.a. in Form von Boni, Finanzierung der Reise einer Begleitperson und zusätzlichen Urlaubstagen (vgl. Kumar & Yang, 2015, S. 2). Ein Vorreiter bei Health Benefits mit Medizintourismus ist die Versicherungsgesellschaft BlueCross/ BlueShield (vgl. Horowitz & Rosenweig, 2007, S. 29; Davis, Yu & Kurtz, 2013, S. 86).

AE2 leitet eine Vermittlungsagentur, die einer solchen Versicherungsgesellschaft für Health Benefits mit Medizintourismus-Option gehört. AE2 gibt ein Beispiel für Medizintourismus im Rahmen eines Health Benefits: Wenn sich der Patient in den USA z.B. einer Hüftersatz-OP unterziehen müsse, falle für ihn eine Zuzahlung von ca. 5000 $ an. Ließe sich der Patient dagegen im Ausland behandeln, müsse er nichts zuzahlen und bekomme alles inklusive der Reisekosten für eine Begleitperson von seinem Arbeitgeber bezahlt. Dieser bezahle die Agentur und die ausländische Klinik und spare bei dieser OP z.B. 50.000 $. Der Service der Agentur wird im Fall von AE2 als Prozentsatz der Behandlungsgebühr berechnet. Das Echo der Patienten auf dieses Modell sei gut, sie würden bei seiner Agentur häufig um weitere Therapien im Medizintourismus anfragen.

Die Versicherungsgesellschaften bieten jenseits der Benefit Plans zurzeit noch keine direkten Policen für Medizintourismus an. Es wird prognostiziert, dass dies in ca. fünf Jahren der Fall sein wird (M. Todd, persönl. Mitteilung, 03.11.2015). Diese Art der Distribution direkt über eine Versicherung (vgl. Weg 6) in Abbildung 4) ist also gerade am Entstehen.

Im Modus 4) als letztem Transaktionsmodus wird Outsourcing von Leistungen durch amerikanische Kliniken betrieben und der Patient ins Ausland überwiesen. Die Klinik in den USA besitzt die ausländische Klinik oder kooperiert fachlich und finanziell mit ihr, so z.B. bei der Klinikgruppe Johns Hopkins International (vgl. Gan, 2013, S. 55ff).

Als Trends im Medizintourismus aus den USA postulieren Gan und Frederick, dass erstens zukünftig bei wachsendem Informationsstand der Öffentlichkeit über Medizintourismus mehr Patienten im Modus 1 direkt ins Ausland gehen werden, dass zweitens Arbeitgeber und

Versicherungsgesellschaften den Medizintourismus verstärkt befördern werden, und vermehrt ohne eine Agentur direkt mit ausländischen Kliniken kooperieren werden, dass drittens das ACA (Obamacare) zu einer verstärkten Zusammenarbeit von in- und ausländischen Kliniken führen wird, und dass viertens eine wachsende Zahl von International Offices in den ausländischen Kliniken die Funktionen der Vermittlungsagenturen übernehmen werden (vgl. 2011, S. 180f).

In Antwort auf die Forschungsfrage 6) zur Distribution von Medizintourismus aus den USA ist festzuhalten, dass hier Distribution und Finanzierung eng verbunden sind. Für deutsche Kliniken ist zu entscheiden, ob Selbstzahler oder die Kooperation mit institutionellen Kostenträgern bevorzugt werden, wovon die Ausrichtung des Marketings abhängt.

4.5.3 Räumliche Distribution des deutschen Behandlungsangebots

Die räumliche Distribution des Produkts Medizintourismus findet an den Orten statt, an denen sich die medizinischen Einrichtungen befinden. Das Maß, wie stark Krankenhäuser, Rehabilitationskliniken, Praxen und andere im Medizintourismus engagiert sind, ist je nach Bundesland, Region und Stadt sehr unterschiedlich. Hinsichtlich der stationären Fälle bei internationalen Patienten zeigt sich für 2012 folgende Rangfolge der Länder: Bayern (22.818 Fälle), Nordrhein-Westfalen (16.427) und Baden-Württemberg (14.289). Es schließen sich Hessen und Berlin an, mit je 5.000 bis unter 10.000 Fällen (vgl. Juszczak & Beyer, 2014, S. 19ff). Die vier Städte bzw. Städtegruppen Berlin, Hamburg, Köln/ Bonn/ Düsseldorf sowie München sind im deutschen Medizintourismus führend. Weitere Städte sind (im Uhrzeigersinn): Kiel, Hannover, Dresden/ Leipzig, Nürnberg/ Erlangen, Freiburg, Baden-Baden, Stuttgart, Heidelberg/ Mannheim, Frankfurt/M./ Wiesbaden, Aachen sowie das Ruhrgebiet. Die medizinischen Einrichtungen dieser Städte und Regionen sind demnach die maßgeblichen innerdeutschen Wettbewerber (vgl. Juszczak, 2014, S. 18; vgl. Tschuck, 2014, S. 20). Russische Patienten sagten z.B. in einer Befragung, dass sie in ihrer Entscheidung für Medizintourismus zwischen Berlin und München abgewogen hätten (vgl. Slot, 2013, S. 22). Für Berlin wird ein Zuwachs bei allen internationalen Patienten von 2012 auf 2013 um 15 % angegeben, auf 10.670 Fälle (vgl. IMTJ, 2014a, o.S.).

Zur Art der Klinik wird geschätzt, dass 80 – 90 % der Behandlungen in öffentlichen Krankenhäusern wie den 37 Universitätskliniken stattfinden, was darauf hinweist, dass komplexe Behandlungen besonders nachgefragt sind. Bei den Klinikgruppen sind vor allem Asklepios, Helios und Mediclin aktiv (vgl. IMTJ, 2014b, o.S.). In der Befragung für diese Studie äußerte der Experte DE2, dass nach seiner Ansicht folgende Faktoren für eine Destinationsentwicklung innerhalb Deutschlands günstig sind: 1) das Vorhandensein einer Universitätsklinik, 2) touristische Infrastruktur mit Hotellerie, internationalem Flughafen und Fernbahnhof sowie 3) weitere Kliniken und niedergelassene Ärzte in der Nähe.

In mehreren Bundesländern existieren Vereine und Initiativen, die sich im Medizintourismus engagieren, z.B. als Netzwerke zwischen Kliniken und Tourismuszentralen. Ein Beispiel für ein großes regionales Projekt zur Entwicklung einer Medizintourismus-Destination ist die Initiative Healthdestination Rhineland Medizintourismus (vgl. Gesundheitsregion KölnBonn e.V., 2016, o.S.), die mit Fördergeldern des Bundeslandes und der EU von 1.5 Mio. € von 2012 bis 2015 durch die Hochschule Bonn-Rhein-Sieg und einem Verein durchgeführt wurde. Das Projekt bestand aus vier Bereichen: 1) Bildung eines Dienstleisternetzwerkes, 2) Entwicklung von Konzepten zu Standards und Zertifikaten, 3) Marketing-Aktivitäten und 4) Weiterbildungsangebote und Marktforschung (vgl. Juszczak, 2015, S. 2f). Die Zahl der internationalen Patienten in Bonn, Köln und Düsseldorf stieg von 2012 auf 2013 um 32 % an, was auf das Projekt zurückgeführt wird. Im Bundesdurchschnitt und in benachbarten Städten lag der Zuwachs im einstelligen Bereich. Der jährliche wirtschaftliche Ertrag durch den Medizintourismus im Rheinland wird für die medizinischen Einrichtungen auf 33 – 42 Mio. € geschätzt (ebd., S. 21ff).

Der deutsche Medizintourismus zeigt also räumliche Schwerpunkte und Cluster in einzelnen Bundesländern, Regionen und Städten. Damit ist der Medizintourismus nicht nur finanziell, sondern auch räumlich ein Nischenmarkt. Es kann nicht von einer *„flächendeckenden Internationalisierung der Gesundheitswirtschaft"* gesprochen werden (von Bandemer et al., 2009, S. 10). Damit ist die Forschungsfrage 6) zur Distribution des deutschen Medizintourismus beantwortet.

4.5.4 Distribution der Behandlung amerikanischer Patienten

Die Krankenhausstatistik ist auch für die Abbildung der räumlichen Verteilung der stationären Behandlungen von Patienten aus den USA hilfreich. Abbildung 6 zeigt den Verlauf der Fallzahlen bei diesen Patienten in deutschen Krankenhäusern in sieben Bundesländern im 15-Jahres-Zeitraum (2000 – 2014). Es wurden Länder in die Grafik eingeschlossen, deren Fallzahlen in 2014 über 100 lagen. Es zeigt sich, dass Bayern mit über 900 Fällen in 2014 führt, gefolgt von Baden-Württemberg mit über 500. Die Länder Hessen, Rheinland-Pfalz, Nordrhein-Westfalen, Berlin und Saarland hatten in 2014 Fallzahlen zwischen 100 und 200. Augenfällig ist, dass bei Bayern, Baden-Württemberg und Hessen ab 2001 – 2003 die Fallzahlen stetig anstiegen. In Hessen hielt dieser Trend bis 2006, in Bayern und Baden-Württemberg bis 2009 an. Seither fällt ein Rückgang der Fallzahlen auf. Ein Kommentar zu diesem Rückgang in der Gesamtsumme erfolgte in Kap. 4.4.4.

Amerikanische Patienten wurden folglich bis 2012 hauptsächlich in Bayern, Baden-Württemberg und Hessen behandelt, seit 2014 im Segment der Fallzahlen über 500 nur noch in den beiden ersten Ländern. Die Antwort auf die Forschungsfrage 6) zur Distribution im Marktsegment lautet also, dass sich der Medizintourismus aus den USA primär auf zwei bis drei Bundesländer begrenzt, wenn die Länder mit Fallzahlen von 100 bis 200 nicht beachtet werden. Dies erlaubt allerdings keine positiven oder negativen Rückschlüsse auf die jeweiligen Entwicklungspotenziale der Länder im unteren Fallzahlbereich, auch nicht bezüglich der nicht abgebildeten Länder.

Abbildung 6: Verlauf der Fallzahlen bei amerikanischen Patienten in deutschen Krankenhäusern in sieben Bundesländern im Zeitraum 2000 bis 2014; eigene Darstellung nach Daten des Statistischen Bundesamts

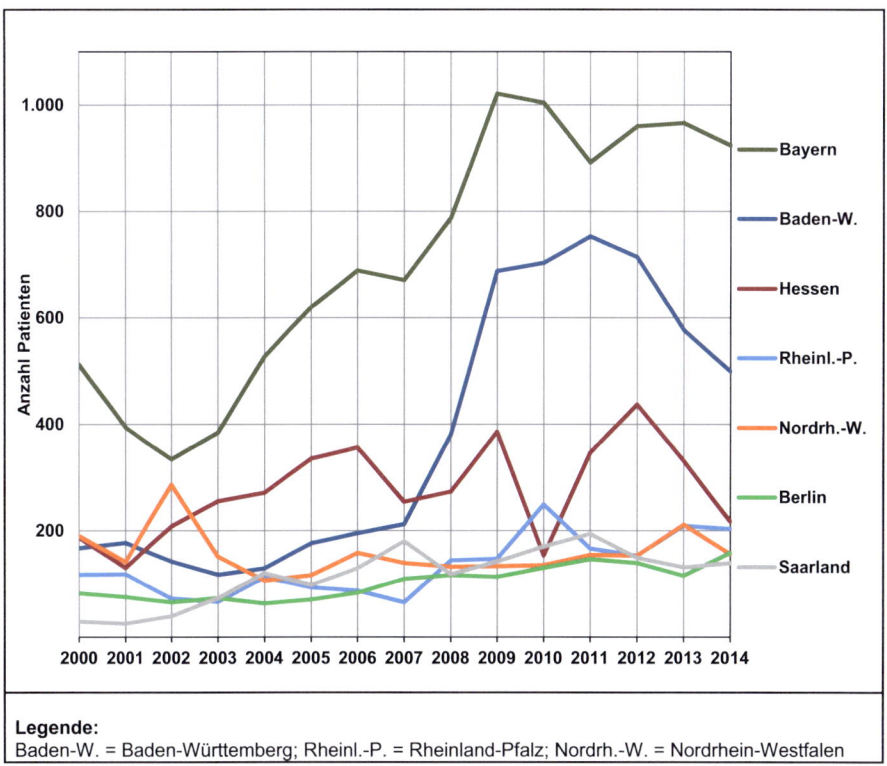

Legende:
Baden-W. = Baden-Württemberg; Rheinl.-P. = Rheinland-Pfalz; Nordrh.-W. = Nordrhein-Westfalen

4.5.5 Kommunikation von Gesundheitsdaten aus Expertensicht

Der Umgang mit den persönlichen Gesundheitsdaten des Patienten ist ein eigenes Themenfeld innerhalb der Kommunikationspolitik einer Klinik im Medizintourismus; es befindet sich an der Schnittstelle zwischen zwei nationalen Gesetzgebungen. Es stellt sich die Frage, für welchen Akteur welche Gesetze und Standards gelten. In den USA regelt das Gesetz „Health Insurance Portability and Accountability Act" (HIPAA) u.a. den Umgang mit Gesundheitsdaten; ihm haben Gesundheitsdienstleister und auch die Vermittlungsagenturen zu folgen (vgl. Todd, 2012a, S. 21). Der deutsche Standard richtet sich nach dem Bundesda-tenschutzgesetz (vgl. JURIS, 2016b). In Zukunft wird zudem die Datenschutz-Grundverordnung von Relevanz sein, die die europäische Datenschutzrichtlinie 95/46/EG ablösen soll (vgl. Europäische Kommission, 2015, o.S.).

In den Interviews für diese Studie sind sich alle befragten Experten einig, dass die deutschen Kliniken das nationale Datenschutzgesetz zu befolgen haben, und amerikanische Kliniken und Agenturen den HIPAA-Standard. Zwei amerikanische Experten sind der Ansicht, dass für deutsche Kliniken im Medizintourismus zusätzlich die europäische Richtlinie gilt. AE1 berichtet von der Variante, dass die direkten Datentransfers vom deutschen Chirurgen an den amerikanischen Patienten nach deutschem Standard, und die Informationen vom Pati-enten an diesen Arzt über die Vermittlungsagentur mit Hilfe einer speziellen Schutz-Software online nach dem HIPAA-Standard erfolgen. Die IT-Infrastruktur der Klinik habe damit nichts zu tun.

AE1 und DE1 äußern, dass die Datenschutz-Frage zwar ein Hindernis in der bi-nationalen Kooperation darstellen könne, da vermutlich nicht alle Gesetzesteile kompatibel seien. Dies könne jedoch sicher mit Hilfe einer Analyse von Ist und Soll (Gap-Analyse) gelöst werden. DE1 und DE2 schätzen den deutschen Datenschutz als sehr hochwertig ein – möglicherwei-se strenger als den amerikanischen. Sie nennen als Beispiele das Versenden von Mails mit Gesundheitsdaten sowie die partielle oder vollständige Offenlegung von Daten gegenüber Krankenversicherungen und Arbeitgebern in den USA, was beides in Deutschland nicht erlaubt ist.

5 SWOT-Analyse Deutschlands als Ziel von Patienten aus den USA: Stärken, Schwächen, Vorteile, Risiken und Potenziale aus Expertensicht

Für eine adäquate Produktentwicklung und Ansprache von Zielgruppen und Kooperationspartnern ist die Kenntnis der eigenen Stärken und Schwächen sowie der Chancen, Risiken und Potenziale des Marktes nötig. Daher folgt hier eine SWOT-Analyse Deutschlands und seiner Kliniken als Ziel von Patienten aus den USA aus der Sicht amerikanischer und deutscher Medizintourismus-Experten. Die SWOT-Analyse wird durch die PÖSTIRÖ-Faktoren ergänzt, wie in Kap. 2.1 erläutert.

Die Experten ziehen in allen Themenbereichen Vergleiche mit dem internationalen Umfeld, daher wird der Faktor I für Internationales nicht als separater Faktor behandelt, sondern fortlaufend mit thematisiert. Die Faktoren, für die keine Stärken oder Schwächen genannt wurden, entfallen. Da sich viele Aussagen auf das Marketing beziehen, wird ab Kapitel 5.3.2 erneut der Marketing-Mix als Gliederungshilfe genutzt.

5.1 Profil der befragten Medizintourismus-Experten

Die Methodik der hier durchgeführten Interviews wurde in Kapitel 2.3 erläutert. Um den Hintergrund und die Sichtweisen der Experten einordnen zu können, folgt ein summarisches berufliches Kurzprofil. Drei amerikanische und drei deutsche Experten konnten für die Interviews gewonnen werden: zwei Damen und vier Herren. Alle sind seit mindestens 10 Jahren im Medizintourismus tätig – viele deutlich länger – und kennen sowohl das deutsche als auch das amerikanische Gesundheitswesen. Die meisten sind namentlich im internationalen Medizintourismus-Markt bekannt. Zwei Personen haben einen ärztlichen oder anderen medizinischen Erstberuf, eine Person einen sozialwissenschaftlichen, drei einen wirtschaftswissenschaftlichen. Drei haben in der Vergangenheit ein Krankenhaus oder eine Abteilung geleitet. Vier Personen haben aktuell die Position der Geschäftsführung (CEO) einer Firma inne, ein Experte ist Hochschuldozent, eine Person Verbandsvorsitzender. Eine Person ist CEO einer Consulting-Firma, vier weitere Personen bieten ergänzend zu ihrer Haupttätigkeit Consulting an. Alle sind zusätzlich Multiplikatoren im Medizintourismus als Dozenten, Netzwerker, Forschende, Vortragsreisende oder Autor.

Wie in Kap. 4.5.2 bereits benannt, leiten alle amerikanischen Experten Patientenvermittlungsagenturen. Die Agentur von AE1 betreut als kleineres Unternehmen hauptsächlich einzelne Selbstzahler, während die Agenturen von AE2 und AE3 größere Unternehmen sind, die Angestellte im Auftrag von Unternehmen für Check-Ups und Behandlungen im Medizintourismus betreuen.

Nur eine Person wollte den Interviewleitfaden im Voraus zugesendet bekommen, die anderen antworteten im Gespräch spontan auf die Fragen. Die Äußerungen sind Expertenmeinungen vor dem Hintergrund breiter Erfahrung in dem Geschäfts- und Forschungsfeld. Die Aussagen wurden nicht auf inhaltliche Korrektheit geprüft. Auch spielt die Meinung der fragenden Person im Interview und der Autorin dieses Texts keine Rolle; ihre Meinung kann von denen der Befragten abweichen.

5.2 Stärken Deutschlands und seiner Kliniken

Die Experten benennen ein differenziertes Profil an Stärken für Deutschland und den Krankenhaussektor als Ziel für Medizintourismus aus den USA. Alle amerikanischen Experten waren selber schon mehrmals in Deutschland und kennen sein Gesundheitswesen.

5.2.1 Politische, ökonomische, sozio-kulturelle und ökologische Stärken

Die politischen, ökonomischen, sozio-kulturellen und ökologischen Stärken Deutschlands als Medizintourismus-Destination wurden von den Befragten nur knapp kommentiert. Die Befragungsergebnisse werden daher zusammenfassend und ohne Kommentar in Tabelle 10 dargestellt.

Tabelle 10: Die politischen, ökonomischen, sozio-kulturellen und ökologischen Stärken Deutschlands als Destination für Medizintourismus aus den USA aus Expertensicht

---

Politische Stärken
- Rechtsstaatlichkeit (DE1, DE2)
- Politische Stabilität (AE1)
- Sicherheit als Reiseland – das sei Amerikanern besonders wichtig (AE2, DE2)
- Vergleich zwischen Deutschland und Thailand, das eine beliebte Medizintourismus-Destination ist, man dort aber weitere politische Destabilisierung befürchten müsse
- Deutschland ist beliebtes Reiseland bei Amerikanern, z.B. für Städtereisen (DE2)
- keine Visums-Pflicht für Amerikaner (AE1)
- Deutschland besser als Asien von der Ostküste der USA erreichbar, ca. 7 Stunden (AE2)
- die potenzielle Zielgruppe für Medizintourismus ist in Person der zahlreichen amerikanischen Touristen bereits in Deutschland anwesend (AE3)

Ökonomische Stärken
- Starke Wirtschaftsnation (AE1)
- Für Amerikaner vorteilhafter Wechselkurs zwischen US-Dollar und Euro (DE2)
- Wechselkurs steigert die Attraktivität Deutschlands (DE2)

Sozio-kulturelle Stärken

- Positive Erfahrungen der drei amerikanischen Experten mit längeren Aufenthalten und Reisen in Deutschland (AE1, AE2, AE3)
- Jahrhundertealte Erfahrung und Tradition im deutschen Gesundheitswesen (DE1)
- Hoher moralisch-ethischer Anspruch der Gesundheitsversorgung (DE1)
- Keine Korruption (DE1)
- Viele Mitarbeiter im Gesundheitswesen sprechen Englisch, und es gebe z.T. in Krankenhäusern Kontingente Englisch sprechender Pflegekräfte (AE2, AE3)

Ökologische Stärken

- Keine tropischen Krankheiten wie Malaria (AE1)
- Keine Impfungen vor der Reise nötig (AE1)
- Leitungswasser trinkbar, im Unterschied z.B. zu Indien (AE2)

Legende: AE1 etc. = Amerikanischer Experte 1; DE1 etc. = Deutscher Experte 1

5.2.2 Technologische Stärken

DE1 sieht die Infrastruktur des Krankenhaussektors als Stärke – in der Form von modernen Kliniken, exzellenter Medizintechnik und sehr gut ausgebauter Subsysteme wie dem Rettungswesen. AE1 lobt, dass die Zertifizierung von Medizinprodukten, z.B. in der Operationstechnologie, schneller gehe als in den USA. Die Zeitdifferenz betrage häufig zwei oder mehr Jahre. Das Medizinprodukt mag in den USA erfunden worden sein, aber es werde zuerst in Deutschland eingesetzt und erprobt, und komme erst später in den USA zum Einsatz. Die deutschen Ärzte hätten dadurch einen Erfahrungsvorsprung, und die amerikanischen Patienten in Deutschland den doppelten Vorteil, preiswerter und mit fortschrittlicherer Technik als in den USA behandelt zu werden.

DE1 schränkt ein, dieser Vorsprung finde sich jedoch nicht immer. Es komme aber auch nach seiner Erfahrung vor, dass die amerikanische FDA bei bestimmten Technologien langsamer prüfe. Er habe in einer deutschen Universitätsklinik den Fall einer amerikanischen Patientin erlebt, die über ärztliche Empfehlung aus den USA kam und eine bestimmte kardiologische Behandlung benötigte, die in den USA nicht oder noch nicht zugelassen war. Die Behandlung war erfolgreich und habe bei der Patientin, ihrer Familie und bei der lokalen Presse ein sehr positives Echo gefunden. DE1 resümiert: *„Da kann schon der Fall eintreten, dass man als Patient in den USA nur deshalb stirbt, weil man nicht weiß, dass die benötigte Behandlung in Deutschland schon zugelassen und verfügbar ist."* Weitere Stärken werden von beiden Expertengruppen in Deutschlands Position als Wissens- und Forschungsstandort gesehen; das Land sei am Puls der Zeit und mit führend in der Innovation. Auch gebe es zahlreiche medizinische Fakultäten mit internationalem Ruf. Das Medizinstudium und die Ausbildung der Gesundheitsfachberufe seien erstklassig.

5.2.3 Deutsche Behandlungspreise als Stärke

Die deutschen Experten sehen das Sozialversicherungssystem und die Finanzierung der Gesundheitsversorgung als eine Stärke Deutschlands, während aus Sicht von DE3 die USA an die Grenzen der Finanzierbarkeit ihres Gesundheitswesens stoßen. Die deutschen Befragten und AE1 betonen als besondere Stärke die niedrigeren deutschen Behandlungspreise im Vergleich mit den USA. AE1 meint, das deutsche System der *"socialized medicine"* habe einen kostendämpfenden Effekt. Gründe für die hohen Preise in den USA sieht er u.a. in den Medikamentenpreisen und den Werbungskosten der Kliniken. In den USA sei Werbung für verschreibungspflichtige Medikamente und für Krankenhäuser erlaubt, was sich auf die Behandlungspreise auswirke. Der Preisunterschied zwischen den USA und Deutschland sei *"gigantisch"*, und die deutschen Preise seien 40 – 80 % niedriger. DE1 veranschlagt z.B. bei seltenen Erkrankungen und komplexen Eingriffen einen Multiplikationsfaktor von 3, um von den deutschen auf die amerikanischen Behandlungspreise zu kommen, wie bereits in Kap. 4.3.4 und 4.4.4 genannt. Für die Orthopädie stellt DE1 einen Preisvergleich zwischen Deutschland und Thailand an. Eine thailändische Klinik im Medizintourismus sei bei vielen Routine-OPs zwar etwa um die Hälfte preiswerter als eine deutsche Klinik. Es müsse jedoch nur irgendeine Nebendiagnose wie Übergewicht, Diabetes oder Koronare Herzkrankheit dazu kommen, dann steige der Behandlungspreis dort deutlich an. Auch werde die Behandlung dann besonders risikoreich für den Patienten, da die intensivmedizinische Versorgung in Asien deutlich schlechter sei als in Deutschland. Der deutsche Preis bleibe hingegen trotz der Nebendiagnosen stabil, und die Intensivmedizin sei exzellent. Man könne Patienten mit Risikofaktoren eine viel sichere Behandlung bieten. Auch gebe es in den deutschen Kliniken insgesamt transparente, übersichtliche Preis-Systeme. DE2 ergänzt, nicht alle asiatischen Destinationen seinen preiswerter – in Singapur z.B. seien viele Eingriffe teurer als in Deutschland. AE2 vertritt die gegensätzliche Meinung, dass die deutschen Behandlungspreise zwar vernünftig seien, aber nicht deutlich niedriger als in den USA. Die medizinische Versorgung in Deutschland sei insgesamt nicht billig, und die Löhne und Kosten seien hoch.

5.2.4 Qualität und Zugang als besondere Stärken

Neben den Behandlungspreisen nennen die Befragten vor allem Stärken, die unter den Begriffen Qualität und Zugang zusammen zu fassen sind, analog zu den drei Bewertungskategorien, die die OECD für Systemvergleiche nutzt (vgl. Kap. 3.5.1).

Wenn von den Stärken des deutschen Gesundheitswesens die Rede ist, nennen alle Experten vorrangig die Qualität. Es fiel in den Interviews auf, dass die *"hohe Qualität"* (einmal *"sehr hohe Qualität"*) von allen Experten in genau diesem Wortlaut und bei der Frage nach den Stärken immer an erster Stelle genannt wurde. Es sei *"High-End-Medizin"* in allen

Fachbereichen zu finden (DE1); die Ärzte seien sehr gut (DE2), und es gebe weltweit führende Spezialisten (AE1). Die Präzision der Behandlung sei hoch, und besonders die Chirurgie sei exzellent (AE2). Laut AE3 gebe es gute Privatkliniken, und AE1 lobt, dass der private
Sektor ausgeprägter sei als z.B. in England oder Kanada, und die Ärzte in Deutschland sehr
auf Wettbewerb eingestellt seien. DE2 ergänzt, dass das Rettungswesen und die Intensivmedizin sehr gut ausgebaut seien. In seinen Augen sei das deutsche Gesundheitswesen
eines der besten oder sogar das beste der Welt, *„im Hinblick auf Infrastruktur, räumliche Gegebenheiten, Umfeld, Dichte an Kliniken, Personal, Ausstattung mit medizinischen Geräten
usw.".*

Als eine spezifisch deutsche Stärke nennen ein amerikanischer und alle deutschen Experten
die medizinische Rehabilitation und ihre Teilgebiete wie die orthopädische, die neurologische
Rehabilitation etc. Dieses sei weltweit und auch in den USA in dieser extensiven Form nicht
bekannt. DE3 berichtet aus Südkorea, dass das dortige Gesundheitswesen orientiert am
amerikanischen System aufgebaut worden sei. Aktuell gebe es in Südkorea Interesse daran,
das deutsche Rehabilitationssystem als Vorbild zu nehmen, um das eigene weiter auszubauen. DE3 merkt an, dass man jedoch kritisch betrachten müsse, warum es in den USA
weniger Rehabilitation gebe, und ob nicht vielleicht eine Überversorgung in Deutschland bestehe. Zu dieser Frage müssten mehr Studien zum Nutzen und Outcome von Rehabilitation
durchgeführt werden.

DE1 bewertet den Zugang aller Bevölkerungsgruppen zur Versorgung ohne längere Wartezeiten als eine besondere Stärke im internationalen Vergleich.

Als Antwort auf die Forschungsfrage 10) zu den Stärken Deutschlands und seiner Kliniken
kann gelten, dass die Experten eine Vielzahl Stärken in fast allen PÖSTIRÖ-Faktoren sehen.
Als besondere Stärken werden die Qualität der deutschen Medizin, der Zugang zu ihr und
die Behandlungspreise im Vergleich mit den USA genannt.

5.3. Schwächen Deutschlands und seiner Kliniken

Der zweite Teil einer SWOT-Analyse bezieht sich auf die Schwächen. Diese werden von den
befragten Experten vor allem im Marketing des Medizintourismus gesehen.

5.3.1 Sozio-kulturelle, technologische und rechtlich-regulatorische Schwächen

Wie die Stärken in diesen Bereichen werden die Expertenaussagen als unkommentierte
Tabelle 11 dargestellt. Es gab nicht viele Aussagen zu diesen Faktoren.

Tabelle 11: Die sozio-kulturellen, technologischen und rechtlich-regulatorischen Schwächen Deutschlands als Destination für Medizintourismus aus den USA aus Expertensicht

---

Sozio-kulturelle Schwächen
- Die deutsche Kultur sei von einer gewissen Passivität durchdrungen (AE1)
- Zurückhaltung, Risikoscheu und wenig Wagemut, auch im unternehmerischen Sinn (AE1)
- Gelegentliche Probleme in der Interaktion zwischen deutschen Ärzten und amerikanischen Patienten (AE1); in Situationen, in denen sich amerikanische Patienten schlecht benähmen oder über die Maßen beklagten, seien deutsche Ärzte verbal zu zurückhaltend (AE1)
- Viele Deutsche sprechen Englisch, Englisch ist jedoch keine Amtssprache (DE2)
- Service-Mentalität in Kliniken zu wenig ausgeprägt: *„Weltmeister sind wir da nicht"* (DE3)
- Amerikaner seien besseren Service im amerikanischen Gesundheitswesen gewohnt (DE3)
- Bedarf an Verbesserung der Service-/ Kundenorientierung in deutschen Kliniken (DE3)
- deutsche Kliniken sollten mit ihrem International Office kritisch prüfen, ob sie die Ansprüche der Patienten adäquat beantworten können (DE3)
- Vorbilder in den USA für exzellenten Service im Sinne der *„patient experience"* und des Umgangs mit dem Patienten: Mayo Clinics, Johns Hopkins Hospital (DE3)

Technologische Schwächen
- Investitionslücken bei deutschen Kliniken durch Finanzierungsengpässe (DE1)
- Deutschland sei in der Telemedizin weit hinterher, im Unterschied z.B. zu Südamerika und andere Ländern, da dort die gesetzlichen Bestimmungen liberaler seien (DE2)
- Technische Infrastruktur bei WLAN in Kliniken und im öffentlichen Raum vielfach schlechter als z.B. in Russland, wo dies vielerorts (z.B. in Zügen) verfügbar sei (DE2)
- Preise der Hersteller z.B. für orthopädische Implantate und Endoprothesen seien deutlich teurer als in Asien, selbst wenn es sich um dasselbe Produkt handele (AE2)
- Mangelnde Transparenz bei Behandlungspreisen im Internet; in Indien könnten Kliniken ihre Behandlungsangebote und Preise auf Websites kundtun (DE2)

Rechtlich-regulatorische Schwäche
- Gesetzliche Vorgaben z.B. bei Stammzellbehandlung und alternativen Therapien seien strikter als in asiatischen Ländern (DE2

Legende: AE1 etc. = Amerikanischer Experte 1; DE1 etc. = Deutscher Experte 1

5.3.2 Schwächen im Marketing des Medizintourismus

AE3 und DE1 sehen als Schwäche im Marketing, dass es in Deutschland im Unterschied zu anderen Destinationen keine Regierungsinitiativen und staatlichen Förderprogramme für Medizintourismus gibt. In Asien gebe es z.T. sehr erfolgreiche Initiativen zur Destinationsentwicklung. Auch fehlten in Deutschland im Medizintourismus Public Private Partnerships, bei denen Akteure des öffentlichen und des privaten Sektors in neuen Organisations- und

Finanzierungsformen kooperieren (vgl. Schlüchtermann, 2013, S. 297). Die deutschen Kliniken würden in ihren Anstrengungen alleine gelassen (DE1). In Bezug auf die ergänzende Frage, welche Institutionen DE1 für geeignet hält, um PPPs im Medizintourismus zu leiten, sieht er drei Möglichkeiten: den Staat, Berufsorganisationen oder die Kliniken selber. Das Gesundheitsministerium habe bislang wenig Interesse an Medizintourismus gezeigt, da es auf den Versorgungsauftrag für die deutschen Patienten fokussiert sei. Etwas aufgeschlossener bei dem Thema sei das Wirtschaftsministerium. Auch für die Branche der Medizinprodukte-Hersteller sei es schließlich ein interessantes Marketing, wenn internationale Patienten die Produkte während der Behandlung kennen lernen. Die Deutsche Zentrale für Tourismus sei ein weiterer Akteur, der auf dem Gebiet Medizintourismus aktiver werden könne. Es sei bekannt, dass internationale Patienten in Deutschland nur ca. 20 % des Reisebudgets für die Behandlung ausgeben und den Großteil für Tourismus und Waren. Die Tourismuswirtschaft und der Einzelhandel profitierten also stark vom Medizintourismus. Andere Akteure für PPPs könnten laut DE1 die Deutsche Krankenhausgesellschaft oder Vereine wie die Arab-German Chamber of Commerce sein (vgl. GHORFA, 2016, o.S.).

Bei der Produktpolitik deutscher Kliniken bedauert AE1, dass die Ärzte im Krankenhaussektor zu wenig Interesse daran hätten, Geschäfte zu machen. AE3 und DE1 sehen die Schwäche, dass viele Kliniken zu wenig Marketing betreiben, kaum Marketing-Knowhow hätten und nicht ausreichend über die Wünsche der Patienten nachdächten. Auch jenseits von Medizintourismus müssten sich die Kliniken hier besser aufstellen. AE3 merkt an, es herrsche noch vielerorts die Haltung, dass die deutschen Patienten ja sowieso kommen, und daher kein Bedarf an Marketing bestünde. Nach Meinung von AE3 zeigten die deutschen Ärzte im Medizintourismus zu wenig Spezialisierung und Differenzierung, genau dieses suchten aber die amerikanischen Patienten. Auch gebe es auf amerikanischer Seite ein Informationsdefizit in der Form, dass viele Akteure dächten, es gebe in Deutschland keine privaten Kliniken, und das deutsche Gesundheitswesen sei vollständig „socialized". DE1 sieht auch auf der deutschen Seite ein Informationsdefizit über die USA und den Chancen für Marketing dort. Man müsse nach finanzierbaren Marketingmöglichkeiten suchen, was nicht den Kliniken alleine überlassen werden könne.

DE2 meint, dass die Marke Deutschland im Bereich Medizintourismus bei den Amerikanern kein so gutes Standing habe wie bei russischen oder arabischen Patienten. Die Russen würden z.B. erwägen, ob sie sich in den USA, in Israel, in der Schweiz oder in Deutschland behandeln lassen – da sei also Deutschland dabei. Aus amerikanischer Sicht gehöre Deutschland nicht zu den Top-Destinationen im Medizintourismus. Auch sei der Bedarf bei Patienten aus den USA, ins Ausland zu reisen, nicht so ausgeprägt wie bei Patienten aus anderen

Ländern. In vielen russischen oder arabischen Regionen sei die Versorgung in bestimmten Bereichen nicht ausreichend, daher seien die Patienten häufig zum Medizintourismus gezwungen.

AE3 bemängelt, dass das Produkt Medizintourismus in Deutschland unterentwickelt sei, und das Land als Destination mit seiner Produktentwicklung spät dran sei. Schwächen in der Distributionspolitik werden von den Befragten zum einen in der räumlichen Erreichbarkeit gesehen, da es für die Patienten aus den USA letztlich keine Rolle spiele, wie lang der Flug sei, wenn sie sich einmal für eine Behandlung im ferneren Ausland entschieden haben. Der nähere Flug sei also kein deutlicher Vorteil. Wegen der niedrigen Preise seien Asien, Mittel- und Südamerika die Top-Destination für amerikanische Patienten (DE1). AE1 sieht es als Fehler an, wenn deutsche Kliniken ihre Distributionspolitik zu sehr auf Patienten aus den arabischen Golfstaaten ausrichteten. Die Kooperation zwischen Klinik und Botschaft sei ein Business-to-Business-Geschäftsmodell, das der Klinik wenig Spielraum für Gewinn gebe. Auch DE2 merkt an, der deutsche Medizintourismus und die International Offices der Kliniken seien auf arabische und russische Patienten fixiert.

Zur Kommunikationspolitik bemängelt DE2, dass Klinikinformationen für Patienten und potenzielle Kooperationspartner schlecht zu finden seien. Manche Kliniken hätten zwar eine englische Version ihrer Website, diese informiere aber nur oberflächlich; alle weiteren Informationen seien auf Deutsch. Auch existierten keine Call-Center. In vielen Destinationen seien die Kliniken in der Kommunikationspolitik weiter.

Zu den Prozessen in deutschen Kliniken bemängelt DE1, dass häufig noch ausgeprägte bürokratische Strukturen und veraltete Denkweisen herrschten. Dies äußere sich in langsamen, ineffizienten, z.T. intransparenten Prozessen, z.B. beim Kostenvoranschlag und der Abrechnung (DE1, DE2). Es könne nicht angehen, dass die Abrechnung oft sehr lang dauere, und die Ärzte noch bis drei Jahre im Nachhinein Rechnungen nachreichten. Dies sei einem internationalen Patienten nicht zu vermitteln und für die Klinik kaum zu handhaben (DE1). Klinische und begleitende Abläufe und Prozesse müssten in vielen Kliniken insgesamt deutlich optimiert werden (DE1).

In Bezug auf die Personalpolitik sieht DE1 den Personalmangel von Ärzten und Pflegepersonal als Schwäche. Auch würden kaum Schulungen für das Personal zu interkulturellem Management bei internationalen Patienten angeboten.

Als Fazit lässt sich ziehen, dass von den Experten in den PÖSTIRÖ-Faktoren lediglich sozio-kulturelle, technologische und rechtlich-regulatorische Schwächen für Deutschland und seine Kliniken gesehen wurden. Besonders bemängelt werden das Marketing des Medizintourismus und seine Teilbereiche. Damit ist die Forschungsfrage 10) beantwortet.

5.4 Vorteile in der Behandlung amerikanischer Patienten

Der dritte Teil der SWOT-Analyse bezieht sich auf die Opportunities im Sinn von Vorteilen und Chancen. Hier äußerten sich nur die deutschen Experten. Sie zogen Vergleiche zu den beiden bisherigen Haupt-Zielgruppen des außereuropäischen Medizintourismus in Deutschland.

DE1 und DE3 sehen die Vorteile für deutsche Kliniken in der Behandlung amerikanischer Patienten vor allem im sozio-kulturellen Bereich. Es gebe bei diesen Patienten keine interkulturellen Probleme, und die kulturelle Integration in der Klinik gelänge besser. Die Amerikaner als Teil des westlichen Kulturkreises seien uns kulturell näher. Die russischen Patienten seien uns zwar näher als die arabischen, aber die Russische Föderation sei durchaus als separater Kulturkreis zu begreifen. Die Compliance in der Therapie sei bei Patienten aus den USA ähnlich gut wie die der deutschen Patienten, und besser als die der beiden anderen Patientengruppen. DE1 nennt als Beispiel, dass man russischen Patienten häufig während eines Klinikaufenthalts erklären müsse, dass Alkoholkonsum auch in kleinen Mengen nicht erlaubt sei. Arabischen Familien sei es zuweilen unverständlich, warum der Empfang von vielen Familienmitgliedern gleichzeitig in heiklen Bereichen wie Intensivstationen unerwünscht sei. Zwischen Amerikanern und Deutschen bestehe eine stabile Freundschaft: *„Die Deutschen mögen die Amerikaner, und die Amerikaner mögen die Deutschen"* (DE1).

Als Vorteil sieht DE1 auch, dass Patienten aus den USA ohne längere Erklärungen und Diskussionen wüssten, dass man eine Behandlung bezahlen müsse. Als ökonomischen Vorteil nennt DE2 die Strategie der Diversifizierung durch eine Zielgruppen-Erweiterung auf Patienten aus den USA. Bei den russischen Patienten zeige sich seit der Ukraine-Krise 2014 und durch die aktuelle Kursschwäche des Rubels, wie schnell sich ein Markt verändern könne. In arabischen Ländern bestehe die Möglichkeit weiterer politischer Instabilität, dann brächen die Patientenzahlen ein.

In Beantwortung der Forschungsfrage 11) stellen die deutschen Experten vor allem den sozio-kulturellen Vorteil der kulturellen Nähe zwischen Deutschland und den USA fest.

5.5 Hindernisse und Risiken in diesem Marktsegment

Der vierte Teil der SWOT-Analyse bezieht sich auf Threats im Sinne von Hindernissen, Gefahren und Risiken.

Sozio-kulturell sieht AE1 eine Gefahr darin, wenn Patienten zu hohe Erwartungen an die Behandlung hätten. Im politischen Bereich seien die unterschiedlichen Regularien je nach Bundesland für alle Akteure aus den USA ein verwirrendes Hindernis – selbst viele Deutsche seien damit überfordert. Ökonomisch bestehe laut DE2 bei Selbstzahlern, die per Vorkasse bezahlt haben, die Gefahr eines Konflikts, wenn sich die Behandlung z.b. bei Komplikationen verteuere, aber der Patient keine weiteren finanziellen Mittel habe. Die Klinik müsse für diese Fälle klären, wie sie sich absichern könne. Als Hindernis nennt DE2 die Aufwendungen für Marketing, die in den USA beträchtlich sein können. Allgemein müsse man vorsichtig sein mit den Zahlen über den amerikanischen Medizintourismus. Oft seien kleine Gesundheitsprobleme Anlass für Medizintourismus – dies sei dann für asiatische Kliniken interessant, nicht aber für deutsche.

5.5.1 Die Frage der Akkreditierung

Eines der beiden großen rechtlich-regulatorischen Hindernisse sehen die Experten in der Frage der Akkreditierung. Sie äußerten sich ausführlich dazu, daher wird dieses Thema hier vertieft.

Welche Akkreditierungen sollte eine deutsche Klinik haben, die in Zukunft mehr amerikanische Patienten behandeln möchte? Wie in Kap. 4.3.2 beschrieben, wird eine international anerkannte Akkreditierung empfohlen; aktuell dominiert im globalen Markt die JCI-Akkreditierung. Vermittlungsagenturen nehmen häufig die Rolle ein, dass sie die Qualität medizinischer Einrichtungen bewerten und auf dieser Basis entscheiden, ob sie diese in ihr Netzwerk aufnehmen und empfehlen (vgl. Karuppan & Karuppan, 2011, S. 214).

Alle befragten amerikanischen Experten haben Erfahrung in der Klinikbeurteilung, z.T. auch als Audit-Mitglieder bei Akkreditierungsverfahren. Hinsichtlich deutscher Kliniken vertreten die Befragten drei unterschiedliche Standpunkte. AE1 vermittelt Patienten u.a. an renommierte deutsche Chirurgen, die *„Besten der Besten weltweit"*, und beurteilt die Qualität der Klinik und des Arztes anhand persönlicher Beobachtungen; eine deutsche Akkreditierung wird von ihm vorausgesetzt. Die Persönlichkeit und der fachliche Ruf des Arztes spiele für ihn eine Rolle, sowie die technologische Ausstattung, der Hygienestandard der Klinik und die Kontinuität im Team – z.B. die Anzahl der Jahre, die die Stationsleitung der Pflege dort arbeite. Eine JCI-Akkreditierung findet AE1 bei einer deutschen Klinik unnötig: *„this is for jungle hospitals"*. Viele Patienten reisten in preiswerte asiatische Kliniken *„because it's a 1000 $ cheaper, but they buy a 100.000 $ problem"*.

Wenn eine neue Klinik in das Netzwerk der Agentur aufgenommen wird, führt auch AE3 eine eigene Bewertung in Form von Gesprächen und Inspektionen durch. Dieser Besuch sei sehr ausführlich und streng, koste die Agentur ca. 14.000 $ und betreffe alle Kettenglieder der Supply Chain, also auch die touristischen Akteure. Einen Bonus bekomme die Klinik, wenn sie den Richtlinien des Qualitätssiegels „Planetree" zur patientenzentrierten Versorgung folge (vgl. Planetree, 2014, o.S.). Eine Akkreditierung nach ISO oder ISQua (vgl. Kap. 4.3.2) sei laut AE3 notwendig. Es könne auch eine JCI-Akkreditierung sein; diese sei nicht hochwertiger als andere, jedoch deutlich teurer – mit ca. 250.000 $ als Startpaket und weiteren Kosten für Verlängerungen. Es werde viel Marketing mit JCI betrieben und suggeriert, dass Patienten aus den USA darauf achten würden, was jedoch nicht der Fall sei. JCI sei nur eine von 22 weiteren Akkreditierungen unter ISQua. Kliniken, die durch die JCI-Akkreditierung erhofften, damit automatisch Patienten aus den USA zu bekommen, erlägen einer Täuschung – „they are selling false expectations to themselves". Man dürfe Versprechungen diesbezüglich nicht glauben.

Als dritte Meinung zu dieser Frage vertritt AE2 die Haltung, er nehme nur JCI-akkreditierte Kliniken in das Netzwerk der Agentur auf; als Alternative ginge auch eine der ISQua-Akkreditierungen. Er bevorzugt Kliniken, die Erfahrungen im Medizintourismus und Englisch sprechendes Personal haben sowie Wert auf Kundenzufriedenheit legen.

Den deutschen Experten ist bekannt, dass die JCI-Akkreditierung dominiert, und es nur drei deutsche Kliniken mit diesem Siegel gibt. Ein Manager von JCI habe neulich gefragt, wieso dies so sei, und DE3 habe geantwortet, es seien eben eigene Qualitätsmanagement-Systeme entwickelt worden. Es bestünde wenig Anreiz für JCI. Die deutschen Experten sind der Ansicht, dass die Akkreditierungen nach ISO, KTQ u.a. mindestens genauso gut sind. DE1 und DE3 halten die seit 2005 als Forschungsprojekt entwickelten, internationalen Zertifizierungen der deutschen Firma Temos für besonders hochwertig und ggf. für eine Alternative zu JCI (vgl. Temos, 2016, o.S.).

Hinsichtlich der Finanzierungsmodelle des Medizintourismus (vgl. Kap. 4.5.2) äußert DE3, es sei für eine deutsche Klinik die Frage, ob sie sich auf amerikanische Patienten konzentrieren solle, die z.B. wegen eines Spezialisten selbstorganisiert kämen und denen deshalb die Akkreditierung egal sei; oder ob man institutionelle Kooperationen mit Arbeitgebern und Versicherungen plane, die auf JCI bestehen könnten. Wenn die Klinik diese Akkreditierung nicht hat, dann könne dies ggf. ein Hindernis darstellen (DE2).

5.5.2 Die Frage des Haftungsrechts

Das zweite große rechtlich-regulatorische Problemfeld und Risiko ist die Frage des Haftungsrechts. Die deutschen Experten sind sich einig bei der Frage, wie deutsche Kliniken mit der Problematik der Haftpflicht und möglicher Klagen wegen Behandlungsfehlern (malpractice) umgehen sollten. Es müsse sowohl mit dem Patienten als auch mit Agenturen oder Kostenträgern der Gerichtsort Deutschland vereinbart werden. Auch international sei es üblich, dass der Behandlungsort der Gerichtsort sei. Das Thema Haftpflicht sei in Bezug auf die USA ein schwieriges Thema. Amerikanische Patienten würden eher als deutsche eine Klage erwägen; die in den USA üblichen hohen Schadensersatz-Summen seien ein Anreiz dafür (DE3).

AE3 ist dagegen der Ansicht, dass in der Kooperation zwischen einer amerikanischen Agentur und einer deutschen Klinik als Kompromiss der Gerichtsort Europa vereinbart werden müsse. Auch sei es sinnvoll, zwischen Klinik und Vermittlungsagentur die Klausel *„each responsible for own acts"* zu vereinbaren. Bei Medizintourismus aus den USA sei es üblich, dass die Patienten einen Vertrag mit der Information unterzeichneten, dass sie im Ausland nach dem nationalen Standard der Destination behandelt würden. Für die Kliniken sei es wichtig, eine ausreichende Haftpflichtversicherung zu haben. AE1 betont, zur Vorbeugung von Haftpflicht-Klagen müsse man als Klinik und als Agentur vor allem seriös und ehrlich mit den Erwartungen der Patienten umgehen, die Behandlungsrisiken verdeutlichen und die psychosozialen Bedürfnisse nach Betreuung und Beratung erfüllen.

Die deutschen Experten sehen bei der Problematik insgesamt Bedarf nach Informationen und Lösungen. DE3 führt das positive Beispiel Südkorea an. Dort habe man sich von amerikanischen Rechtsanwaltskanzleien beraten lassen und biete dem Patienten aktiv Informationen, Mediation und Rechtsbeistand an.

AE3 beobachtet eine stereotype Abwehrhaltung bei dem Thema bei deutschen Kliniken und führt dies auf einen ca. 2010 stattgefundenen Vortrag zurück. Der *„fear factor"* sei seither sehr hoch, man gehe irrational mit dem Thema um. AE3 plädiert für einen rationaleren Umgang mit der Problematik; diese sei nach einer eingehenden Analyse durch Juristen lösbar. Die Haftungsrechts-Frage sei wohl einer der wichtigsten Gründe, weshalb sich deutsche Kliniken so wenig um amerikanische Patienten bemühen.

Zur Forschungsfrage 12) zu den Hindernissen und Risiken dieses Geschäftsfeldes lässt sich das Fazit ziehen, dass die Experten wenige allgemeine Risiken sehen, jedoch ein spezifisches Hindernis in Form der Akkreditierungs-Frage und ein besonderes Risiko in der Haftpflicht-Frage. Die Meinungen divergieren z.T. stark. Bei diesen Fragen zeigt sich ein weitergehender Informations-, Klärungs- und Untersuchungsbedarf.

5.6 Potenziale, Trends und Vorschläge zum Marketing

Das Potenzial für die eigene amerikanische Agentur, die Marktaktivitäten im Deutschland zu intensiveren, wird unterschiedlich bewertet. AE1 ist interessiert daran und sieht gutes Potenzial für seine Firma. Die Nachfrage bestehe; das Kundenvolumen werde eher durch die personellen Ressourcen seiner Firma gebremst. Er suche vor allem hervorragende Chirurgen verschiedener Disziplinen, die neueste Technologie nutzen. Man müsse zusammen ein gutes Team bilden. AE2 war in der Vergangenheit gelegentlich auf dem deutschen Markt aktiv; aktuell liegt der Schwerpunkt auf anderen Destinationen. AE3 berichtet, dass er vor einigen Jahren Anstrengungen unternahm, auch deutsche Kliniken in sein Netzwerk aufzunehmen. Mit breiterer Kenntnis anderer Destinationen sei Deutschlands Attraktivität im Medizintourismus in seinen Augen jedoch gesunken. Deutschland müsse mehr bieten als qualifizierte Kliniken, Ärzte und Termine. Im Medizintourismus gehe es vielmehr darum, eine *„destination experience"* zu verkaufen. Bei den deutschen Autobauern werde der Autokauf als ein eindrucksvolles Gesamterlebnis vermarktet, u.a. mit Übernachtung, Testfahrt, Vorführung und Versand des Autos. Daran könne man sich im Medizintourismus ein Beispiel nehmen – andere Destinationen böten ein solches Erlebnispaket im Medizintourismus. Für die Produktenwicklung schlägt AE3 vor, Deutschland solle eine spezifische Kombination aus *„Health & Tourism"* entwickeln. Dieses Produkt und die passende Markenbildung könne dann Kombinationen aus folgenden Bereichen beinhalten: Medizin, Zahnmedizin, Psychiatrie mit Entzugskuren, Thermalbäder mit Badekuren sowie Rehabilitation. Die beiden letzten Bereiche seien besondere Stärken, wenn man sie seriös vermarkte. Diese Kombination wäre sicher erfolgreich und etwas Neues, das in der Form im Medizintourismus noch nicht existiere:

„I believe in Germany's products."

Einen weiteren Vorschlag macht DE3. Aus seiner Sicht sei das Branding und die Marke Deutschland im Medizintourismus in den Köpfen der potenziellen Patienten *„falsch verdrahtet"*. Deutschland sei sicher hoch angesehen in Bezug auf Qualität, aber es herrsche die falsche Ansicht, die Behandlungskosten seien hoch. Das Branding müsste dagegen korrekt heißen: *„Hohe Qualität zum moderaten Preis."*

Die deutschen Experten vermitteln keine Patienten. Sie wurden dazu befragt, welches Potenzial sie für deutsche Kliniken sehen, die Aktivitäten in Bezug auf Patienten aus den USA zu intensivieren. DE2 sieht dafür Potenzial, und es ließen sich auch Kooperationspartner finden. Er äußert differenzierte Erwägungen zum Marketing. Diese werden, ergänzt durch Anmerkungen anderer Experten, in Tabelle 12 dargestellt.

DE2 plädiert insgesamt dafür, in Bezug auf die USA abzuwarten – vor allem deshalb, weil das strategische Marketing in den USA sehr teuer sei. Auf Anfragen, die aus diesem Markt kommen, könne man jedoch durchaus eingehen.

DE 1 rät im Unterschied zu DE2 dazu, nicht abzuwarten, sondern als Klinik die Informations-defizite aktiv anzugehen und das Geschäftsfeld zu erschließen. Dass so wenige Patienten kämen, und Deutschland als Anbieter in den USA so wenig präsent und bekannt sei, liege an Deutschland selber. Eine Schwierigkeit bei der Markterschließung sei, an verlässliche Zahlen zu amerikanischen Patienten zu kommen, u.a. deshalb, weil deutsche Kliniken ihre Daten ungern bekannt gäben. DE1 sieht sehr gutes Potenzial für deutsche Kliniken auf diesem Markt.

Abschließend wurde den Interviewteilnehmern die Frage gestellt, welche zukünftigen Trends sie für den Medizintourismus aus den USA nach Deutschland sehen. AE2 beantwortet diese Frage nicht in Bezug auf Deutschland, sondern auf die globalen Trends: Er habe Kliniken in 29 Destinationen besucht und sei der Meinung, dass die Ansicht vieler Amerikaner, sie be-kämen in den USA die beste Krankenhausbehandlung, nicht mehr zutreffe. Das sei vor ca. 15 Jahren noch so gewesen, aber heute nicht mehr. Die asiatischen Destinationen würden beträchtliche Patientenströme aus den USA anziehen.

Tabelle 12: Erwägungen zum Marketing deutscher Kliniken in Bezug auf Medizintou-rismus aus den USA aus Expertensicht

Persönliche Kontakte und Empfehlungen
• Aussichtsreich in Bezug auf Selbstzahler (DE2)
• Patienten werden zunehmend selber per Internet den besten Spezialisten suchen (DE1)
• Patienten, Selbsthilfegruppen und Netzwerke können große Multiplikatoren sein (DE2)
• Beispiel: eine bayrische Klinik, deren ärztlicher Leiter Vorträge in den USA hält (DE2)

Kooperation mit Arbeitgebern und/ oder Versicherungsgesellschaften
• Behandlungsabkommen ähnlich wie die denkbar, die z.B. zwischen Deutschland und Skandinavien bestehen; allerdings Verhandlungsgeschick nötig (DE2)
• Abwägung, wieviel Volumen an Patienten man als Klinik bewältigen kann (DE2)
• Kooperationen dieser Art gebe es bereits vereinzelt bei deutschen Kliniken (DE2)

Medizintourismus-Messen in den USA (z.B. der Medical Tourism Association)
• Wenig aussichtsreich, da eine deutsche Klinik dort sehr viele Mitbewerber hat (DE2)
• Die Preise für die Kongress-Teilnahme sind hoch, mit fraglichem Return (DE1)
• Die Chance, über Messen in Märkte wie Weißrussland, Kasachstan etc. hinein zu kom-men, sei deutlich größer, da dort weniger Mitbewerber existieren (DE2)

Strategisches Marketing in den USA mit Werbebudget
• Der Markt ist groß, unübersichtlich und mit Risiken verbunden (DE2)
• Marketing auf diesem Markt ist sehr teuer, mit fraglichem Effekt (DE2)
• Falls man sich dafür entscheide, müsse man zielgerichtet nach Versorgungslücken Aus-schau halten, z.B. in der Adipositas-Behandlung und verbundenen Fachgebieten (DE2)

- Bedeutsame Fragen für eine Strategie-Entwicklung (DE2): Wer kann in den USA Multiplikator für die deutsche Klinik sein? Wie läuft die Finanzierung der Services von Vermittlungsagenturen? Welche Region, Stadt? Wie sind die medizinische Versorgung und das Potenzial dort? Direkte Fluganbindung nach Deutschland?

Erwägungen zu potenziellen Zielgruppen
- Unversicherte Personen (DE2)
- Community der deutschen Auswanderer und deren Nachfahren → diese Strategie wäre dann ähnlich der Strategie Südkoreas zur südkoreanischen Diaspora in den USA (DE2)
- Polen wirbt im Medizintourismus zielgerichtet um die polnische Diaspora in New York und Chicago (AE3)
- Baby Boomer sind u.a. als Touristen in Deutschland; haben finanzielle Ressourcen (DE3)

Legende: DE1 etc. = Deutscher Experte 1; AE1 etc. = Amerikanischer Experte 1

Ein aktueller Patientenstrom gehe allerding in Richtung Mittelamerika, z.B. nach Puerto Rico und Cayman Islands. In beiden Ländern werde zurzeit in große Gesundheitsprojekte für den Medizintourismus investiert. Dass sich die Qualität der Krankenhäuser außerhalb der USA so schnell verbessert habe, erstaune ihn als Experten weniger, sondern vielmehr, wie rasch die Entwicklung des Medizintourismus gehe und in welch kurzen Zeiträumen sich Veränderungen zeigten. Der Medizintourismus-Markt werde aktuell sehr kompetitiv.

AE2 kann keinen Trend feststellen, und DE2 sieht die Patientenzahlen stagnierend. Es gebe bislang keinen adäquaten deutschen Akteur, der den Medizintourismus entwickle (AE2). AE1, DE1 und DE3 sehen in Zukunft steigende Patientenzahlen aus den USA. Nach Ansicht von DE1 liege dies jedoch weniger an Deutschland selber, sondern daran, dass z.B. in manchen asiatischen Ländern die politische Instabilität zunehme, und Deutschland dadurch attraktiver werde. In „Standard-Urlaubsparadiesen" nehme für Amerikaner insgesamt die Unsicherheit zu. Auf deutscher Seite werde die Problematik der Klinikfinanzierung und der Investitionslücken anhalten, so dass auch zukünftig nach extrabudgetären Erlösen gesucht wird. Die Antwort auf die Forschungsfrage 13) lautet damit: Konkretes Entwicklungspotenzial für die eigene Agentur in Bezug auf Deutschland benennt einer der drei Experten. Alle deutschen Experten sehen Potenzial für Kliniken in dem Geschäftsfeld und steigenden Bedarf im amerikanischen Medizintourismus, mit unterschiedlichen Meinungen dazu, ob man sich eher abwartend oder aktiv verhalten solle. Von beiden Expertengruppen werden Vorschläge zum Marketing gemacht.

DE3 möchte bald mit einer deutschen Vermittlungsagentur das Geschäftsfeld erörtern. Er benutzt für den Medizintourismus aus den USA ins Ausland das Bild eines Stausees. Der Pegel des Sees würde in Form zunehmenden Bedarfs stetig ansteigen, und der Staudamm benötige Entlastung. Schon jetzt gebe es wahrscheinlich viele Patienten, die sich für Deutschland entscheiden würden, wenn sie mehr zum Medizintourismus dort wüssten. Doch bislang hätten es nur Asien, Mittel- und Südamerika geschafft, Entlastungsventile in den Damm des Stausees zu bohren. Der Kanal nach Deutschland bestände eigentlich schon durch die Touristen. Aber solange die Rahmenbedingungen nicht systematisch angegangen würden, sei dieser Kanal keiner, in dem *es richtig zu rauschen anfängt.*

6   Diskussion

Ziel dieser Studie ist es, das Marktsegment des Medizintourismus durch amerikanische Patienten in deutschen Kliniken im internationalen Kontext zu erkunden. Wie ist also abschließend das Potenzial dieses Geschäftsfeldes zu bewerten (vgl. Forschungsfrage 14)?

Der internationale Kontext zeigt den Medizintourismus als eine Folgeerscheinung und eine Funktion der Globalisierung. Die Patientenzahlen steigen seit den 1990er Jahren weltweit an, mit einem Boom in manchen Destinationen Asiens und Mittelamerikas seit etwa 10 Jahren. Innerhalb des Tourismus ist Medizintourismus mit etwa 5 Millionen Patienten weltweit ein Nischenmarkt, allerdings mit überdurchschnittlichem Wachstumspotenzial.

Die OECD analysiert die Gesundheitssysteme seiner Mitglieder unter den Kategorien Kosten, Zugang und Qualität, was den zentralen Antriebskräften des Medizintourismus entspricht. Viele Studien zu den Beweggründen und Motiven der Patienten im Medizintourismus kommen zu derselben Trias, zusammen mit dem Motiv der kulturellen Nähe. Es zeigte sich in dieser Studie, dass die Trias Kosten, Zugang und Qualität damit als eine Konstante im Medizintourismus zu sehen ist, sowohl auf der systemischen, als auch auf der markbezogenen und auf der individuellen Ebene.

Bewertet man die Nachfrageseite der USA und das deutsche Angebot nach dieser Trias, ergeben sich folgende Erwägungen: Mit ihren 321 Mio. Einwohnern gelten die USA im Hinblick auf die Qualität als eines der besten Gesundheitswesen der Welt. Gleichzeitig ist dieses System weltweit das teuerste, und der Zugang zur Versorgung ist nicht für alle Bevölkerungsgruppen gewährleistet. Die USA sind der größte Nachfrager im Medizintourismus, und ein Großteil der Nachfrage wird auf die Problematik der Kosten zurückgeführt. Mit der Schätzung zu einer halben Million Patienten aus den USA im Ausland und einer 10%igen jährlichen Wachstumsrate nach Lunt et al. (2012) ist auch der amerikanische Medizintourismus ein Nischenmarkt. Bei weiter bestehender Kosten- und Zugangsproblematik wird in der Gruppe der ca. 80 Mio. unterversicherten und unversicherten amerikanischen Bürger und derselben Zahl an Baby Boomern ein großes Potenzial für Nachfrage in den nächsten Jahren angenommen. Auch bei einem Absinken der Unversicherten-Zahlen bleibt der Kostendruck bestehen. Einer der Experten verwendet für die Situation in den USA das Bild eines Stausees mit steigendem Pegel.

Doch wie wahrscheinlich ist es, dass sich zukünftig deutlich größere Zahlen von amerikanischen Patienten ins Ausland begeben, unter dem Push-Faktor der Kosten- und Zugangsproblematik? Wie stark wird tatsächlich die Sogwirkung ins Ausland durch die Preisunterschiede als Pull-Faktor auf Selbstzahler, Arbeitgeber und Versicherungen durch die Preisunterschiede sein? Wenn die Gewinnmargen wie im Fallbeispiel der Einleitung so extrem bleiben, wie sie sonst nur in der Illegalität zu finden sind?

Viele Akteure des Medizintourismus ziehen Vergleiche zur Automobilindustrie. Die Qualität des medizintouristischen Angebots scheint in vielen Destinationen bei Routineeingriffen inzwischen den amerikanischen Standard erreicht zu haben. Klinikmanager in manchen asiatischen Destinationen behaupten, sie böten Mercedes-Qualität zum Toyota-Preis (vgl. Kap. 4.41). In der Mitte des letzten Jahrhunderts unterschätzte die amerikanische Automobilbranche den Konkurrenten Toyota, der nun der weltgrößte Hersteller ist. Kündigt sich im Dienstleistungssektor, d.h. im Gesundheitswesen mancher Industriestaaten ein ähnliches Phänomen an (vgl. Milstein & Smith, 2007, S. 141)? Wird der hochwertige, langsame Bus des Gesundheitswesens der USA in manchen Segmenten von der flexiblen asiatischen und mittelamerikanischen Konkurrenz möglicherweise rechts überholt, um in der Autosprache zu bleiben (vgl. Karuppan & Karuppan, 2011, S. 128)? Also eine Art Toyota-Effekt im Gesundheitswesen?

Vieles spricht dafür. Vieles spricht jedoch auch dafür, dass die große Mehrheit der Patienten immer die heimische Versorgung bevorzugen werden, soweit sie es sich leisten können und Zugang haben. Und es ist zu beachten, dass sich der dynamische und volatile Markt für die komplexe Dienstleistung Medizintourismus nur begrenzt nach herkömmlichen Markgesetzen analysieren und prognostizieren lässt. Er ist vielmehr als eine Vielzahl von Netzwerken mit jeweils eigenen Funktionsweisen zu sehen, die stark von einzelnen Multiplikatoren und soziopolitischen Faktoren beeinflusst werden. Schon aufgrund des Mangels an verlässlichen Daten zu diesem Phänomen werden die Prognosen sehr ungewiss.

Wird Deutschland auf der Anbieterseite von dem weiter steigenden, überwiegend kostengetriebenen MT der dritten Welle aus den USA profitieren? Aktuell tut es dies nicht. Deutschland ist seit etwa zwei Jahrhunderten ein Ziel der zweiten Patientenwelle des Medizintourismus. In dieser Welle haben Qualität und Zugang Vorrang vor den Kosten. Die Zahl internationaler Patienten in Deutschland steigt seit der Jahrtausendwende stetig. Doch es dominieren andere Patientengruppen als die Amerikaner. Diese befinden sich zwar an vierter Stelle der Krankenhaus-Patientenvolumina im außereuropäischen Ländervergleich. Wendet man jedoch den Schätzwert an, dass maximal 40 % dieser Fälle als geplante Eingriffe im Sinn von Medizintourismus gelten können, verbleiben lediglich rund 1.000 „echte" amerikanische Medizintourismus-Patienten in 2014. Wenn der Medizintourismus, wie weltweit auch, in Deutschland insgesamt ein Nischenmarkt ist, dann kann der Medizintourismus aus den USA in deutschen Kliniken kaum als ein Marktsegment, sondern höchstens als kleine Marktnische bezeichnet werden, die regional hauptsächlich auf Bayern und Baden-Württemberg begrenzt ist. Auch dieser regionale Fokus spricht dafür, dass der Medizintourismus nicht als homogener Markt zu betrachten ist, sondern als ein Gefüge aus diversen Netzwerken, die jeweils stark von einzelnen Klinken, Abteilungen, ärztlichen Spezialisten und Multiplikatoren abhängen. Die Analyse dieser Netzwerke steht noch aus. Auch ist zu erkunden, welche Erfahrungen in Kliniken bereits mit amerikanischen Selbstzahlern und institutionellen Kooperationspartnern wie Arbeitgebern gesammelt wurden, und welche Lösungen für die Handelshindernisse und Risiken gefunden wurden.

Deutschland partizipiert also eindeutig nicht an dem mehrheitlich asiatischen und mittelamerikanischen Boom der dritten Medizintourismus-Welle aus den USA, die nach Beichl überwiegend kostengetrieben ist und Routineeingriffe als Hauptinhalt hat. Vielmehr ist davon auszugehen, dass Deutschland in der Tradition der zweiten Welle des Medizintourismus als Destination für spezialisierte und komplexe Behandlungen im Sinn des selektiven Medizintourismus gilt. Daraus folgt die grundsätzliche Frage, wo sich Deutschland und einzelne Kliniken in Zukunft in Hinblick auf den amerikanischen Markt positionieren wollen. Ist man mit der kleinen Zahl amerikanischer Patienten zufrieden, oder möchte man aktives Marketing betreiben, um zu verdeutlichen, dass die Behandlung in Deutschland hochwertig, aber nicht so hochpreisig ist, wie es aus amerikanischer Sicht möglicherweise angenommen wird? Möchte man auf diesem Markt deutlich machen, dass Deutschland also nicht nur bei Spezialbehandlungen, sondern auch bei Routineeingriffen mit anderen Destinationen um die dritte Patientenwelle des Medizintourismus konkurrieren kann, mit Behandlungspreisen, die angeblich 40 % oder weniger des amerikanischen Preises betragen? Also Marketing mit Aussagen wie „Hohe Qualität zum moderaten Preis", wie der Vorschlag einer der Experten lautet? Möchte man sich, in den Termini der Autoindustrie, auf das Luxus-Segment konzentrieren, also hauptsächlich einzelne Selbstzahler-Patienten behandeln, oder möchte man sein Angebot in der breiten Mittelklasse erweitern, was z.B. über Kooperationen mit Arbeitgebern aus den USA möglich wäre?

Von diesen Grundsatzentscheidungen hängt die Ausrichtung des zukünftigen Marketings ab. Im Hinblick auf die Zielgruppen ist weiterhin zu entscheiden, wie stark fokussiert auf wenige Herkunftsländer sich Deutschland als Destination und deutsche Kliniken zukünftig aufstellen möchten.
Die beiden außereuropäischen Haupt-Zielgruppen sind aktuell die Patienten aus der Russischen Föderation und aus den arabischen Golfstaaten. Doch wird die Nachfrage aus diesen Ländern unter den Vorzeichen aktueller ökonomischer und politischer Herausforderungen wie dem niedrigen Ölpreis, den Wirtschaftssanktionen in Folge der Ukrainekrise seit 2014, den neuen geopolitischen Spannungen zwischen Russland und dem Westen oder den militärischen Konflikten und Spannungen im Nahen und Mittleren Osten anhalten? Erweist sich die Nachfrage nach Behandlung als krisenresistent, wie für Russland Anfang 2015 noch angenommen wurde (vgl. Schütt, 2015, o.S.)? Werden sich einige arabische Länder selber zu

größeren Destinationen entwickeln (vgl. DTTL, 2016, o.S.)? Wie wird eine veränderte internationale Sichtweise auf Deutschland unter den soziopolitischen Vorzeichen der Flüchtlingskrise, steigender Terrorgefahr und Desintegrations-Tendenzen in der EU die Nachfrage beeinflussen?

Die leicht sinkenden Zahlen bei der kleinen Gruppe der amerikanischen Patienten in deutschen Kliniken stehen in deutlichem Kontrast zu den hohen, weiter steigenden Touristenzahlen. In vielen Destinationen verursacht der Tourismus automatisch (geplante) Patientenströme in die Kliniken (vgl. Lautier, 2014, S. 112). Dies ist in Deutschland in Bezug auf die USA bislang nicht so. Wie in Kap. 4.1.3 dargestellt, sind die USA mit 2.4 Mio. Ankünften in 2014 im Tourismus der primäre Übersee-Quellmarkt für Deutschland. In der Tourismusbranche bestehen keine Zweifel über das hohe, noch weitgehend ungenutzte Wachstumspotenzial, besonders in Bezug auf die 80 Mio. Baby Boomer und die 50 Mio. deutschstämmigen Amerikaner. Wie die befragten Experten anmerken: Ein Teil der potenziellen amerikanischen Patienten befinden sich in Person der zahlreichen Touristen bereits in Deutschland – sie sind also auch vor Ort ansprechbar.

Die zentrale Forschungsfrage dieser Untersuchung, welches Potenzial für das Geschäftsfeld des deutschen Medizintourismus im Krankenhaussektor für amerikanische Patienten besteht, kann abschließend folgendermaßen beantwortet werden: Die Marktnische ist aktuell klein, aber sie besteht bereits seit einigen Jahren mit relativ stabilen Zahlen und regionalem Fokus. Ein großes Potenzial an Nachfrage nach Medizintourismus aus den USA steht dieser Marktnische gegenüber. Aus Sicht der OECD und in der Meinung der befragten Experten hat Deutschland in der gesamten Trias – Kosten, Zugang und Qualität – ein hochwertiges medizinisches Angebot und spezifische Stärken. Ob sich Akteure der deutschen Gesundheits- und Wirtschaftspolitik, Netzwerke und deutsche Kliniken aktiv auf dem amerikanischen Markt engagieren wollen und der großen potenziellen Nachfrage ein passendes Angebot unterbreiten wollen, hängt von vielen externen und internen Faktoren ab – nicht zuletzt von der Bereitschaft, sich den eigenen Schwächen zu stellen, z.B. in der Servicequalität. Auch wird es davon abhängen, ob tragfähige Lösungen für die bestehenden Handelshindernisse und Risiken in diesem Geschäftsfeld gefunden werden. Unter diesem Vorbehalt bietet sich eine Diversifizierung der Zielgruppen des deutschen Medizintourismus durch Patienten aus den USA an. Aus Sicht der Autorin besteht ein realistisches Potenzial für ein moderates, strategisch beeinflusstes Wachstum in diesem Geschäftsfeld, sowohl für Routineeingriffe als auch für selektiven Medizintourismus.

Die Stärken der hier vorgelegten Studie liegen darin, dass ein Überblick über das Marktsegment des amerikanischen Medizintourismus im deutschen Krankenhaussektor gegeben wurde. Sie leistet einen Beitrag zur Orientierung und kann öffentlichen Akteuren, Interessenvertretern, Krankenhausmanagern, ärztlichen Leitungen und Abteilungsleitungen, Mitarbeitern von International Offices, Patientenvermittlungsagenturen, touristischen Akteuren und weiteren Interessierten dienlich sein.

Der Darstellung des internationalen Kontexts des Medizintourismus und der Nachfrageseite der USA wurde viel Raum gegeben, um die Vielfalt der Rahmenbedingungen, Akteure und Einflussfaktoren zu verdeutlichen. Hierbei wurden manche Quellen genutzt, die wahrscheinlich im deutschen Fachdiskurs noch nicht rezipiert wurden. Mit vier Betrachtungsebenen (global, USA, Deutschland und Marktsegment), zwei Erhebungsmethoden (Sekundärforschung und ergänzende Primärforschung) und durch Expertenaussagen aus zwei Ländern wurde eine große Breite an Perspektiven und Ergebnissen erzielt. Die Aussagen auf Grundlage des internationalen Forschungsstands wurden um die Sichtweisen von Experten aus zwei Ländern erweitert.

Als Limitationen der Studie sind zu sehen, dass die inhaltliche Breite zu Lasten der Vertiefung geht. Es konnte oft nur exemplarisch vorgegangen werden. Eine Marktanalyse kann per Definition nur ein Schlaglicht werfen und eine Momentaufnahme dieses volatilen Marktes bieten, für eine längerfristige Analyse bedarf es einer Marktbeobachtung. Auch können aufgrund der begrenzten, unsicheren Datenlage lediglich grobe Anhaltspunkte zu den finanziellen und personellen Volumina gemacht werden. Viele detailliertere Fragen müssen offen bleiben. Bei den Experteninterviews wurden nur Teilen der Schritte des qualitativen Forschungsansatzes gefolgt; auf eine Überprüfung der Auswertung durch einen Zweit- oder Drittautor musste verzichtet werden.

7 Fazit und Ausblick

Die schlussfolgernde Forschungsfrage zum Potenzial dieses Marktsegments wurde in der Diskussion beantwortet; Antwort auf die anderen Forschungsfragen wurde jeweils als Zwischenfazit am Ende der einzelnen Kapitel gegeben.

Die Analyse des Forschungsstandes zum Medizintourismus zeigt, dass ein deutlicher Mangel an empirischen Daten international, in den beiden betrachteten Ländern und in Bezug auf das Marktsegment besteht. Es herrscht weitgehende Unklarheit und damit Forschungsbedarf. Diese explorative Marktanalyse bietet eine erste Basis für weitere Studien in der Form von Deskription und kausaler Analyse. Aus dem multifaktoriellen Forschungsgegenstand, dem begrenzten Fokus und den Limitationen dieser Studie ergeben sich viele Forschungsdesiderate, zu denen hier lediglich einige Beispiele genannt werden.

Die hier vorgelegte Studie beschäftigt sich mit dem amerikanischen Medizintourismus im deutschen Krankenhaussektor. Eine ähnliche Analyse in der ambulanten Versorgung sowie in den Sektoren der Rehabilitation und des Kur- und Bäderwesens steht noch aus. Außerdem liegt der Fokus dieser Untersuchung auf Deutschland als Destination für amerikanischen Medizintourismus und auf den deutschen Kliniken allgemein. Wie sich im Verlauf der Analyse zeigte, ist die betrachtete Marktnische klein und hat einen regionalen Fokus. Daher ist eine vertiefte Analyse in Bezug auf Bundesländer, Regionen, Städte, einzelne Kliniken (Universitäts- und Spezialkliniken) und einzelne Abteilungen hilfreich, u.a. mit dem Ziel, bestehende und potenzielle Kooperationsnetzwerke und Akteure zu identifizieren. Um die im amerikanischen Medizintourismus besonders nachgefragten medizinischen Leistungen besser eingrenzen und als Produktbestandteil entwickeln zu können, ist eine Detailanalyse anhand der medizinischen Diagnosen nötig.

Zur Erweiterung der Perspektiven und Ergebnisse zu dem Marktsegment wären weitergehende Befragungen potenzieller amerikanischer Kooperationspartner, deutscher Kliniken, deutscher Vermittlungsagenturen und nicht zuletzt der Patienten aufschlussreich. Auch die Sichtweisen und Wünsche potenzieller Patienten in Person von amerikanischen Touristen wären hilfreich für das weitere Marketing; hierbei könnten Medizintourismus-Forschung und Tourismusforschung kombiniert werden. Eine verstärkte Kooperation zwischen Gesundheits- und Tourismuswirtschaft mit der gemeinsamen Entwicklung von spezifischen Produkten und Kombinationen aus Akutbehandlung, Rehabilitation, Prävention, alternativen Therapien, Wellness und Naturtourismus ließen beträchtliche Synergien und Potenziale zu erwarten.

Unabhängig von den weiteren Erkenntnissen und Erfolgen der wissenschaftlichen und kommerziellen Stakeholder im Medizintourismus werden auch in Zukunft Gesundheit und Gesundheitsversorgung zu Hause oder in der Ferne individuell, existenziell, komplex und kontrovers bleiben. Von hohem Wert für den Einzelnen, für die Klinik und das Land.

Literaturverzeichnis

Abubakar, A. M. & Ilkan, M. (in press/ 2016). Impact of online WOM on destination trust and intention to travel: A medical tourism perspective. *Journal of Destination Marketing & Management*

Alleman; B. W., Luger, T., Schacht Reisinger, H., Martin; R., Horowitz, M. D. & Cram, P. (2010). Medical Tourism Services Available to Residents of the United States. *Journal of General Internal Medicine, 26* (5), 492–497.

American Association for Public Opinion Research (2015). *Best Practices for Research.* Zugriff am 31.09.2015 unter http://www.aapor.org/AAPORKentico/Standards-Ethics/Best-Practices.aspx.

Ärzte Zeitung online (2014). *Organhandel wird zum globalen Problem.* Zugriff am 18.09.2015 unter http://www.aerztezeitung.de/politik_gesellschaft/organspende/article/860592/un-konferenz-organhandel-globalem-problem.html.

Arab-German Chamber of Commerce and Industry e.V. (GHORFA) (2016). *Ghorfa. Ihre Brücke in den arabischen Markt. Berlin.* Zugriff am 25.09.2015 unter http://www.ghorfa.de/start.html.

Bandemer, S. von, Salewski, K. & Schwanitz, R. (2009). Die Internationalisierung der Gesundheitswirtschaft: Was kommt nach Medizintechnik und Pharmaindustrie? *Forschung Aktuell (11)*, 1–13.

Beer, Nicola (2008): *Der Patiententourismus von arabischen Staaten nach Deutschland. Entwicklung, Gründe, Organisation und Perspektiven.* Saarbrücken: VDM Verlag Dr. Müller.

Beichl, L. (2012). Quality and Safety Transparency. In: Maria K. Todd (Hrsg.). *Medical Tourism Facilitator's Handbook* (S. 113-123). Boca Raton: CRC Press, Taylor & Francis Group.

Beyer, I. (2010). *Check-Up Kliniken in NRW - Ein Kosten und Leistungsvergleich: Inkl. Mystery Studie "Ausländische Patienten".* Ohne Ort: GRIN

Beyer, I. & Juszczak, J. (2011). *Check-Ups für ausländische Patienten: Eine deutschlandweite Umfrage.* Sankt Augustin: Fachhochschule Bonn-Rhein-Sieg, Fachbereich Wirtschaftswissenschaften.

Beyer, I. & Juszczak, J. (2014). Ergebnisse der 6. Marktstudie "Internationale Patienten in deutschen Kliniken". In: J. Juszczak & B. Ebel (Hrsg.), *Einwerbung und Betreuung internationaler Patienten* (S. 27-44). Tagungsband zur 4. Konferenz Medizintourismus. Fachhochschule Bonn-Rhein-Sieg. Sankt Augustin.

Birschmann, N. (2013). Unternehmenskommunikation - Reputation steuern. In: J. F. Debatin, A. Ekkernkamp, B. Schulte & A. Tecklenburg (Hrsg.), *Krankenhausmanagement* (S. 586-600). (2., neu bearbeitete Auflage). Berlin: Medizinisch Wissenschaftliche Verlagsgesellschaft.

Blum, K., Löffert, S., Offermanns, S. & Steffen, P. (2015). *Krankenhaus Barometer: Umfrage 2015.* Zugriff am 31.01.2016 unter http://www.dkgev.de/media/file/22334.2015-12-07_Anlage_Krankenhaus-Barometer.pdf.

Boga, T. C. & Weiermair, K. (2013). Branding health and medical tourism services: an analysis of members of public health insurers in Germany. In: C. M. Hall (Hrsg.), *Medical Tourism. The ethics, regulation, and marketing of health mobility* (S. 139-153). New York: Routledge.

Bookman, M. Z. & Bookman, K. R. (2007). *Medical tourism in developing countries*. New York: Palgrave Macmillan.

Boscher, L. (2008). Controlling von internationalen Patienen in deutschen Krankenhäusern. In: A. Gadatsch & J. Juszczak (Hrsg.), *Prozesscontrolling in Forschung und Praxis* (S. 129-138). Tagungsband zur 1. Fachtagung Prozesscontrolling. Fachhochschule Bonn-Rhein-Sieg. Sankt Augustin.

Boscher, L. (2013). [Darstellung der Vertriebs-Kanäle zur Rekrutierung von internationalen Patienten mit Fokus auf die Zusammenarbeit mit Patienten-Vermittlern; Erstellung von Qualitäts-Kriterien für die Zusammenarbeit mit Patienten-Vermittlern; Erstellung einer Liste von Patienten-Vermittlern mit Ranking anhand der erarbeiteten Qualitätskriterien. Konzept-Papier. German Health Management & Consulting]. Unveröffentlichte Rohdaten.

Boscher, L. (2015, September). *Der Markt der Patientenvermittler*. Vortrag auf der 5. Medizintourismuskonferenz, Hochschule Bonn-Rhein-Sieg, Sankt Augustin.

Braun, Günther E. (Hrsg.) (2004). *Ausländische Patienten für deutsche Krankenhäuser gewinnen. Strategien, Maßnahmen, Erfahrungen*. Neuwied, München: Luchterhand.

Büsching, I. (2014). *Angehörige von Patienten im Wachkoma. Eine Studie zur Kompetenzförderung und Prävention für Angehörige in der neurologischen Rehabilitation*. Münster: Edition Forschung.

Busse, R. & Schreyögg, J. (2013). Management im Gesundheitswesen - eine Einführung in Gebiet und Buch. In: R. Busse, J. Schreyögg & T. Stargardt (Hrsg.), *Management im Gesundheitswesen* (S. 1-9). (3. Aufl.). Berlin Heidelberg: Springer.

Caballero-Danell, S. & Mugomba, C. (2007). *Medical tourism and its entrepreneurial opportunities: a conceptual framework for entry into the industry*. Unpublished manuscript, Göteborg University (Master Thesis).

Casey, V., Crooks, V. A., Snyder, J. & Turner, L. (2013). Knowledge brokers, companions, and navigators: a qualitative examination of informal caregivers' roles in medical tourism. *International Journal for Equity in Health, 12* (94), 1–10.

Centers for Medicare & Medicaid Services (CMS) (2015). *National Health Expenditure Fact Sheet*. Zugriff am 24.01.2016 unter https://www.cms.gov/research-statistics-data-and-systems/statistics-trends-and-reports/nationalhealthexpenddata/nhe-fact-sheet.html.

Christ, C. & Zutt, S. (2004). Kapitel 16. Kooperationen mit Patientenvermittlern - aus der Perspektive der Asklepios Kliniken GmbH. In: G. E. Braun (Hrsg.), *Ausländische Patienten für deutsche Krankenhäuser gewinnen. Strategien, Maßnahmen, Erfahrungen* (S. 269-280). Neuwied München: Luchterhand.

Chuang, T. C., Liu, J. S., Lu, L. Y. Y. & Lee, Y. (2014). The main paths of medical tourism: From transplantation to beautification. *Tourism Management, 45*, 49–58.

Cohen, E. (2010). Medical Travel - A Critical Assessment. *Tourism Recreation Research, 35* (3), 225–237.

Cohen, R. A., Martinez, M. E. & Zammitti, E. P. (2016a). *Health Insurance Coverage: Early Release of Estimates From the National Health Interview Survey, 2015.* Division of Health Interview Statistics, National Center for Health Statistics. Zugriff am 14.11.2016 unter http://www.cdc.gov/nchs/data/nhis/earlyrelease/insur201609.pdf.

Cohen, R. A., Martinez, M. E. & Zammitti, E. P. (2016b). *Health Insurance Coverage: Early Release of Estimates From the National Health Interview Survey, January–March 2016.* Division of Health Interview Statistics, National Center for Health Statistics. Zugriff am 14.11.2016 unter http://www.cdc.gov/nchs/data/nhis/earlyrelease/insur201605.pdf.

Connell, J. (2006). Medical tourism: Sea, sun, sand …and surgery. *Tourism Management, 27,* 1093–1100.

Connell, J. (2011). *Medical tourism.* Wallingford: CABI.

Connell, J. (2015). From medical tourism to transnational health care? An epilogue for the future. *Social Science & Medicine, 124,* 398–401.

Cormany, D. & Baloglu, S. (2011). Medical travel facilitator websites: An exploratory study of web page contents and services offered to the prospective medical tourist. *Tourism Management, 32,* 709–716.

Crooks, V. A., Kingsbury, P., Snyder, J. & Johnston, R. (2010). What is known about the patient's experience of medical tourism? A scoping review. *Health Services Research, 10* (266), 1–12.

Dahlbeck, E. & Hilbert, J. (2008). *Beschäftigungstrends in der Gesundheitswirtschaft im regionalen Vergleich* (Forschung aktuell, 06/2008). Gelsenkirchen: Institut Arbeit und Technik.

Davis, E., Yu, A. & Kurtz, J. (2013). Not for Ten Million Dollars! A Content Analysis of Medical Tourism Decision. *Journal of the North American Management Society, 7* (1), 86–97.

Deloitte Touche Tohmatsu Limited (DTTL) (2014). *GOV2020. Government-2020.DUPress.com. Exponentials.* Zugriff am 17.01.2016 unter http://government-2020.dupress.com/wp-content/uploads/2014/11/Exponentials-+-Sources-9-16-14_AR.pdf.

Deloitte Touche Tohmatsu Limited (DTTL) (2016). *2016 Global health care outlook. Battling costs while improving care.* Zugriff am 13.01.2016 unter http://www2.deloitte.com/content/-dam/Deloitte/global/Documents/Life-Sciences-Health-Care/gx-lshc-2016-health-care-outlook.pdf.

Deutsche Gesellschaft für Psychologie (2007). *Richtlinien zur Manuskriptgestaltung* (3., neu bearbeitete Aufl.). Göttingen: Hogrefe.

Deutsche Krankenhausgesellschaft e.V. (DKG) (2015). *Geschäftsbericht 2014.* Zugriff am 06.01.2016 unter http://www.dkgev.de/media/file/20388.DKG_GB_2014.pdf.

Deutsche Zentrale für Tourismus e.V. (DZT) (2012a). *Medinreisen. Fühlen Sie sich gut umsorgt in Deutschland.* Frankfurt/ Main: Deutsche Zentrale für Tourismus e.V.

Deutsche Zentrale für Tourismus e.V. (DZT) (2012b). *Medical travel. Expert medical care at hospitals and rehabilitation clinics.* Frankfurt/ Main: Deutsche Zentrale für Tourismus e.V..

Deutsche Zentrale für Tourismus e.V. (DZT) (2015a). *Marktinformation Incoming-Tourismus Deutschland 2016: USA.* Zugriff am 05.01.2016 unter http://www.germany.travel/media/pdf/-marktinformationen__lang_/regionalmanagement_amerika__israel/USA.pdf.

Deutsche Zentrale für Tourismus e.V. (DZT) (2015b). *Marktinformation. Incoming-Tourismus Deutschland 2016: Russland.* Zugriff am 23.01.2016 unter http://www.germany.travel/-media/pdf/marktinformationen__lang_/regionalmanagement_nordosteuropa/Russland.pdf.

Deutsche Zentrale für Tourismus e.V. (DZT) (2015c). *Marktinformation. Incoming-Tourismus Deutschland 2016: Arabische Golfstaaten.* Zugriff am 30.01.2016 unter http://www.germany.travel/media/pdf/marktinformationen__lang_/regionalmanagement-_asien__australien/Arabische_Golfstaaten.pdf.

Deutsche Zentrale für Tourismus e.V. (DZT) (2016). *Medizinreisen nach Deutschland: höchste Kompetenz bei Kliniken und Rehabilitation.* Zugriff am 26.12.2015 unter http://www.germany.travel/de/specials/medizin/medizin.html.

Deutscher Bundestag (2007). *Gutachten 2007 des Sachverständigenrates zur Begutachtung der Entwicklung im Gesundheitswesen. Kooperation und Verantwortung - Voraussetzungen einer zielorientierten Gesundheitsversorgung* (Drucksache 16/6339). Berlin: Deutscher Bundestag

Dubai Healthcare City (DHCC) (2015). *The Health and Wellness Destination.* Zugriff am 20.12.2015 unter http://www.dhcc.ae/Portal/en/healthcare.aspx.

Ehrbeck, T., Guevara, C. & Mango, P. D. (2008). Mapping the market for medical travel. Health Care. *The McKinsey Quarterly,* 1–11.

Esslinger Zeitung (2011, 05. Februar). Immer mehr arabische Patienten im Klinikum. *Esslinger Zeitung,* o.S.

Europäische Kommission (2015). *Einigung über die EU-Datenschutzreform der Kommission wird digitalen Binnenmarkt voranbringen.* Zugriff am 06.02.2016 unter http://europa.eu/rapid/-press-release_IP-15-6321_de.htm.

Everett, R. F. (2014). A Crack in the Foundation: Why SWOT Might be Less Than Effective in Market Sensing Analysis. *Journal of Marketing and Management, Special Issue, 1* (1), 58–78.

Ferrer, M. & Medhekar, A. (2012). The Factors Impacting on the Management of Global Medical Tourism Service Supply Chain. *Journal on GSTF Business Review 2,* (2), 206–211.

Fetscherin, M. & Stephano, R.-M. (2016). The medical tourism index: Scale development and validation. *Tourism Management, 52,* 539–556.

Flick, U. (2010). *Qualitative Sozialforschung. Eine Einführung.* Rheinbek: rowohlts enzyklopädie.

Frankfurter Allgemeine Zeitung (2016, 11. November). Tausende schließen Obamas Krankenversicherung ab. *Frankfurter Allgemeine Zeitung,* o.S.

Frederick, J. R. & Gan, L. L. (2015). East-West differences among medical tourism facilitators' websites. *Journal of Destination Marketing & Management, 4,* 98–109.

Freyer, W. (2014). Medizintourismus - eine marktorientierte Betrachtung. In: J. Juszczak & B. Ebel (Hrsg.), *Einwerbung und Betreuung internationaler Patienten* (S. 69-87). Tagungsband zur 4. Konferenz Medizintourismus. Fachhochschule Bonn-Rhein-Sieg. Sankt Augustin.

Frietzsche, U. (2016). *Tourismus. Kurzerklärung. Gabler Wirtschaftslexikon.* Zugriff am 05.09.2015 unter http://wirtschaftslexikon.gabler.de/Archiv/54205/tourismus-v11.html.

Gan, L. L. (2013). The four modes of medical tourism. Economic, social and institutional impediments. In: C. M. Hall (Hrsg.), *Medical Tourism. The ethics, regulation, and marketing of health mobility* (S. 47-60). New York: Routledge.

Gan, L. L. & Frederick, J. R. (2011). Medical tourism facilitators: Patterns of service differentiation. *Journal of Vacation Marketing, 17* (3), 165–183.

Gan, L. L. & Frederick, J. R. (2013). Medical Tourists: Who Goes and What Motivates Them? *Health Marketing Quarterly, 30,* 177–194.

Geiger, S. (2010, 14. Februar): Auch für Scheichs gilt jetzt: Behandlung nur noch gegen Vorkasse. *Welt am Sonntag,* o.S.

Gesundheitsregion KölnBonn e.V. (2016). *Health Destination Rhineland - Die Gesundheitsmetropole im Herzen Europas.* Zugriff am 14.11.2015 unter http://www.health-destination.de/index.php/de/.

Glinos, I. A. & Baeten, R. (2006). *A Literature Review of Cross-Border Patient Mobility in the European Union* (Europe for Patients Project). Brüssel: Observatoire social européen.

Global Healthcare Travel Council (GHTC) (2013). *Global Healthcare Travel Council (GHTC).* Zugriff am 12.12.2015 unter http://globalhtc.org/.

Globalhealthtravel (2016). *American Medical Association Guidelines.* Zugriff am 08.11.2015 unter http://www.globalhealthtravel.com.au/american-medical-association-guidelines.

Grönemeyer, D. H. W. (2000). *Med. in Deutschland. Standort mit Zukunft.* Berlin Heidelberg: Springer.

Guiry, M. & Vequist, D. G. (2011). Traveling Abroad for Medical Care: U.S. Medical Tourists' Expectations and Perceptions of Service Quality. *Health Marketing Quarterly, 28,* 253–269.

Hall, C. M. (2011). Health and medical tourism: a kill or a cure for global public health? *Tourism review, 66* (1/2), 4–15.

Hall, C. M. (2013). Medical and health tourism. The development and implication of medical mobility. In: C. M. Hall (Hrsg.), *Medical Tourism. The ethics, regulation, and marketing of health mobility* (S. 3-27). New York: Routledge.

Hanefeld, J., Lunt, N., Smith, R. & Horsfall, D. (2015). Why do medical tourists travel to where they do? The role of networks in determining medical travel. *Social Science & Medicine, 124,* 356–363.

Helmig, B., Hinz, V. & Graf, A. (2013). Kundenmanagment in Krankenhäusern. In: R. Busse, J. Schreyögg & T. Stargardt (Hrsg.), *Management im Gesundheitswesen* (S. 185-199). (3. Aufl.). Berlin Heidelberg: Springer.

Helms, M. M. & Nixon, J. (2010). Exploring SWOT analysis - where are we now? A review of academic research from the last decade. *Journal of Strategy and Management, 3* (3), 215–251.

Henson, J. N.; Guy, B. S. & Dotson, M. J. (2015). Should I stay or should I go?: Motivators, decision factors, and information sources influencing those predisposed to medical tourism. *International Journal of Healthcare Management, 8* (1), 5–14.

Himmelstein, D. U.; Thorne, D.; Warren, E.; Woolhandler, S. (2009): Medical Bancruptcy in the United States, 2007: Results of a National Study. In: *The American Journal of Medicine* 122 (8), S. 741–746.

Holzgreve, W. (2014). Prozessmanagement am Beispiel "Internationale Patienten in Universitätskliniken". In: J. Juszczak & B. Ebel (Hrsg.), *Einwerbung und Betreuung internationaler Patienten* (S. 10-26). Tagungsband zur 4. Konferenz Medizintourismus. Fachhochschule Bonn-Rhein-Sieg. Sankt Augustin.

Horowitz, M. D. & Rosensweig (2007). Medical tourism - Health Care in the Global Economy. *The Physician Executive*, 24–30.

Horsfall, D., Lunt, N., King, H., Hanefeld, J. & Smith, D. R. (2013). The Impact of the Internet on Medical Tourism. In: D. Botterill, G. Pennings & T. Mainil (Hrsg.), *Medical Tourism and Transnational Health Care* (S. 223-238). Houndmills: Palgrave Macmillan.

Horsfall, D. & Lunt, N. (2015). Medical tourism by numbers. In: N. Lunt, D. Horsfall & J. Hanefeld (Hrsg.), *Handbook on Medical Tourism and Patient Mobility* (S. 25-36). Cheltenham, Northhampton: Edward Elgar Publishing.

Illing, K.-T. (2000). *Patientenimport und Gesundheitstourismus. Internationales Marketing für Kliniken, Kurorte und Gesundheitsregionen.* Berlin: TourismDevelopmentCulture.

Illing, K.-T. (2009). *Gesundheitstourismus und Spa-Management.* München: Oldenbourg.

Institut für das Entgeltsystem im Krankenhaus (InEK GmbH) (2016). *G-DRG-System 2016.* Zugriff am 13.02.2016 unter http://www.g-drg.de/cms/G-DRG-System_2016.

International Medical Travel Journal (IMTJ) (2014a). *Germany attracts more medical tourists.* Zugriff am 22.12.2015 unter http://www.imtj.com/news/germany-attracts-more-medical-tourists/.

International Medical Travel Journal (IMTJ) (2014b). *German healthcare tourism streaks ahead.* Zugriff am 21.12.2015 unter http://www.imtj.com/news/german-healthcare-tourism-streaks-ahead/.

International Medical Travel Journal (IMTJ) (2015a). *Germany. Medical Tourism.* Zugriff am 25.12.2015 unter http://www.imtj.com/country/DE/#horizontalTab5.

International Medical Travel Journal (IMTJ) (2016). *Medical Tourism From Russia Survey.* Zugriff am 14.02.2016 unter http://www.imtj.com/news/medical-tourism-russia-survey/.

International Organization for Standardization (ISO) (2016). *ISO 9000 - Quality Management.* Zugriff am 07.01.2016 unter http://www.iso.org/iso/home/standards/management-standards/iso_9000.htm.

International Society for Quality in Health Care (ISQua) (2012). *International Society for Quality in Health Care (ISQua).* Zugriff am 15.11.2015 unter http://www.isqua.org/.

Jäger, H. & Günther, M. (2011). Chancen und Risiken im Medizintourismus. Patientensicherheit, Arzeimittelfälschungen und Organhandel. *Flugmedizin, Tropenmedizin, Reisemedizin, 18* (4), 177–181.

Johnson, T. J. & Garman, A. (2010). Impact of medical travel on imports and exports of medical services. *Health Policy, 98,* 171–177.

Johnson, T. J., Garman, A., Hohmann, S. F., Meurer, S. & Allen, M. (2012). The United States: Destination and Departure Point. In: J. R. Hodges, L. Turner & A. M. Kimball (Hrsg.), *Risks and challenges in medical tourism. Understanding the dynamics of the global market for health services* (S. 19-36). Santa Barbara: ABC-CLIO.

Johnson, T. J. & Garman, A. N. (2015). Travelling for value: global drivers of change in the tertiary and quarternary markets. In: N. Lunt, D. Horsfall & J. Hanefeld (Hrsg.), *Handbook on Medical Tourism and Patient Mobility* (S. 57-70). Cheltenham, Northhampton: Edward Elgar Publishing.

Johnston, R., Crooks, V. A., Snyder, J. & Kingsbury, P. (2010). What is known about the effects of medical tourism in destination and departure countries? A scoping review. *International Journal for Equity in Health, 9* (24), 1–13.

Joint Commission International (JCI) (2015). *About JCI.* Zugriff am 1.11.2015 unter http://www.jointcommissioninternational.org/about/.

JURIS GmbH (2016a). *Gebührenordnung für Ärzte (GOÄ).* Zugriff am 08.01.2016 unter http://www.gesetze-im-internet.de/bundesrecht/go__1982/gesamt.pdf.

JURIS GmbH (2016b). *Bundesdatenschutzgesetz (BDSG).* Zugriff am 01.01.2016 unter http://www.gesetze-im-internet.de/bundesrecht/bdsg_1990/gesamt.pdf.

Juszczak, J. (2007). *Internationale Patienten in deutschen Kliniken. Ansätze zur Vermarktung von Gesundheitsdienstleistungen im Ausland* (Schriftenreihe des Fachbereiches Wirtschaft Sankt Augustin, 8). Sankt Augustin: Fachhochschule Bonn-Rhein-Sieg.

Juszczak, J. (2013). Internationale Märkte - Potenziale für deutsche Krankenhäuser. In: J. F. Debatin, A. Ekkernkamp, B. Schulte & A. Tecklenburg (Hrsg.), *Krankenhausmanagement* (S. 151-157). (2., neu bearbeitete Aufl.). Berlin: Medizinisch Wissenschaftliche Verlagsgesellschaft.

Juszczak, J. (2015, September). Vermarktung von Medizintourismusdestinationen: Erfahrungen und Ergebnisse nach drei Jahren Healthdestination Rhineland. Vortrag auf der 5. Medizintourismuskonferenz, Hochschule Bonn-Rhein-Sieg, Sankt Augustin.

Juszczak, J. & Beyer, I. (2014). *Internationale Patienten in deutschen Kliniken: Daten und Fakten.* Sankt Augustin: Hochschule Bonn-Rhein-Sieg, Fachbereich Wirtschaftswissenschaften.

Juszczak, J. & Nöthen, M. (2006). Ausländische Krankenhauspatienten: Studie zeigt – Top-Service gefragt. *Deutsches Ärzteblatt, 103* (20), 1358–1360.

Juszczak, J. & Zangerle, N. (2004): Patienten aus dem Ausland. Attraktives Geschäftsfeld für Krankenhäuser. *Deutsches Ärzteblatt, 101* (17),1148–1151.

Karuppan, C. M. (2014). Employer-Based Coverage and Medical Travel Options: Lessons for Healthcare Managers. *Journal of Healthcare Management, 59* (3), 210–222.

Karuppan, C. M. & Karuppan, M. (2011). Who Are Medical Travelers and What Do They Want?: A Qualitative Study. *Health Marketing Quarterly, 28,* 116–132.

Keckley, P. H. & Underwood, H. R. (2008). *Medical tourism: Consumers in search of value.* Washington, DC: Deloitte Center for Health Solutions.

Keckley, P. H. & Underwood, H. R. (2009). *Medical tourism: Update and implications.* Washington, DC: Deloitte Center for Health Solutions.

Khoury, C. (2009). *Americans Consider Crossing Borders for Medical Care. Competition for high-quality, affordable medical care no longer local. Gallup Poll.* Zugriff am 06.09.2015 unter http://www.gallup.com/poll/118423/Americans-Consider-Crossing-Borders-Medical-Care.aspx.

Kimball, A. M. & Hodges, J. R. (2012). Conclusion: High Stakes Market. In: J. R. Hodges, L. Turner & A. M. Kimball (Hrsg.), *Risks and challenges in medical tourism. Understanding the dynamics of the global market for health services* (S. 296-309). Santa Barbara: ABC-CLIO.

Kuckartz, U. (2014). *Qualitative Inhaltsanalyse. Methoden, Praxis, Computerunterstützung* (2., neu bearbeitete Aufl.). Weinheim Basel: Beltz Juventa.

Kumar, S., Breuing, R. & Chahal, R. (2012). Globalization of Health Care Delivery in the United States through Medical Tourism. *Journal of Health Communication 17* (2), 177–198.

Kumar, S. & Yang, M. (2015). Analyzing patient choices for routine procedures in the United States vs. overseas before and after the affordable care act: a case study. *Health Systems,* 1–8.

Kuß, A. & Eisend, M. (2010). *Marktforschung. Grundlagen der Datenerhebung und Datenanalyse* (3. Aufl.). Wiesbaden: Gabler.

Laugesen, M. J. & Vargas-Bustamante, A. (2010). A patient mobility framework that travels: European and United States-Mexican comparisons. *Health Policy, 97,* 225–231.

Lautier, M. (2014). International trade of health services: Global trends and local impact. *Health Policy, 118,* 105–113.

Lavarreda, S. A., Brown, E. R. & Dandurand Bolduc, C. (2011). Underinsurance in the United States: An Interaction of Costs to Consumers, Benefit Design, and Access to Care. *Annual Review of Public Health, 32,* 471–782.

Lee, H. K. & Fernando, Y. (2015). The antecedents and outcomes of the medical tourism supply chain. *Tourism Management, 46,* 148–157.

Link, C. L. & McKinlay, J. B. (2010). Only half of the problem is being adressed: underinsurance is as big a problem as uninsurance. *International Journal of Health Services, 40* (3), 507–523.

Lunt, N., Green, S. T., Mannion, R. & Horsfall, D. (2013). Quality, safety and risk in medical tourism. In: C. M. Hall (Hrsg.), *Medical Tourism. The ethics, regulation, and marketing of health mobility* (S. 31–46). New York: Routledge,

Lunt, N., Hardey, M. & Mannion, R. (2010): Nip, Tuck and Click: Medical Tourism and the Emergence of Web-Based Health Information. *The Open Medical Informatics Journal, 4,* 1–11.

Lunt, N., Horsfall, D. & Hanefeld, J. (2015). The shaping of contemporary medical tourism and patient mobility. In: N. Lunt, D. Horsfall & J. Hanefeld (Hrsg.), *Handbook on Medical Tourism and Patient Mobility* (S. 3-15). Cheltenham, Northhampton: Edward Elgar Publishing.

Lunt, N., Ki, N. J., Horsfall, D. & Hanefeld, J. (2014). Insights on medical tourism: markets as networks and the role of strong ties. *Korean Social Science Journal, 41,* 19–37.

Lunt, N. & Mannion, R. (2014). Patient mobility in the global marketplace: a multidisciplinary perspective. *International Journal of Health Policy and Management, 2* (4), 155–157.

Lunt, N., Mannion, R. & Exworthy, M. (2013). A Framework for Exploring the Policy Implications of UK Medical Tourism and International Patient Flows. *Social Policy & Administration, 47* (1), 1–25.

Lunt, N., Smith, D. R., Mannion, R., Green, S. T., Exworthy, M., Hanefeld, J. et al. (2014). Implications for the NHS of inward and outward medical tourism: a policy and economic analysis using literature review and mixed-methods approaches. *Health Services and Delivery Research, 2* (2), DOI: 10.3310/dsdr02020.

Lunt, N., Smith, R., Exworthy, M., Green, S. T., Horsfall, D. & Mannion, R. (2012). *Medical Tourism: Treatment, Markets and Health System Implications: A scoping review.* Paris: Organization for Economic Cooperation and Development (OECD).

Lunt, N., Smith, R., Exworthy, M., Hanefeld, J. & Mannion, R. (2014). Market size, market share and market strategy: three myths of medical tourism. *Policy & Politics, 42* (4), 597–614.

Lüthy, A. (2013). Krankenhaus Marketing und Corporate Identity. In: J. F. Debatin, A. Ekkernkamp, B. Schulte & A. Tecklenburg (Hrsg.), *Krankenhausmanagement* (S. 561–575). (2., neu bearbeitete Aufl.). Berlin: Medizinisch Wissenschaftliche Verlagsgesellschaft.

Mainil, T., Platenkamp, V. & Meulemans, H. (2011). The discourse of medical tourism in the media. *Tourism review, 66* (1/2), 31–44.

Markus, J. (2009). *Betriebswirtschaftliche Potenziale vom "Medizintourismus". Patienten aus den GUS-Staaten in deutschen Kliniken.* Hamburg: Igel.

Medical Tourism Asssociation (MTA) (2014a). *2013 MTA Medical Tourism Survey Report.* Zugriff am 13.09.2015 unter http://medicaltourismassociation.com/en/2013-mta-survey-report.html.

Medical Tourism Asssociation (MTA) (2014b). *Medical Tourism Association.* Zugriff am 13.09.2015 unter http://medicaltourismassociation.com/en/index.html.

Milstein, A. & Smith, M. (2006). America's New Refugees - Seeking Affordable Surgery Offshore. *The New England Journal of Medicine, 355:16,* 1637–1640.

Mirel, L. B. & Carper, K. (2013). *Expenses for Hospital Inpatient Stays, 2010. Statistical Brief #401.* Zugriff am 20.09.2016 unter http://meps.ahrq.gov/mepsweb/data_files/publications/-st401/stat401.shtml.

Moore, B., Levit, K. & Elixhauser, A. (2014). *Costs for Hospital Stays in the United States, 2012. HCUP Statistical Brief #181.* Zugriff am 20.09.2016 unter http://www.hcup-us.ahrq.gov/reports/statbriefs/sb181-Hospital-Costs-United-States-2012.jsp.

Morris, M. (2016). *2016 Health Care Providers Industry Outlook.* Zugriff am 07.02.2016 unter http://www2.deloitte.com/us/en/pages/life-sciences-and-health-care/articles/health-care-providers-outlook.html.

Nawarecki, F. (2012). *International Offices im Medizintourismus. Katalysatoren für die systematische Entwicklung des Medizintourismus an deutschen Kliniken.* Saarbrücken: AV Akademikerverlag.

Nicholas, K. & Hyland, A. (2009, 17. Januar). Fun in the sun and a budget operation. *Australian Financial Review,* 22.

Noree, T.; Hanefeld, J. & Smith, R. (2016). Medical tourism in Thailand: a cross-sectional study. *Bulletin of the World Health Organization, 94,* 30–36.

Oelschläger, L. (2005). *Medizintourismus nach Deutschland. Chancen und Risiken für deutsche Krankenhäuser.* o.O.: GRIN.

Organization for Economic Cooperation and Development (OECD) (2015a). *Health at a Glance 2015: OECD Indicators.* Paris: OECD Publishing.

Organization for Economic Cooperation and Development (OECD) (2015b). Health at a Glance. How does the United States compare? Online verfügbar unter http://www.oecd.org/unitedstates/Health-at-a-Glance-2015-Key-Findings-UNITED-STATES.pdf.

Organization of Economic Cooperation and Development (OECD) (2015c). *Gesundheit auf einen Blick 2015: Wo steht Deutschland?* Zugriff am 28.12.2015 unter http://www.oecd.org/-germany/Health-at-a-Glance-2015-Country-Note-GERMANY-In-Deutsch.pdf.

Ozod-Hamad, M. (2007). *Arabische Patienten in deutschen Kliniken. Medizintourismus in Deutschland.* o.O.: GRIN.

Panagiotou, G. & van Wijnen, R. (2005): The „telescopic observations" framework: an attainable strategic tool. *Marketing Intelligence & Planning, 23* (2), 155–171.

Pearson, C. F. (2013). *Analysis: Despite subsidies, chronically ill individuals will be underinsured in exchanges.* Washington, D.C.: Avalere Health.

Pfadenhauer, M. (2005). Das Experteninterview - Gespräch zwischen Experte und Quasi-Experte. In: A. Bogner, B. Littig & W. Menz (Hrsg.), *Das Experteninterview. Theorie, Methode, Anwendung* (S. 113-130). (2. Aufl.). Wiesbaden: VS Verlag für Sozialwissenschaften.

Pforr, C. & Locher, C. (2012). The German Spa and Health Resort Industry in the Light of Health Care System Reforms. *Journal of Travel & Tourism Marketing, 29,* 298–312.

Pforr, C. & Locher, C. (2013). Impacts of health policy on medical tourism in Germany. In: C. M. Hall (Hrsg.), *Medical Tourism. The ethics, regulation, and marketing of health mobility* (S. 77–94). New York: Routledge.

Planetree (2014). *Since 1978, the Global Leader in Advancing Patient-Centered Care.* Zugriff am 22.11.2015 unter http://planetree.org/.

Pollard, K. (2015a). *Global Healthcare Travel Council strengthens its team.* Zugriff am 06.12.2015 unter http://www.imtj.com/blog/global-healthcare-travel-council-strengthens-its-team/.

Pollard, K. (2015b). *The MTA - when will the hype and misinformation stop?* Zugriff am 29.12.2015 unter http://www.imtj.com/blog/mta-when-will-hype-and-misinformation-stop/.

Refferscheid, A. ,Thomas, D., Pomorin, N. & Wasem, J. (2015). Strukturwandel in der stationären Versorgung. In: J. Klauber, M. Geraedts, J. Friedrich & J. Wasem (Hrsg.), *Krankenhausreport 2015. Schwerpunkt: Strukturwandel* (S. 3-12). Stuttgart: Schattauer.

Reisewitz, J. (2015). *Rechtsfragen des Medizintourismus.* Berlin Heidelberg: Springer

Reisman, M. (2015). The Affordable Care Act, Five Years Later: Policies, Progress, and Politics. *Pharmacy & Therapeutics, 40* (9), 575–600.

Ross, K. (2001). *Health Tourism: An overview.* Zugriff am 19.09.2015 unter http://www.hospitalitynet.org/news/4010521.html.

Runnels, V. & Carrera, P. M. (2012). Why do patients engage in medical tourism? *Maturitas, 73,* 300–304.

Sachverständigenrat zur Begutachtung der Entwicklung im Gesundheitswesen (SVR) (2014). *Gutachten 2014. Bedarfsgerechte Versorgung - Perspektiven für ländliche Regionen und ausgewählte Leistungsbereiche.* Zugriff am 25.10.2015 unter http://www.svr-gesundheit.de/-fileadmin/user_upload/Gutachten/2014/SVR-Gutachten_2014_Langfassung.pdf.

Schlüchtermann, J. (2013). *Betriebswirtschaft und Management im Krankenhaus. Grundlagen und Praxis.* Berlin: Medizinisch Wissenschaftliche Verlagsgesellschaft.

Schoen, C., Doty, M. M., Robertson, R. H. & Collins, S. R. (2011). Affordable Care Act Reforms Could Reduce The Number Of Uninsured US Adults By 70 Percent. *Health Affairs, 30* (9), 1762–1771.

Schrappe, M. & Lüngen, M. (2010). Evidence-based Health Care (EbHC). In: K. W. Lauterbach, M. Lüngen & M. Schrappe (Hrsg.), *Gesundheitsökonomie, Management und Evidence-based Medicine* (S. 26-38). Stuttgart: Schattauer.

Schreiner, M. (2014). EU-Patientenrichtlinie: Auswirkung auf deutsche Kliniken. In: J. Juszczak & B. Ebel (Hg.), *Einwerbung und Betreuung internationaler Patienten* (S. 45–54). Tagungsband zur 4. Konferenz Medizintourismus. Fachhochschule Bonn-Rhein-Sieg. Sankt Augustin.

Schreyögg, J. (2013). Kundenmanagement im Gesundheitswesen - Einführung und methodische Grundlagen. In: R. Busse, J. Schreyögg & T. Stargardt (Hrsg.), *Management im Gesundheitswesen* (S. 166–169). (3. Aufl.). Berlin Heidelberg: Springer.

Schütt, S. (2015). *Wie der Medizintourismus von Russen nach Deutschland der Krise trotzt.* Zugriff am 29.12.2015 unter http://www.mdz-moskau.eu/operation-deutschland/.

Slot, I. (2013). *Russischsprachige Patienten in Berlin. Evaluierung der medizin- touristischen Aufenthalte der Patienten aus Russland und den GUS- Staaten.* Berlin: Visit Berlin.

Smith, R., Martínez Álvarez, M. & Chanda, R. (2011). Medical tourism: A review of the literature and analysis of a role for bi-lateral trade. *Health Policy, 103,* 276–282.

Snyder, J., Crooks, V. A., Adams, K., Kingsbury, P. & Johnston, R. (2011). The 'patient's physician one-step removed': the evolving roles of medical tourism facilitators. *Journal of Medical Ethics, 37,* 530–534.

Soni, A. (2015). *Top Five Most Costly Conditions among Adults Age 18 and Older, 2012: Estimates for the U.S. Civilian Noninstitutionalized Adult Population* (Statistical Brief #471. April 2015). Rockville, MD: Agency for Healthcare Research and Quality (AHRQ).

Statistisches Bundesamt (DESTATIS) (2015). *Gesundheit. Grunddaten der Krankenhäuser 2014* (Fachserie 12 Reihe 6.1.1). Wiesbaden: Statistisches Bundesamt.

Statistisches Bundesamt (DESTATIS) (2016). *Beschäftigte im Gesundheitswesen: Deutschland, Jahre, Einrichtungen, Geschlecht.* Zugriff am 16.01.2016 unter https://www-genesis.destatis.de/genesis/online/logon?sequenz=tabelleErgebnis&selectionname=23621-0001&zeiten=2000,2005,2010&zeitscheiben=3.

Stickel-Wolf, C. & Wolf, J. (2011). *Wissenschaftliches Arbeiten und Lerntechniken* (6. , neu bearbeitete Aufl.). Wiesbaden: Gabler.

Stockinger, G. (2003). Petrodollar in der Klinikkasse. *Der Spiegel, 39,* 180–184.

Taylor, K., Ronte, H. & Hammet, S. (2014). *Healthcare and Life Sciences Predictions 2020. A bold future?* Zugriff am 10.01.2016 unter https://www2.deloitte.com/content/dam/Deloitte/-global/Documents/Life-Sciences-Health-Care/gx-lshc-healthcare-and-life-sciences-predictions-2020.pdf.

Temos International GmbH (2016). *Temos Certification Programs.* Zugriff am 31.01.2016 unter http://www.temos-worldwide.com/index.php?option=com_content&task=view&id=1&Itemid=5.

Thommen, J.-P. (2007). *Betriebswirtschaftslehre* (7., neu bearbeitete Aufl.). Zürich: Versus.

Todd, M. K. (2012a).*Medical Tourism Facilitator's Handbook.* Boca Raton: CRC Press, Taylor & Francis Group.

Todd, M. K. (2012b). *Handbook of Medical Tourism Program Development. Developing Globally Integrated Health Systems.* Boca Raton: CRC Press, Taylor & Francis Group.

Tschuck, K. (2014). *Was macht die deutsche Medizin und Bayern für arabische Patienten attraktiv?* Vortrag am 27.11.2014 im Medical Park Chiemseeblick. Zugriff am 20.09.2015 unter https://chiemsee-alpenland.de/content/download/37755/392801/version/1/file/-Patiententourismus-Was-macht-die-deutsche-Medizin-fuer-den-arabischen-Markt-attraktiv-2014.pdf.

Turner, L. & Hodges, J. R. (2012). Introduction: Health Care Goes Global. In: J. R. Hodges, L. Turner & A. M. Kimball (Hrsg.), *Risks and challenges in medical tourism. Understanding the dynamics of the global market for health services* (S. 1-16). Santa Barbara: ABC-CLIO.

U.S. Department of Commerce (2015a). *2014 Market Profile: U.S. Outbound to Overseas.* Zugriff am 24.01.2016 unter http://travel.trade.gov/outreachpages/download_data_table/2014-outbound-to-overseas-market-profile.pdf.

U.S. Department of Commerce (2015b). *2014 Market Profile: U.S. Resident Travel to Europe.* Zugriff am 23.01.2016 unter http://travel.trade.gov/outreachpages/download_-data_table/2014-US-to-Europe.pdf.

United Nations (UN) (2016a). *UN Service Trade Statistics Database. Health-related expenditure. Trade Flow: Export & Import. Reporter: USA. Partner: World.* Zugriff am 24.01.2016 unter http://unstats.un.org/unsd/servicetrade/dqBasicQueryResults.aspx?px=EB&cc-=241&r=841.

United Nations (2016b). *UN Service Trade Statistics Database. Health-related expenditure. Trade Flow: Import. Reporter: Germany. Partner: World.* Zugriff am 24.01.2016 unter http://unstats.un.org/unsd/servicetrade/dqBasicQueryResults.aspx?px=EB&cc=241&r=276.

Werner, A. (2015, September). *Rechtliches rund um die Patientenvermittlung.* Vortrag auf der 5. Medizintourismuskonferenz. Hochschule Bonn-Rhein-Sieg. Sankt Augustin.

Wesley, A. & Pforr, C. (2009). Historical dimensions of coastal tourism. In: R. Dowling & C. Pforr (Hrsg.), *Coastal Tourism Development* (S. 15–29). New York: Cognizant Communication Corporation.

Wismar, M., Palm, W., Figueras, J., Ernst, K. & van Ginneken, E. (Hrsg.). (2011). *Cross-border Health Care in the European Union. Mapping and analysing practices and policies* (Observatory Studies Series 22). Copenhagen: WHO, European Observatory on Health Systems and Policies

Woodman, J. (2007). *Patients Beyond Borders. Everybody's Guide to Affordable, World-Class Medical Tourism.* Chapel Hill, NC: Healthy Travel Media.

Woodman, Josef (2016). *Carribean.* Zugriff am 27.01.2016 unter http://www.patientsbeyondborders.com/antigua-and-barbados.

Woolf, S. H. & Aron, L. Y. (2013). The US Health Disadvantage Relative to Other High-Income Countries. *Journal of the American Medical Association, 309* (8), 771–772.

World Health Organization (WHO) (2003). *Adherence to Long-term Therapies. Evidence for Action.* Zugriff am 05.09.2015 unter http://www.who.int/chp/knowledge/publications/-adherence_full_report.pdf?ua=1.

World Trade Organization (WTO) (2016a). *General Agreement on Trade in Services.* Zugriff am 22.01.2016 unter https://www.wto.org/english/tratop_e/serv_e/gatsintr_e.htm.

World Trade Organization (WTO) (2016b). *The General Agreement on Trade in Services (GATS): objectives, coverage and disciplines.* Zugriff am 22.01.2016 unter https://www.wto.-org/english/tratop_e/serv_e/gatsqa_e.htm.

Youngman, I. (2015a). *Medical Tourism Research: Facts and Figures 2015.* Zugriff am 15.02.2016 unter http://www.imtj.com/resources/medical-tourism-research-facts-and-figures-2015/.

Youngman, I. (2015b). *Medical Tourism Facts and Figures 2015. Report sample. Germany.* Online verfügbar unter http://www.imtj.com/sites/default/files/asset/asset/MT%202015%20-report%20sample%20.pdf.

Anhang

Anhang A

Leitfaden für die Experteninterviews

Anmerkung:

- Es werden hier lediglich die Fragen wiedergegeben. Die z.T. im Interview genutzten Tabellen finden sich ausgefüllt in den Rohdaten in Anhang B.
- Diejenigen Fragen, die nur den amerikanischen Experten galten, sind nicht übersetzt.
- Die Reihenfolge der Fragen im Interview war variabel, je nach Gesprächsverlauf und Zeitbudget der befragten Person.
- Teilweise wurden vertiefende Fragen gestellt, teilweise Fragen weggelassen.

Fragen an die amerikanischen Experten, die neben anderen Funktionen auch Patientenvermittlungsagenturen leiten, sowie 3) auch an die deutschen Experten

1) Data of the Medical Tourism Facilitator (MTF) company

2) What destination countries do you use to send clients to? Which three are the most frequently requested countries?

3) What have been your experiences so far in sending medical tourism clients to Germany? Was sind Ihre bisherigen Erfahrungen und Markt-Beobachtungen in Bezug auf US-amerikanische Patienten in Deutschland?

SWOT-Analyse, Potenziale und Trends aus Expertensicht

4) From your point of view, what are the strengths of Germany as a destination country for medical tourism from the US? Was sind Ihrer Meinung nach die Stärken Deutschlands als Empfängerland für Medizintourismus aus den USA?

5) What are the weaknesses of Germany as a destination? Was sind nach Ihrer Meinung die Schwächen des Empfängerlandes Deutschland in Bezug auf Medizintourismus aus den USA?

6) What advantages and opportunities do you see for cooperation between you and German medical facilities?

Welche Vorteile und Chancen sehen Sie für deutsche medizinische Einrichtungen in der Behandlung von US-amerikanischen Patienten?

7) What obstacles, threats or risks do you see for cooperation between you and German facilities?

Welche Hindernisse, Gefahren und Risiken sehen Sie für deutsche medizinische Dienstleister in der Behandlung US-amerikanischer Patienten?

8) What potential do you as a MTF company see for intensifying your market activities in Germany?

Welches Potenzial sehen Sie für deutsche medizinische Einrichtungen, die Marktaktivitäten in Bezug auf US-amerikanische Patienten zu intensivieren?

9) What future trends do you see in general for medical tourism from the US to Germany?

Welche zukünftigen Trends sehen Sie allgemein für den Medizintourismus aus den USA nach Deutschland?

Merkmale der amerikanischen Nachfrage nach Behandlung in Deutschland

10) In your opinion, what are the most frequent medical or other specialty services patients from the U.S. use to ask for in Germany?

Was sind nach Ihrer Meinung die von US-amerikanischen Patienten am häufigsten in Deutschland nachgefragten medizinischen Fachgebiete?

11) What age groups do most of your clients belong to?

Welche Altersgruppen kommen Ihrer Meinung nach am ehesten für Medizintourismus aus den USA nach Deutschland in Frage?

Finanzierung des Medizintourismus und der Dienstleistungen der Vermittlungsagentur

12) How do your clients finance their medical travel and treatment abroad? What is the most common method of payment?

Welches sind nach Ihrer Einschätzung die häufigsten Finanzierungsarten bei US-amerikanischen Patienten für ihre Medizinreise und Behandlung in Deutschland?

13) Who usually pays for the MTF services?

14) How are the MTF service fees and prices usually calculated?

Art der nachgefragten Einrichtung; Themen Akkreditierung, Qualität, Datenschutz und Haftpflicht

15) What type of facility do you use to work with in Germany?

Welche Art von medizinischen Einrichtungen wird von US-amerikanischen Patienten nachgefragt?

16) For treating patients from the U.S., what kind of accreditation should a German medical facility have?

Welche Akkreditierung sollte Ihrer Meinung nach eine deutsche medizinische Einrichtung haben, wenn sie US-amerikanische Patienten behandeln möchte?

17) What processes or systems do you have in place to ensure high quality services provided by the medical facility?

Welche Qualitätsanforderungen sollte eine deutsche medizinische Einrichtung Ihrer Meinung nach erfüllen, wenn sie US-amerikanische Patienten behandeln möchte?

18) In case of cooperation with a German medical facility, what kind of compliance strategy regarding the Personal Health Information (PHI) of the client (including medical record and electronic data transfers) would you expect from the facility?

Welche Datenschutzrichtlinien sollte nach Ihrer Meinung eine deutsche medizinische Einrichtung bei US-amerikanischen Patienten in Bezug auf die persönlichen Gesundheitsdaten des Patienten (inklusive der medizinischen Akte und der elektronischen Datenübertragung) befolgen?

19) What policies do you have in case of an allegation of malpractice?

Welche Vorgehensweise würden Sie einer deutschen medizinischen Einrichtung empfehlen, um Klagen wegen eines ärztlichen Kunstfehlers vorzubeugen?

In the end of this interview, do you have any other comments and suggestions concerning medical tourism from the US to Germany?

Welche weiteren Anmerkungen und Vorschläge haben Sie zum Abschluss dieser Befragung in Bezug auf Medizintourismus aus den USA nach Deutschland?

Anhang B

Rohdaten der sechs telefonischen Interviews mit Medizintourismus-Experten

Anmerkungen:

- Wie in Kapitel 2.3 erläutert, wurden die Interviews im Haupttext und in den hier darge-stellten Rohdaten nachträglich anonymisiert. Die Daten zu den Unternehmensprofilen, die ebenso erhoben wurden, werden hier nicht offen gelegt, da sonst die Anonymisierung hinfällig wäre.

- Wie im Haupttext zeigt AE1 etc. an, dass es sich um einen amerikanischen Experten handelt, und DE1 etc. bezeichnet einen deutschen Experten.

- Die drei amerikanischen Experten leiten, neben anderen beruflichen Funktionen, Patien-tenvermittlungsagenturen, daher sind diejenigen Fragen, die nur diese Expertengruppe betreffen, nur in Englisch.

- Die Inhalte der Fragen an die amerikanischen und die deutschen Experten differieren z.T., da sie sich z.T. auf die Perspektive als Vermittlungsfirma, teils auf die Perspektive der Experten auf deutsche Kliniken beziehen.

- Nur eine Person verlangte den Interview-Leitfaden im Voraus, alle anderen antworteten, ohne die Fragen vorher gelesen zu haben. Die spontane, z.T. temperamentvolle Aus-drucksform wird in den Rohdaten nicht abgeändert oder geglättet.

- Äußerungen zu betrieblichen Interna und zur Konkurrenz wurden entfernt.

- Die englischen Antworten wurden in enger Anlehnung an das Gesagte ins Deutsche übersetzt.

- Die Reihenfolge der Fragen und die vorläufige Sortierung der Antworten nach Oberbe-griffen stimmt nicht mit der Reihenfolge der Ergebnispräsentation im Haupttext dieser Marktanalyse überein, da ein telefonisches, mündliches Interview einer anderen Logik folgt und eine feinere Kategorisierung des Gesagten nach Oberbegriffen erst danach er-folgt.

- Von der Formatierung des Haupttextes wird hier im Anhang abgewichen; so wird z.B. ein Seitenumbruch innerhalb einer Tabelle toleriert.

- Abkürzung in den Rohdaten (u.a.): MTF = Medical Tourism Facilitator/ Patientenvermitt-lungsagentur

1. Data of the Medical Tourism Facilitator (MTF) company

Name of company & city/ US state:
Website:
Name of CEO:
Name of interview partner:
Company's years in business:
Business form:
sole proprietorship/ partnership/ corporation/ limited liability corporation/ other

2. What destination countries do you use to send clients to? Which three are the most frequently requested countries? (check website & asking; most frequent underlined)

AE1	-	Deutschland; etwas auch Niederlande und Ungarn
	-	Es werden von AE1 nicht nur US-amerikanische Patienten nach Deutschland vermittelt, sondern auch japanische und chinesische Patienten
AE2	-	Die häufigsten Ziele: Thailand, Costa Rica, Cayman Islands (in letzterem existiert eine neue Health City); auch: Irland, Spanien, Türkei, Indien, Taiwan, Südkorea, Malaysia, Singapur, Mexico, Puerto Rico, Bahamas, Deutschland, USA
AE3	-	Spanien, Thailand, Mexico und weitere Destinationen, die ein Luxussegment im Gesundheitswesen haben; früherer Versuch, Patienten nach Deutschland zu schicken, scheiterte
DE1	-	Frage trifft auf diesen Interviewpartner nicht zu -
DE2	-	Frage trifft auf diesen Interviewpartner nicht zu -
DE3	-	Frage trifft auf diesen Interviewpartner nicht zu -

3. What have been your experiences so far in sending medical tourism clients to Germany?
Was sind Ihre bisherigen Erfahrungen und Markt-Beobachtungen in Bezug auf US-amerikanische Patienten in Deutschland?

AE1	-	Kennt und ist aktiv auf dem deutschen Markt
	-	Sehr gute, ist seit 11 Jahren aktiv auf dem Geschäftsfeld
AE2	-	Kennt den deutschen Markt, ist allerdings im Moment nicht aktiv auf ihm
	-	Hat mit einer Klinik in Südostdeutschland zusammen gearbeitet
AE3	-	Kennt den deutschen Markt, wollte in der Vergangenheit auf ihm aktiv werden, im Moment nicht aktiv auf ihm
	-	War interessiert daran, mit einer deutschen Klinikgruppe ins Geschäft zu kommen und Verträge abzuschließen; die Gespräche waren allerdings erfolglos; auch die Anfragen bei anderen Kliniken
DE1	-	Hat u.a. in einem International Office eines Universitätsklinikums gearbeitet
	-	In diesem Rahmen gute Erfahrungen mit der Behandlung von US-amerikanischen Patienten gemacht
DE2	-	Die Nachfrage durch amerikanische Patienten ist eher gering
	-	Weiteres s. Fragen 4. und 5.
DE3	-	Vermutung: das Damoklesschwert namens Malpractice schwebt über dem Thema, daher wird das Thema von Kliniken nicht systematisch angegangen, sondern nur „was halt so kommt"

4. **From your point of view, what are the strengths of Germany as a destination country for medical tourism from the US?**
Was sind Ihrer Meinung nach die Stärken Deutschlands als Empfängerland für Medizintourismus aus den USA?

AE1	Politisch:
	- Die Gesetze
	- Politische Stabilität
	- Keine Visums-Pflicht für US-Amerikaner
	Struktur und Merkmale des Gesundheitswesens
	- Medizinische Versorgung von hoher Qualität
	- Weit verbreiteter herausragender Ausbildungsstand
	- Mehr private Medizin als z.B. in England und in Kanada
	- Die Ärzte sind sehr auf Wettbewerb eingestellt
	- Es herrscht ein hoher Grad an Wettbewerb um private Patienten
	- Die Zahl der Ärzte ist doppelt so hoch wie in den USA
	Ausbildung und Wissenschaft
	- Bekannter Wissenschaftsstandort, guter Ruf als Forschungsstandort
	- Deutschland ist weltweit mit führend in Innovation
	- Das Medizinprodukt mag in den USA erfunden worden sein, aber es wird erst in Deutschland ausprobiert
	- Deutschland setzt das Medizinprodukt zuerst ein, dann kommt es in die USA
	- Die Medizinprodukte-Anerkennung ist in Deutschland deutlich schneller als in den USA, ca. um 2 Jahre (Beispiel: eine besonders schonende Methode des Hüftersatzes)
	Ökonomisch:
	- Deutschland ist eine starke Wirtschaftsnation
	Kosten im Gesundheitswesen
	- Die Behandlungskosten sind viel niedriger, 40 – 80% unter den US-amerikanischen Kosten
	- Es ist ein gigantischer Preisunterschied
	- Einer der wichtigsten Gründe dafür: die Medikamentenpreise sind „ridiculously high"
	- „socialized medicine" in Deutschland: die Kosten sind viel niedriger
	Gründe für die hohen Kosten für Medikamente und Behandlung in den USA
	- Es darf für verschreibungspflichtige Medikamente Werbung gemacht werden, z.B. im Fernsehen
	- USA ist eines der wenigen Länder weltweit, in dem das erlaubt ist
	- Die Kliniken dürfen Werbung machen
	- Werbung macht manchmal 20-30% ihres Budgets aus
	- Die Werbungskosten werden in die Behandlungskosten hinein gerechnet
	- Lobbyismus stark, es werden Gesetze verabschiedet, die günstig sind für die entsprechenden Unternehmen
	- Die Ärztevereinigungen der USA setzen sich für Gesetze ein, die die Versicherungsgesellschaften nicht verpflichten, für eine Auslandsbehandlung zu zahlen
	- Diese Gesetze sind ein weiterer Grund für die hohen Kosten in den USA
	Mehrwert für den Patienten
	- der Patient bekommt die fortschrittlichere Behandlung
	- doppelter Vorteil: hohe Qualität und niedrige Behandlungskosten
	- „I am a big fan of Germany"
	Ökologisch:
	- Keine Impfungen nötig
	- Keine Malaria oder andere tropischen Krankheiten
AE2	Politisch
	- Deutschland ist sehr sicher

	Sozio-kulturell: - ein großartiges Land und großartige Leute - ich kenne Deutschland persönlich, habe dort auch schon gewohnt Struktur und Merkmale des Gesundheitswesens - sehr hohe Qualität - Präzision in der Behandlung - Die Wahrnehmung von deutschen Kliniken heißt hohe Qualität - Besonders hochwertige Chirurgie, z.B. Wirbelsäulenchirurgie - Die Krankenhäuser sind sauber - Das Essen in den Krankenhäusern ist gut - Manche Krankenhäuser haben ein gewisses Kontingent an Englisch sprechenden Pflegekräften Ausbildung und Wissenschaft - Eine Menge an medizinischen Fakultäten, die einen international hochwertigen Ruf haben, z.B. Köln International: - Deutschland ist von der geografischen Lage her gut aus den USA erreichbar, z.B. im Vergleich zu Indien - Von der Ostküste 7 Stunden Flug Ökologisch: - das Wasser ist trinkbar, im Unterschied zu Indien z.B.
AE3	Struktur und Merkmale des Gesundheitswesens - hohe Qualität - gute Privatkliniken - Englischkenntnisse des Personals; viele Angestellte im Gesundheitswesen sprechen Englisch International: - Es sind viele amerikanische Touristen in Deutschland - Die Zielgruppe ist da! Vorschlag zu Branding und Produktentwicklung im Medizintourismus in Deutschland - Deutschland sollte an seinem Branding im Medizintourismus arbeiten und eine spezifische Kombination aus Health & Tourism entwickeln - Das Branding und die Marke Deutschland als Medizintourismus-Destination könnte folgende Aspekte beinhalten: Den medizinischen und zahnmedizinischen Bereich + Thermalbäder/ Badekuren + Psychiatrie/ Entzugskuren + Rehabilitation - Diese Kombination wäre neu, wurde noch nicht in einem Produkt kombiniert - Die Bereiche Thermalbäder und Rehabilitation sind besondere Stärken, wenn man sie seriös vermarktet - Als Beispiele dienen da Ungarn, Ukraine, mehrere Länder am Schwarzen Meer - „I believe in Germany's products"
DE1	Politisch: - Rechtsstaatlichkeit - Zugang für alle Bevölkerungsgruppen zum Gesundheitssystem - Keine systembedingten Wartelisten Ökonomisch: - Funktionierendes Finanzierungssystem im Gesundheitswesen - Transparente, übersichtliche Preis-Systeme in den Kliniken - Günstigere Preise für medizinische Versorgung als in den USA - Die Preisunterschiede sind besonders in Spezialgebieten wie der Kardiologie besonders krass - Das Thema Preis ist zentral, da die Patienten aus den USA meist als Selbstzahler kommen

	Struktur und Merkmale des Gesundheitswesens - Hohe Qualität - „High-End-Medizin", in allen Fachbereichen - Sehr gute medizinische Infrastruktur - Exzellente Medizintechnik - Moderne Krankenhäuser - Sehr gute Rehabilitations-Einrichtungen - Sehr gut ausgebaute Subsysteme wie Rettungswesen Ausbildung und Wissenschaft - Forschung und Medizinstudium erstklassig - Hochwertige Ausbildung der Gesundheitsfachberufe Sozio-kulturell: - Jahrhundertelange Erfahrung und Tradition im Gesundheitswesen - Hoher moralisch-ethischer Anspruch in der Versorgung - Keine Korruption Technologisch: - Die amerikanischen und deutschen Ärzte kennen sich z.B. von internationalen Kongressen und wissen, welche Eingriffe der andere macht, mit welcher Methode und Technik und mit welchem Zulassungsstand - Man kann nicht generell sagen, dass die Zulassung von Medizinprodukten in den USA generell langsamer sei als in Deutschland, denn auch bei uns dauert das lange - Allerdings prüft die FDA so sorgfältig, dass schon so ein Effekt entstehen kann, dass Deutschland schneller ist - Dann kann der Fall eintreten, dass man als US-amerikanischer Patient in den USA nur deshalb stirbt, weil man nicht weiß, dass in Deutschland die benötigte Behandlung schon zugelassen und verfügbar ist - Fallbeispiel von US-amerikanischer Patientin, die über die Empfehlung ihres amerikanischen Arztes selber Kontakt mit dem Uniklinikum aufgenommen hat und eine bestimmte Art von kardiologischer Behandlung wünschte und wegen einer Materialunverträglichkeit benötigte - Diese Behandlung war in den USA noch nicht zugelassen - Der amerikanische Arzt kannte den deutschen von Kongressen - Die Behandlung war erfolgreich und fand sowohl bei der Patientin selber, der Familie der Patientin als auch bei den lokalen Medien des Klinikstandorts ein sehr positives Echo
DE2	Politisch: - Politische Stabilität - Sicheres Reiseland - Beliebte Reisedestination von US-Amerikanern - z.B. für Städtereisen, urbaner Schwerpunkt mit Shopping und Sehenswürdigkeiten - Die Begleitung des Patienten kann in die Stadt gehen und muss nicht in der Klinik sitzen Ökonomisch: - Der Dollarkurs ist gerade günstig für die Amerikaner, gute Position zum Euro, das wird finanziell attraktiv für die Patienten - Die Patienten kommen hauptsächlich aus finanziellen Gründen, wegen des Preisunterschieds in den Behandlungskosten zwischen den USA und Deutschland Strukturen und Merkmale des Gesundheitswesens: - Wir haben eines der oder sogar das beste Gesundheitswesen der Welt - Im Hinblick auf Infrastruktur, räumliche Gegebenheiten, Umfeld, Dichte an Kliniken, Personal, Ausstattung mit medizinischen Geräten etc. - Sehr gute Ärzte - Gute intensivmedizinische Versorgung, falls Komplikationen bei der Behandlung auftreten

	- Das deutsche Rehabilitations-System Forschung & Entwicklung - Am Puls der Zeit mit Forschung und Entwicklung - Wir können mit vielen amerikanischen Kliniken mithalten - Z.B. an der Uniklink Bonn mit der Epilepsie-Forschung, die sind auf dem selben Stand wie die Mayo-Klinik in den USA International: - Wenn man sich als deutsche Klinik mit direkten Konkurrenten im Medizintourismus-Markt wie Indien vergleicht, zeigt sich, dass die Kliniken dort durchaus gut ausgestattet sind, aber man darf dort keine 3 Meter vor die Tür gehen, dann ist man in der indischen Realität angekommen, und die ist nicht so toll wie die in Deutschland - Oder Singapur: die Kliniken können sicher mithalten, in größten Teilen, aber die sind oft teurer als Deutschland, auch deutlich teurer als Thailand oder Indien - Und wenn dort dann mal politisch was passiert, dann brechen denen die Zahlen komplett weg, das hat man in Thailand gesehen; dann ist alles blockiert - Und das wollen die Amerikaner natürlich auch nicht, ihnen ist Sicherheit wichtig
DE3	Ökonomisch: - Preisvorteil gegenüber den USA, die deutschen Behandlungskosten sind niedriger - Es ist ja ein generelles Problem, dass die Amerikaner mit ihrem Gesundheitssystem an die Grenzen der Finanzierbarkeit stoßen - In jedem Dollar, der ins Gesundheitswesen geht, steckt ein hoher Anteil Verwaltung drin Strukturen und Merkmale des Gesundheitswesens: - Reha wäre ein starker Aspekt für Medizintourismus - Starkes Reha-System in Deutschland, das in den USA gar nicht so bekannt - Auch in Südkorea, das sich stark an das US-amerikanische Gesundheitssystem angelehnt hat, ist das wenig repräsentiert - Es gibt Ansätze, dass die Koreaner sich unser Reha-System näher anschauen wollen, um den Bereich Reha ev. in einem eigenständigen System aufzubauen - Die Reha in Südkorea ist im Moment an den Akut-Kliniken angedockt, aber lange nicht so ausgeprägt wie in Deutschland, wo es ein ganz eigenes Reha-System dafür gibt - In den USA und in Südkorea werden die Patienten eben nach einer gewissen Zeit nach Hause geschickt, „ihr müsst da jetzt selbst durchkommen" - Aber man muss kritisch fragen: wenn es in den USA auch mit weniger Reha geht, was genau ist dann der Benefit davon; es gibt da durchaus kritische Stimmen die sagen, dass man es so ausgeprägt nicht braucht - Vielleicht haben wir da Überstrukturen in Deutschland aufgebaut - Sind mittelfristige und langfristige Analysen: wie ist denn der Outcome bei Knie- und Hüft-TEP, gibt es da einen Unterschied (mit oder ohne Reha) - Es gibt innerhalb der Reha Unterbereiche: kardiologisch, neurologisch, orthopädisch, pädiatrisch, onkologisch etc. – das ist nochmal eine Aufgliederung des Reha-Systems - An Uni-Kliniken gibt es Konzepte für comprehensive cancer center und Ähnliches, wo neben der Schulmedizin auch alternative Methoden und psychosomatische Medizin angeboten werden - Johns Hopkins Hospital in den USA: selber auch sehr weit; aber wenn man sich in die zweite, dritte und vierte Klasse der Kliniken in den USA begibt, dann ist es da nicht so weit entwickelt mit solchen Konzepten - Aber es geht primär immer darum, ob sich der Patient die Behandlung leisten kann

5. What are the weaknesses of Germany as a destination?
Was sind nach Ihrer Meinung die Schwächen des Empfängerlandes Deutschland in Bezug auf Medizintourismus aus den USA?

AE1	Ökonomisch
	- Die Ärzte haben kein Interesse daran, Geschäfte zu machen
	Sozio-kulturell
	- Die Kultur ist von einer gewissen Passivität durchdrungen
	- Die Menschen sind risikoscheu, zurückhaltend (im Sinn auch von wenig unternehmerisch denkend, wenig wagend)
	- Die Ärzte sagen nichts, wenn die US-Patienten sich schlecht benehmen und beklagen etc. (im Sinn von: weisen die US-Patienten nicht angemessen in ihre Schranken); dies ist ein Problem zwischen deutschen Ärzten und US-Patienten
	Konzept von Medizintourismus in Deutschland
	- Medizintourismus in Deutschland ist häufig mit der Hoffnung verbunden, Patienten aus Saudi Arabien zu bekommen
	- Dies ist kein sehr guter Plan, da die Saudis die deutschen Preise gut kennen und oft über ihre Botschaften bezahlt werden, und diese zahlen dieselben niedrigen Preise wie die deutschen Patienten; das ist kein guter Plan um Geschäfte zu machen
	- Das ist B2B – Institution zu Institution (BusinessToBusiness); es ist sehr schwer, auf diese Weise Geschäfte zu machen
AE2	Ökonomisch:
	- Die medizinische Versorgung ist nicht billig
	- Die Preise für die Behandlung sind vernünftig, aber nicht deutlich niedriger als in den USA
	- Die Löhne und die Kosten sind hoch
	- Die Preise der Hersteller z.B. für orthopädische Implantate sind deutlich höher in Deutschland und in den USA als in Asien, für dasselbe Produkt; das ist nicht fair
AE3	Politisch:
	- In vielen Ländern wird Medizintourismus systematisch entwickelt, mit Branding, systematischer Destinations-Entwicklung und Gesetzen, die Medizintourismus begünstigen (framework laws)
	- Es werden Public Private Partnerships (PPP) (zwischen Regierungsstellen, öffentlichen Institutionen und privaten medizinischen Dienstleistern und Investoren) gebildet, das kommt gerade stark
	- In Deutschland existiert so etwas nicht
	Struktur und Merkmale des Gesundheitswesens
	- Viele deutsche Kliniken kennen kein Marketing
	- Sie denken nicht darüber nach, was die Zielgruppe will
	- Die deutschen Patienten kommen sowieso, es besteht kein Bedarf an Werbung und Marketing
	- Die deutschen Ärzte spezialisieren und unterscheiden sich aus amerikanischer Sicht nicht genug, „they all look the same", „they all look like robots"
	- Die amerikanischen Kunden suchen und schätzen jedoch die Differenzierung, Spezialisierung
	- Viele amerikanische Patienten und Vermittlungsagenturen denken, dass das deutsche Gesundheitswesen vollständig „sozialized" sei, es gar keinen privaten Sektor gäbe
	- Und sie suchen auch nicht nach Informationen über deutsche Kliniken und das Gesundheitswesen
	Konzept von Medizintourismus in Deutschland
	- In Deutschland wird im Medizintourismus nicht die Produktstrategie einer „destination experience" verfolgt

	- Positiv-Beispiel Porsche-Kauf: der Kauf wird als eine Experience/ ein Erlebnispaket vermarktet, inklusive Testfahrt, Hotelaufenthalt, Vorführung des Autos, Versand des Autos etc. – es gibt nichts dergleichen in Deutschland im Bereich Medizintourismus - Das Produkt Medizintourismus ist in Deutschland unterentwickelt - Deutschland ist spät dran in seiner Produktentwicklung im Medizintourismus International - Deutschland ist kaum präsent im internationalen Wettbewerb der Medizintourismus-Destinationen - Deutschland schöpft sein vorhandenes Potenzial im Medizintourismus nicht aus, das ist schade
DE1	Politisch: - Die deutschen Kliniken werden alleine gelassen mit ihren Marketing-Anstrengungen - Es gibt keine Unterstützung und keine Initiativen dazu vom deutschen Staat **Ergänzungsfrage: Welche Institution würden Sie in Deutschland. für geeignet halten, im Sinn einer PPP (public private partnership) oder Ähnlichem im Marketing für Deutschland in den USA aktiv zu werden? Auch vergleichbar mit den Projekt-Regionen wie Destination Rhineland?** - Drei Möglichkeiten: der Staat, Berufsorganisationen, oder die Krankenhäuser selber - Staat: Wirtschaftsministerium ist diesem Thema gegenüber aufgeschlossener als das Gesundheitsministerium; für deutsche Medizinprodukte-Hersteller ist es gutes Marketing, wenn amerikanische Patienten die Produkte in Deutschland bei einer Behandlung kennen lernen und auch kaufen; ist hochinteressant - Das Gesundheitsministerium fokussiert sich auf seinen Versorgungsauftrag für die deutschen Patienten, ist kaum interessiert - Die Deutsche Zentrale für Tourismus/ DZT könnte da deutlich aktiver werden - Wir wissen: wenn ein ausländischer Patient nach Deutschland kommt, dann gibt er ca. 20 % für die Behandlung aus, und den Rest für anderes, das ist also auch für die Tourismus-Wirtschaft interessant - Fraglich, ob die Deutsche Krankenhausgesellschaft Interesse hat - In Berlin, neu: Osteuropa-Forum (?), mit einem Teil Gesundheitswirtschaft, auch solche Organisationen könnten das Thema voran bringen - Oder die GHORFA für die arabische Welt Ökonomisch: Struktur und Merkmale des Gesundheitswesens: - Insgesamt im deutschen Gesundheitswesen: - Fehlende Investitionen, große Investitionslücken - Personalmangel (z.B. in der Pflege, bei den Ärzten) - Kaum Fortbildungen zu interkulturellem Management - Ausgeprägte bürokratische Strukturen - Veraltete Strukturen und Denkweisen - Wenig Marketing und Marketing-Knowhow in deutschen Kliniken - Informationsdefizit deutscher Kliniken in Bezug auf den US-amerikanischen Markt und in Bezug auf Marketing-Möglichkeiten in den USA - Das ist in dem riesigen Land selbst für amerikanische Kliniken schon schwierig - Man müsste nach finanzierbaren Wegen suchen, wie Marketing in den USA realisierbar ist - Und das kann den deutschen Kliniken nicht alleine überlassen werden, sondern der deutsche Staat sollte da auch was tun, was aber im Moment nicht der Fall ist - Die deutschen Kliniken müssten sich im Bereich Marketing und Service-Leistungen generell besser aufstellen, sind da leider immer noch unterentwickelt - Wenige Kliniken haben z.B. eine englische Version ihrer Website, das sind so banale Sachen

	- Schwächen in der Service-Qualität bei nicht-medizinischen Leistungen - Die Service-Mentalität in Kliniken ist häufig mangelhaft - Verbesserungsfähige Service- und Kundenorientierung - Langsame, ineffiziente Prozesse, z.B. bei Kostenvoranschlag und Abrechnung für internationale Patienten - Klinische und begleitende Abläufe und Prozesse müssen deutlich optimiert werden - Die Abrechnung dauert häufig zu lange - Der Chefarzt kann bis zu 3 Jahre im Nachhinein eine Rechnung nachreichen, das ist aber für das Klinikum und den Patienten ein großes Problem, das lässt sich nicht plausibel vermitteln und managen
DE2	Sozio-kulturell: - Sprachbarriere: Leider können die Amerikaner meist keine weiteren Sprachen als Englisch - Bei uns ist Englisch keine Amtssprache, auch wenn es viel gesprochen wird - Das macht die Sache schwierig - Es gibt bei älteren Amerikanern z.T. noch Vorbehalte gegenüber Deutschland wegen des 2. Weltkriegs, als ehemaliger Feind, das ist auch bei den Russen noch so Struktur und Merkmale des Gesundheitswesens - Die Amerikaner sind meist einen anderen Service gewohnt, als wir ihn hier im Gesundheitswesen leisten - Die Deutschen sind nicht unbedingt die Service-freundlichsten, gerade im Krankenhaus - Daher muss sich eine Klinik und ihr International Office überlegen: funktioniert das bei uns mit den Ansprüchen der Patienten? Konzept von Medizintourismus in Deutschland - Hier in Deutschland sind die Gegebenheiten im Medizintourismus nicht auf amerikanische Patienten ausgerichtet - Der Medizintourismus in Deutschland ist auf arabische und russische Patienten fixiert, und auch die International Offices (der Kliniken) sind darauf ausgerichtet - Marketing zu der Medizintourismus-Destination Deutschland: die Deutsche Zentrale für Tourismus hat schon mal versucht, im amerikanischen Markt zu werben, und ist damit gescheitert - Der US-Markt ist riesig und es ist sehr teuer, dort zu werben - Deutschland als Marke im Medizintourismus: Deutschland hat bei Amerikanern nicht so ein gutes Standing wie bei den Russen oder den Arabern - Die Russen erwägen z.B. bei Krankheit, ob sie sich in Israel, USA, Schweiz oder Deutschland behandeln lassen – da ist Deutschland in dem Set der Länder mit drin, die erwogen werden - Bei den Amerikanern ist das nicht so in Bezug auf Deutschland - Deutschland gehört vom Image her eher nicht zu den Top-Destinationen für Medizintourismus in den Augen der Amerikaner - Auch ist das Bedürfnis der Patienten, ins Ausland zu gehen, in den USA nicht so hoch wie in den anderen Ländern wie der GUS und den arabischen Ländern - Bei den Russen besteht das medizinische Angebot nicht so wie bei uns, sie müssen in vielen Fällen reisen; bei den Arabern ist das ähnlich - Die Transparenz der Leistung ist bei deutschen Kliniken (für selber im Internet suchende Patienten) nicht gegeben, im Unterschied z.B. zu vielen indischen Kliniken im Medizintourismus, bei denen man auf der Website die Behandlungen und Behandlungskosten sehen kann - Die Informationen zu Medizintourismus in deutschen Kliniken sind meist nicht zu finden - Manche Kliniken haben zwar eine englische Version der Website, aber nur oberflächlich, nähere Informationen sind dann nur auf Deutsch - Es existieren auch keine Call-Center, die man kontaktieren kann

	- Wenn man sich Klinik-Websites aus dem englischsprachigen Raum anschaut, dann sind die dort viel weiter - Die Prozesse für Kostenvoranschläge sind aufwändig, kompliziert, da steigt man als Patient nicht gut durch - Auch die Prozesse der Abrechnung sind in deutschen Kliniken nicht optimal geregelt - Insgesamt muss die Klinik und das IO seine Abläufe optimieren Technologisch: - Beim Thema Telemedizin hängt Deutschland weit hinterher; in Südamerika ist man z.B. viel weiter, da sie dort nicht so strenge gesetzliche Bestimmungen haben - Technische Infrastruktur in Kliniken und im öffentlichen Raum: inzwischen regen sich schon die russischen Patienten auf, dass es kein gutes WLAN im Krankenhaus gibt; in Russland ist es im Zug, in den Hotels, in fast jedem Restaurant überall kostenlos verfügbar, da können sie dann nicht so gut damit umgehen, wenn es das in Deutschland nicht gibt International: - Problematisch ist für Deutschland oder Europa: wenn man als Patient aus den USA dann mal im Flugzeug sitzt, ist es unerheblich, wohin man fliegt - Deutschland ist weit entfernt, die Reise ist lang - Nr. 1-Destination für US-Amerikaner ist nach meiner Sicht nach wie vor Südostasien wie Thailand, Singapur, Indonesien, Indien - Wegen der geringen Kosten, z.T. sehr geringe Kosten - Nr. 2-Destination: Mexico, Mittel- und Südamerika - Es ist enorm, was an Krankenhäusern an der Grenze USA-Mexiko auf der mexikanischen Seite gebaut wird - Das kann man gut nachlesen in der Zeitschrift der Medical Tourism Association; dort werden häufig diese Schwerpunkte vorgestellt - Räumliche Nähe ist relevant, Mittelamerika von der Flugzeit her besser zu erreichen, und auch von den Kosten her preiswerter - Es gibt Buyer-Conferences in den USA, wo man als Klinik vorstellt, was man zu bieten hat, aber wir können in Deutschland nicht mit dem Preis argumentieren - Den Kostenträgern ist egal, wo das neue Knie gemacht wird, wenn es gewissen Standards entspricht - Selbst in Costa Rica gibt es gute Kliniken - Allerdings nur so lange, wie nichts passiert (im Sinn von Komplikationen bei der Behandlung); dann möchte niemand in Costa Rica auf die Intensivstation müssen - Unvorhergesehenes stellt ein Risiko für den Medizintourismus-Patienten dar – da ist die intensivmedizinische Versorgung in Deutschland wiederum eine Stärke - Europa ist grundsätzlich für die Amerikaner interessant, aber vor allem in Bezug auf Großbritannien; Amerikaner lassen sich in England behandeln, Briten in den USA, das ist ein häufiger Weg Rechtlich & regulatorisch: - Viele asiatische Länder haben andere und nicht so große ethische Einschränkungen wie wir in Deutschland, z.B. bei Stammzellbehandlungen, alternativen Therapien etc., das ist in Asien einfacher zu bekommen - Zu strenge (im Sinn von zu stark limitierende) Regularien zu Telemedizin, im Unterschied zu vielen anderen Ländern - In Bezug auf US-amerikanische Patienten haben viele Kliniken im Hinterkopf, dass Gerichtsprozesse wegen Behandlungsfehlern möglich wären - Das ist ein Risiko, das viele Kliniken scheuen - Wenn man Mitglied einer Klinikkette ist, die auch auf dem amerikanischen Markt aktiv ist, dann wäre der Prozess in den USA - Oder der Gerichtsort USA wird auf andere Weise durchgesetzt
DE3	Strukturen und Merkmale des Gesundheitswesens: - Deutschland hat keine ausgeprägte Service-Mentalität, Weltmeister sind wir da nicht

	- Das ist in den USA deutlich besser
	- Z.B. in Kliniken wie Mayo oder Johns Hopkins: die legen besonderen Wert dar- auf, auf die patient experience, auf den Umgang
	International:
	- Die US-Amerikaner sind primär preisgetrieben, abgesehen dann, wenn sie viel- leicht einen ausgewählten Spezialisten suchen
	- Ausgenommen davon sind Celebrities, aber der „Otto-Normal-Amerikaner" muss auf den Preis schauen
	- Daher vermutlich die asiatischen Destinationen bei amerikanischen Patienten häufiger nachgefragt
	- Die asiatischen Kliniken haben aufgeholt im Bereich Qualität, aber günstige Per- sonalkosten, daher insgesamt niedrige Gesamtpreis-Strukturen, deshalb geht ein Großteil der Amerikaner nach Asien
	- Die Positionierung Deutschlands auf dem MT-Markt international:
	- In den Köpfen der potenziellen Patienten ist Deutschland sicherlich sehr hoch angesehen in Bezug auf die vermutete Qualität, wenn sie über Deutschland nachdenken, aber gleichzeitig in Kombination mit der Idee, Deutschland sei hochpreisig
	- Die Positionierung und das Branding in den Köpfen sind falsch verdrahtet
	- Das Branding müsste korrekt heißen: „hohe Qualität zu moderatem Preis"
	- Wenn man unsere Preise mit den Preisen in den USA vergleicht, dann wäre (der deutsche Preis) sogar fast am oberen Rand des unteren Drittels der Preisspanne

6. **What advantages and opportunities do you see for cooperation between you and German medical facilities?**
Welche Vorteile und Chancen sehen Sie für deutsche medizinische Einrichtungen in der Behandlung von US-amerikanischen Patienten?

AE1	s. Antwort zu 8.
AE2	- Wir sind jederzeit offen dafür
AE3	s. Antwort zu 8.
DE1	- Die kulturelle Integration dieser Patienten gelingt deutlich besser als bei Russen und Arabern
	- Die Compliance ist deutlich besser, ähnlich wie bei den deutschen Patienten
	- Medizinische Compliance heißt hier: wie versteht der Patient seine Erkrankung, wie arbeitet er mit
	- Einem russischen Patienten müssen sie häufig mehrmals erklären, dass man bei uns in den Kliniken keinen Wodka trinkt, auch nicht in kleinen Mengen
	- Und den Araber, dass man nicht fünf Familienmitglieder in einen heiklen Bereich der Intensivstation mitbringen sollte
	- Die Amerikaner sind uns kulturell näher
	- Und die amerikanischen Patienten wissen, dass sie für eine medizinische Dienst- leistung zahlen müssen, das muss man nicht großartig erklären und diskutieren
	- Und, unterm Strich, auch wenn da manchmal politische Ressentiments entstehen: die Deutschen mögen die Amerikaner, und die Amerikaner mögen die Deutschen
	- Es ist eine etablierte, stabile Freundschaft
DE2	- Diversifizierung möglich, wenn man auch amerikanische Patienten hat
	- Russen: durch die Ukraine-Krise und den schwachen Rubel kann man sehen, wie schnell sich ein Markt verringert
	- Oder in Bezug auf die Araber: es kann immer eine Revolution, einen Umsturz oder Ähnliches geben, und plötzlich bricht alles weg
	- Da ist es gut, wenn man nicht nur auf ein Pferd setzt
	- Solche Markstrategien sind aber nur von großen Kliniken entwickelbar, die die entsprechende Manpower und finanziellen Ressourcen dafür haben

	- Man benötigt für Markterschließungsstrategien Ressourcen, es ist viel Arbeit und aufwendig - Das ist ja nicht einfach und man muss entscheiden, wo man ansetzt, z.b. welche Verbindungen gibt es über Städtepartnerschaften, wie kann man Multiplikatoren gewinnen etc.
DE3	- Keine so großen interkulturellen Probleme wie bei Arabern und Russen - Amerikaner sind Teil des westlichen Kulturkreises, sie sind uns kulturell näher - Die Russen sind uns insgesamt näher als die Araber, aber Russland/ die GUS ist durchaus ein eigener Kulturkreis

7. What obstacles, threats or risks do you see for cooperation between you and German facilities?

Welche Hindernisse, Gefahren und Risiken sehen Sie für deutsche medizinische Dienstleister in der Behandlung US-amerikanischer Patienten?

AE1	- Die deutschen Gesetze - Die unterschiedlichen Regularien und Standards in den Bundesländern sind verwirrend, selbst die Deutschen finden sich sich da häufig nicht zurecht - Gefahr des „Über-Versprechens" (overpromised)/ der zu hohen Erwartungen (bei Patienten), z.B. bei Stammzell-Behandlung - Die deutsche Politik zeigt manchmal Überreaktionen (wenn es Behandlungsfehler gibt) - (AE1 schildert den Fall einer Kölner Einrichtung, die Stammzellbehandlungen anbot und es zu einem Todesfall kam, worauf die ganze Einrichtung geschlossen wurde anstatt nur den verantwortlichen Arzt zu entlassen)
AE2	- Ich sehe keine Hindernisse oder Risiken
AE3	Die Haftungsrechts-Frage - Es gibt nur wenige amerikanische Patienten in Deutschland, fast nur auf der individuellen Ebene - Der Hauptgrund dafür ist nach meiner Meinung die Haftungsrechts-Frage - wohl seit einem Vortrag, der zu dem Thema ca. 2010 in Deutschland stattfand, scheint das Thema bei den Kliniken sehr angstbesetzt zu sein, es gibt einen hohen „fear factor" - Bei Kooperations-Anfragen bei deutschen Kliniken reagieren viele Klinik-Manager in stereotyper Weise ablehnend, das weist auf eine gemeinsame Informationsquelle hin und liegt wahrscheinlich an dem Haftungsrecht-Thema - Die amerikanischen Vermittlungsagenturen sind dem amerikanischen Recht unterstellt, die deutschen Kliniken dem deutschen, und bislang sind die deutschen Kliniken nicht bereit, sich als Kompromiss z.B. auf das europäische Recht zu einigen - Auch könnte man sich einigen auf die Regelung „each responsible for own acts", s. Frage 19 - Man könnte die Haftungsrecht-Frage rational angehen und im Sinn einer vernünftigen Risikoanalyse lösen; ich halte die Problematik für lösbar - Doch zurzeit scheint der Wille dazu bei den deutschen Kliniken nicht gegeben zu sein Die Datenschutz-Frage, s. Antwort dort
DE1	- Keine Antwort hier -
DE2	Die Haftungsrechts-Frage - S. Antwort dort Bezahlung der Behandlungskosten bei Selbstzahlern - z.B. in dem Fall, wenn ein Selbstzahler ohne Krankenversicherung die Behandlung wie gewünscht per Vorkasse bezahlt hat, es sich dann aber herausstellt, dass die Diagnose falsch war, Komplikationen auftreten, die Behandlung mehr kostet, der Patient aber keine weiteren finanziellen Mittel hat

	- Das kann dann schnell ins Auge gehen - Es muss geklärt werden, wie man sich als Klinik dagegen absichern kann Akkreditierung der deutschen Klinik - s. Antwort dort - Die Aufwendungen, auf dem US-amerikanischen Markt Marketing zu betreiben, können beträchtlich sein - Bei einer Kosten-Nutzen-Analyse zeigt sich dann: hohe Kosten, geringer Nutzen - Zu den Zahlen (über amerikanische Patienten im Medizintourismus generell) muss man vorsichtig sein, man darf nicht immer alles glauben - Viele Amerikaner lassen sich wegen kleiner Gesundheitsprobleme im Ausland behandeln, das wäre dann für eine deutsche Klinik gar nicht interessant, für eine asiatische aber schon
DE3	- Das falsche Branding und die falsche Positionierung sowie die Malpractice-Frage – das sind die beiden Haupt-Hindernisse - Das Damokles-Schwert Malpractice, was ja nichts mit dem individuellen Patienten zu tun hat, sondern eher mit dem verdrehten Rechtssystem in den USA, so nach der Haltung: „man verbrüht sich am Kaffee zu Hause und kann dann denjenigen verklagen, der einem den Kaffee verkauft hat…"

8. **What potential do you as a MTF company see for intensifying your market activities in Germany?**
Welches Potenzial sehen Sie für deutsche medizinische Einrichtungen, die Marktaktivitäten in Bezug auf US-amerikanische Patienten zu intensivieren?

AE1	- Gutes Potenzial - Möchte die Geschäftsaktivitäten ausbauen - Aktuell ein Kundenvolumen von ca. 100 Patienten/ Jahr - Es könnte deutlich mehr sein (wenn die personellen Kapazitäten und Kontakte da wären) - Es gibt eine hohe Rückkehrerquote/ conversion rate bei den Kunden: 10 – 20% der Kunden kommen zu AE1 zurück - Er sucht nach neuester Technologie (und OP-Methoden) jeweils, es kann auf jedem Gebiet sein
AE2	- zurzeit wenig auf dem Markt aktiv
AE3	- Bin mit dem Land und seiner Kultur vertraut - Habe zu Beginn des Aufbaus unseres Netzwerkes (der medizinischen Dienstleister) auch Deutschland als Destination im Blick gehabt - Nun, mit mehr Erfahrung auf dem Gebiet und breiterer Kenntnis anderer Medizintourismus-Destinationen ist Deutschland im Vergleich deutlich weniger attraktiv für mich - Um neues Interesse an Deutschland (als Medizintourismus-Destination) zu fassen, müsste Deutschland mich überzeugen, dass es mehr zu bieten hat als qualifizierte medizinische Einrichtungen - Nach meiner Erfahrung geht es im Medizintourismus nicht um Ärzte und OP-Termine sondern darum, eine „destination experience" zu verkaufen; in Deutschland werden aber weiterhin Termine und der Arzt als Produkt verkauft, und nicht die „destination experience" als Produktstrategie verfolgt - Daher ist Deutschland weniger attraktiv für mich und hat einen niedrigen Platz auf der Liste der „must-have destinations"
DE1	- Sehr gutes Potenzial, absolut! - Aber: es ist schwierig, an verlässliche Zahlen zu kommen - Die Klinik XXX z.B. mit ihren über 100 Pat. pro Jahr, die halten die Daten tunlichst zurück, geben da gar nichts raus - Es ist schwer, den Markt abzubilden

	- Man muss aktiv etwas tun, um ihn zu erschließen - Es besteht auf beiden Seiten ein Informationsdefizit, das muss versucht werden, das zu verbessern - Wenn man das nicht aktiv tut, dann wird das weiter vor sich hindümpeln - Globalisierung und zunehmende Transparenz ist natürlich eine Chance, aber das passiert nicht automatisch - Der wissende Patient wird sich den besten Spezialisten über das Internet suchen, das kommt schon zunehmend - Aber sich zurückzulehnen und zu sagen, die kommen schon, das funktioniert nicht, man muss aktiv etwas tun - Deutschland kommt nicht vor in den Reiseführern zu Medizintourismus in den USA - Das liegt an uns selber - Zur MTA: DE3 hat Kontakt zu der Leiterin der MTA, könnte Kontakt vermitteln (Gespräch über den MTA-Kongress 2015 in Orlando) - Die MTA nennt sich zwar world organization, ist aber auf den US-amerikanischen Markt konzentriert und beachtet Europa wenig, Deutschland gar nicht - Auf den Kongressen: auch die Asiaten kochen nur mit Wasser - Die Preise für die MTA-Kongresse sind hoch, für eine Klinik schwer zu stemmen, und der Return lässt sich kaum messen
DE2	- Potenzial gibt es sicher immer und es lassen sich auch Leute dafür finden - Aber aus meiner Erfahrung – weil ich die Möglichkeiten der Kliniken kenne – würde ich eher von diesem Markt abraten bzw. abwarten, weil wir nicht in der Lage sein werden, diesen Markt zu erschließen - Einzelne Aktivitäten und zufällige Kontakte oder wenn man angeschrieben wird durch eine Versicherungsgesellschaft, das geht sicher, das kann man machen - Aber von einem strategischen Marketing, z.B. mit einer Investition von einer halben Million Euro, rate ich eher ab; es sind hohe Marketing-Kosten und kleine Patientenzahlen - Dieses Geld wird nicht reichen, und dieses Geld haben die Kliniken nicht dafür - Also eher vorsichtig sein mit diesem Markt, da er zu teuer ist zu erschließen - Er ist von Zufällen und von Initiative aus dem US-Markt abhängig - Persönliche Kontakte sind natürlich günstig - Andere Märkte liegen deutlich näher - Weißrussland, Kasachstan etc. - die Chancen sind dort höher, in den Markt reinzukommen und eine entsprechende Marktstellung zu bekommen, um dann entsprechende Größen (an Patientenzahlen) zu bekommen - Da entscheiden viele Kliniken, lieber nach Kasachstan auf eine Medizintourismus-Messe zu fahren, da ist man vielleicht einer von 10 Anbietern, während man auf einer Messe in den USA einer von 300 Anbietern ist - Es waren auch schon deutsche Kliniken auf Medizintourismus-Konferenzen in den USA, aber es gibt da eben ein relativ starkes Feld an Mitbewerbern - Der Markt ist groß, unübersichtlich, mit Risiken verbunden, daher empfehlen wir zurzeit eher nicht, in diesen Markt zu investieren, zumindest was den Markt mit Selbstzahlern angeht - Eine andere Geschichte ist – und das läuft auch – die Kooperation mit amerikanischen Versicherungen und großen Unternehmen/ Arbeitgebern - Einige deutsche Häuser haben das z.B. mit UBS gemacht und Verträge geschlossen, dort gibt es schon Kooperationen - Es gibt auch Einzelfälle, z.B. einzelne Kliniken in Bayern, die sehr erfolgreich sind z.B. mit der Adipositas-Behandlung und amerikanische Patienten haben - Das liegt dann in dem Fall an dem ärztlichen Professor, der viel in den USA unterwegs ist und über Selbsthilfegruppen etc. sein Angebot bekannt macht - Das ist dann kein eigentliches Marketing, sondern läuft über den persönlichen Bezug - Die amerikanischen Patienten reisen dem deutschen Arzt hinterher nach Deutschland

- Der Druck bei den US-amerikanischen Patienten ist nicht so groß (wie z.B. bei Russen und Arabern), ins Ausland zu reisen
- Daher muss man strategisch vorgehen und schauen: wo sind in den USA die Versorgungslücken?
- Bei der Adipositas-Behandlung gibt es z.B. in den USA Wartezeiten, da dort viele Kassen z.B. die Magenband-OP im Unterschied zu den deutschen Kassen bezahlen
- Bei dem starken Anstieg von Adipositas in den USA und damit verbundenen Krankheiten und Fachgebieten wie Kardiologie, Orthopädie, Augenheilkunde etc. besteht schon Marktpotenzial und man kann eine Strategie entwickeln
- Kooperation mit Versicherungsgesellschaften und großen Unternehmen
- Vereinbarung mit den Firmen muss verhandelt werden, und man muss gut verhandeln
- Aus anderen Ländern kennen wir das, wie z.B. aus den Niederlanden und Skandinavien, da gibt es Behandlungsabkommen zwischen deutschen Kliniken und den ausländischen Krankenkassen
- Man kann das alles machen
- Die Frage ist auch, welche Kapazitäten man liefern kann, z.B. wenn man mit einem großen Unternehmen wie Ford einen Vertrag abschließen würde - kann man mehrere Tausend Patienten behandeln?
- Als kleine Klinik ist man damit überfordert
- Wenn ich (als deutsche Klinik) einmal in dem Markt bin und die ersten Patienten gut behandelt habe, dann verbreitet sich das über die Selbsthilfegruppen und Netzwerke – das sollte man in den USA nicht unterschätzen; dann läuft das schon
- Fragen, die sich (bei einer Strategie-Entwicklung) stellen, sind beispielsweise:
- Wer ist dort Multiplikator?
- Sind die US-Ärzte eher Multiplikatoren oder sagen sie „nein, wir wollen keine Kundschaft nach Deutschland verlieren"?
- Wer ist dort wie aufgestellt?
- Wie verdienen die Vermittlungsagenturen ihr Geld?
- Hier in Deutschland. gibt es ja einen neuen Paragraphen im Strafgesetzbuch, der die Möglichkeiten in Bezug auf Prämienzahlungen für Vermittlungsagenturen einschränkt
- Wo fange ich überhaupt an?
- Was ist das Potenzial einer Gegend in den USA? Wie ist die medizinische Versorgung dort?
- Was sind die Städte? Groß- oder Kleinstädte? Welche Region?
- Ich würde mir immer eine Großstadt suchen wegen der Menge der erreichbaren Menschen und der Anbindung
- wahrscheinlich eher die Ostküste, da dort eine gute Anbindung über Flüge existiert
- Für den Flug zwischen USA und Deutschland ist eine Direktverbindung nötig
- Eine Zielgruppe wären die unversicherten Personen in den USA: Es gibt eine Menge an nicht krankenversicherten Personen in den USA, für die eine Behandlung im Ausland die einzige Option ist, da sie die Behandlungskosten in den USA nicht tragen können
- Es gibt Studien dazu, die besagen, dass Patienten ohne Krankenversicherung in den USA mehr für eine Behandlung in den USA zahlen müssen als die versicherten Patienten; das liegt an den Risikoaufschlägen
- Eine weitere Chance und Zielgruppe wäre die der deutschen Community in den USA, die Gruppe der deutschen Auswanderer und Nachfahren von Auswanderern, diese sind sicher ansprechbar und zu erreichen
- Dies ist ja z.B. eine Strategie im spanischen Markt (in Bezug auf die Deutschen, die da leben), denn wenn man dort als Deutscher erkrankt, möchte man doch lieber in Deutschland behandelt werden, man geht nicht freiwillig in ein spanisches Krankenhaus

	- Diese Strategie fährt auch Südkorea (als Medizintourismus-Destination): Sie sprechen Südkoreaner an, die in den USA leben, und behandeln sie in Südkorea - Das wäre eine Marktstrategie - Allgemein günstige Merkmale, um eine Medizintourismus-Destination innerhalb Deutschlands zu werden: - Vorhandensein einer Universitätsklinik + Touristische Infrastruktur mit internationalem Flughafen, Fernbahnhof, Hotellerie + Gute andere Kliniken sowie niedergelassene Ärzte in der Nähe
DE3	- S. Antwort auf Frage 9.

9. What future trends do you see in general for medical tourism from the US to Germany?

Welche zukünftigen Trends sehen Sie allgemein für den Medizintourismus aus den USA nach Deutschland?

AE1	- Sehr gute Aussichten - Wichtig ist, dass man ein gutes Team bildet (alle Akteure in der Behandlungskette)
AE2	- Ich habe Krankenhäuser in 29 Ländern besucht - Die meisten Amerkaner denken, dass die beste Krankenhausbehandlung in den USA zu bekommen ist; das stimmt so nicht mehr, das war der Fall etwa vor 15 Jahren Niemand kann es (den Medizintourismus) so gut wie das Bumungrad Hospital in Thailand - In den 3 vergangen Jahren haben die asiatischen Krankenhäusern es geschafft, beträchtliche Patientenströme aus den USA anzuziehen, besonders von der Westküste und von Hawaii - Und ein aktueller Patientenstrom geht nun weg von den asiatischen Destinationen in Richtung Mittelamerika, wie Puerto Rico und den Cayman Islands - I Puerto Rico z.B. wird in ein riesiges Gesundheitsprojekt investiert, ebenso auf den Cayman Islands - Mich erstaunt weniger, dass sich die Qualität der Krankenhäuser außerhalb der USA verbessert hat, sondern ich bin beeindruckt davon, wie schnell die Entwicklung geht, in sehr kurzen Zeiträumen - Der Medizintourismus-Markt wird aktuell sehr kompetitiv
AE3	- Ich sehe keinen Trend - Es gibt keine Akteure in Deutschland, die das Produkt zielgerichtet und langfristig entwickeln - Selbst das kleine Polen tut da mehr, z.B. indem die polnische Diaspora (disasporic patients) in Chicago und New York angesprochen und dann in Polen behandelt wird
DE1	- Grundsätzlich: es werden sicher mehr amerikanische Patienten kommen - Das hat damit zu tun, dass den Amerikanern beliebte Destinationen in Asien wegbrechen, z.B. Thailand mit seiner politischen Instabilität - In Indien auch unsicher - Die amerikanischen Patienten kommen neben der Qualität hier und den bezahlbaren Preisen wegen einer politischen und sozialen Stabilität, die sie sich hier erhoffen - Und ein amerikanischer Patient kann in einem Standard-Urlaubsparadies nicht davon ausgehen, dass dort politisch und sozial nichts passiert - Das sind Faktoren, die sprechen für uns als Standort - Auch die ganze Frage mit Krankenversicherung in den USA ist noch völlig unklar, trotz Obamacare, ist ein großes Fragezeichen

	-	Die deutschen Kliniken haben ein Finanzierungsproblem, Investitionslücken, und sie werden weiterhin nach extrabudgetären Erlösen suchen
	-	Das Problem ist, dass wir im Moment zu wenig kompetentes Klinik-Management haben; und das Problem ist, dass viele deutsche Kliniken keine Kapazitäten und Ressourcen für langfristige Planungen haben, weil sie schon kurzfristig finanziell nicht zurechtkommen und da schon ein Kostenproblem besteht
	-	Es liegt hauptsächlich an uns in Deutschland, dass sich im Moment wenig tut mit den Patientenzahlen
DE2	-	Extrem stagnierend
DE3	-	Wenn die Rahmenbedingungen nicht systematisch und strukturiert angegangen werden, wird es zwar einen stetigen Anstieg in den Patientenzahlen geben, aber ich sehe da keinen Durchbruch oder Dammbruch, dass das, was sich da aufstaut, dass da ein Kanal geöffnet würde, so dass es richtig zu rauschen anfängt
	-	Potenzial ist da, aber es ist wie in einem Stausee, der sich immer mehr füllt
	-	Das Wasser des Stausees ist aufgestaut, es gäbe wahrscheinlich viele Patienten, die sich für Deutschland entscheiden würden, wenn sie von den Möglichkeiten wüssten
	-	Aber sie haben es nicht im Sinn, nicht auf dem Radar
	-	Das einzige Entlastungsventil von diesem Stausee geht im Moment in Richtung Mittel- und Südamerika und Asien
	-	Und eigentlich wäre da schon ein Kanal nach Deutschland, aber der Kanal ist nicht geöffnet
	-	Es gibt viele Baby-Boomer, die Deutschland als Touristen kennen und die die finanziellen Ressourcen für Behandlungen haben
	-	Ja, es ist schon interessant, wir werden es mal mit XXX (einer neuen Patientenvermittlungsagentur) besprechen, das wäre am ehesten ein Ansatzpunkt, weil sie über das Internet-Marketing an dem Branding arbeiten können; wenn die sich mal (als Unternehmen) freigeschwommen haben, dann bin ich mir sicher, dass sie auch den US-Markt anpacken werden
	-	Da könnte man dann mal ganz gezielt einen Durchstich machen und einen ersten Kanal zum Laufen bringen

10. **In your opinion, what are the most frequent medical or other specialty services patients from the U.S. use to ask for in Germany?**

Was sind nach Ihrer Meinung die von US-amerikanischen Patienten am häufigsten in Deutschland nachgefragten medizinischen Fachgebiete?

Medizinisches Fachgebiet	AE1	AE2	AE3	DE1	DE2	DE3
Allgemein- und Viszeralchirurgie	X	XX	X	X	X	XX
Augenheilkunde	X		X	X	X	
Checkups			XX	X		
Gynäkologie und Urologie		X	X	X		
Innere Medizin	X	X	X	X	XX	XX
Kardiologie & Kardiovaskuläre Chirurgie	X	XX	X	XX	X	X
Neurologie & Neurochirurgie	X		X	XX	X	X
Onkologie			X	XX	X	X
Organtransplantationen			X	X	X	
Orthopädie & Orthopädische Chirurgie	XX	XX	X	XX	X	X
Plastische Chirurgie			X	XX		
Psychiatrie			X	X		
Rehabilitation				X	X	XX
Zahnmedizin	X	X	X			

Weitere Anmerkungen zu Fachgebieten und Dienstleistungen:

AE1	- In der Orthopädie vor allem chirurgische OPs, und hier insbesondere Wirbelsäulen-Chirurgie - Innere Medizin, besonders Diabetes-Behandlung - Stammzell-Behandlungen (Eigenspende) - Die anfängliche Rehabilitation findet im deutschen Krankenhaus statt (im selben, in dem die OP stattfand); die weiterführende Rehabilitation in den USA
AE2	- Innere Medizin - Urologie, z.B. da Vinci Prostatectomie - Hepatitis C-Behandlung
AE3	- Vor allem medizinische Checkups, inklusive Spezial-Diagnostiken - Wenn der Checkup Behandlungsbedarf ergibt, kann es in der Folge jedes genannte Fachgebiet sein - Für einen Excecutive kann es sehr attraktiv sein, im Rahmen von Medizintourismus alle Checkup-Termine gebündelt in ca. 5 Stunden durchzumachen, anstatt 5 separate Termine mit Anfahrten und Wartezeiten in den USA im Arbeitsalltag unterzubringen
DE1	- Grundsätzlich alles - Hochspezialisierte, spezifische Erkrankungen, auch seltene Erkrankungen - Fallbeispiel eines Patienten, der im Internet nach dem weltweit besten Spezialisten für seine seltene Erkrankung gesucht und ihn in Deutschland gefunden hat - Spezifisch und selten - Die Behandlung dieser Erkrankungen ist dann sowieso besonders teuer, und den deutschen Preis kann man in den USA mit dem Faktor 3 multiplizieren - Und da steigt auch die beste amerikanische Krankenversicherung aus - Der ganze kardiologische Bereich, dort sind in den USA die Preise extrem hoch (hier z.B. ein normaler Bypass mit 15.000 €, in den USA 100. – 150.000 $), die Preisunterschiede sind irre - Spezifische onkolog. Erkrankungen, wie z.B. Pankreas-Ca - Auch hochstandardisierte Sachen, wie Prostata-Ca, die beiden besten Kliniken sind da John-Hopkins in den USA und das UKE in Hamburg, da ist man in Deutschland bei 13.000 € und im John-Hopkins ca. 63.000 $ - Chirurgische Sachen allgemein, sind deutlich teurer als nicht-invasive Behandlungen - Orthopädie: alles, was im weitesten Sinn mit Endoprothetik zu tun hat - Dafür kann man natürlich auch ins Bumungrad Hospital Thailand fahren, das kostet da dann ca. 6000 €, bei uns 12.000 € - Aber wenn man zu dick ist oder irgend eine Nebendiagnose wie Diabetes oder eine Koronare Herzkrankheit hat, dann wird es abartig teuer und auch gefährlich in Thailand - Während es bei uns beim gleichen Preis bleibt und man die komplizierteren Behandlungserfordernisse und auch Komplikationen viel besser managen kann als in Asien - Es gibt eine Klinik in XXX, die haben durch die Initiative eines Arztes oder über die Army – ich weiß es nicht genau – eine Art „Einflugschneise" für den amerikanischen Markt gefunden für den Schwerpunkt Orthopädie/ Endoprothetik, und haben sehr gut verdient mit über 100 Patienten pro Jahr und sagten, dass die Klientel sehr angenehm sei (DE3 hatte mit einem Klinikvertreter dort direkten Kontakt) - Rekonstruktive OPs, z.B. urologisch-rekonstruktive Eingriffe, z.B. bei Kindern mit Fehlanlagen, das ist sehr aufwendig und extrem teuer in den USA - Bestimmte Augenmedizinische Dinge auch - Organtransplantation: das ist grundsätzlich interessant, aber nur preislich - Das Organvergabesystem in den USA ist etwas besser als in Deutschland, man kommt leichter an ein Organ heran

	-	Rehabilitation: medizinische Reha eher weniger, da häufig zeitaufwendig, und das ist dann ev. besser im Heimatland in der Nähe der Familie
	-	Wenn man aber Reha mit Tourismus hier verknüpft, dann ist das ein interessantes Produkt
DE2	-	Insbesondere Adipositas- und Diabetes-Behandlung
	-	Klassische Volkskrankheiten wie Diabetes
	-	Alle Fachgebiete, in denen teure und hochkomplexe Eingriffe vorgenommen werden
	-	Orthopädie: nur bei schwierigen Gesundheitsproblemen; bei einfachen Eingriffen nicht
	-	Cuba z.B. ist durchaus eine attraktive Medizintourismus-Destination für Orthopädie und Augenheilkunde
	-	Der Aufwand muss sich für den Patienten lohnen, den Flug und die Reisekosten zu haben
	-	Die Frage von der Zielgruppe ist jedoch, ob sich Patienten, die es sich in den USA nicht leisten können, es sich in Deutschland leisten können
DE3	-	Insbesondere Adipositas- und Diabetes-Behandlung
	-	In der Orthopädie Knie- und Hüft-TEPs
	-	die Rehabilitation besonders, und ihre Untergebiete, s. Frage 2.
	-	Wahrscheinlich nicht so spezifische fachliche Schwerpunkte, sondern Alles
	-	Allgemeine medizinische Regel: „was häufig ist, ist häufig", das ist nicht Länderspezifisch
	-	Man kann es schon auch ableiten aus den Krankheitsverteilungen innerhalb der Population
	-	Die Amerikaner haben ja bekannterweise einen extrem hohen Anteil an Adipositas, und daraus kann man dann alles ableiten, die Folge-Kaskade: nephrologisch, Diabetes, Gastric-banding-OPs (das aber eher in Mexico, Südamerika, Brasilien)

11. What age groups do most of your clients belong to? (multiple selection)
Welche Altersgruppen kommen Ihrer Meinung nach am ehesten für Medizintourismus aus den USA nach Deutschland in Frage?
(Mehrfachantworten möglich)

Generation	Check		Check
24 years or younger (Generation Z)		61 - 69 (Older Boomers)	
25 – 38 (Generation Y)		70 - 78 (Silent Generation)	
39 – 50 (Generation X)		79 or older (GI Generation)	
51 – 60 (Younger Boomers)			

AE1	Younger Boomers, Older Boomers, Schwerpunkt 40 – 70 Jahre, vereinzelt auch jünger (Generation X, Y, Z)
AE2	Generation X, Younger Boomers, Older Boomers, Schwerpunkt 25 - 65
AE3	Generation X, Younger Boomers, Older Boomers, Schwerpunkt 40 – 65
DE1	- Aus Zeitgründen nicht besprochen -
DE2	- Das Alter ist weniger wichtig, die Krankheitsbilder mehr
	- Alle Personen, die transport- und reisefähig sind
	- Riskante Krankheitsbilder sind problematisch, da die Gefahr des Versterbens des Patienten besteht und die Furcht der Klinik, die Angehörigen könnten sie dann verklagen
DE3	- Aus Zeitgründen nicht besprochen -

12. How do your clients finance their medical travel and treatment abroad? What is the most common method of payment?
Welches sind nach Ihrer Einschätzung die häufigsten Finanzierungsarten bei US-amerikanischen Patienten für ihre Medizinreise und Behandlung in Deutschland?

AE1	- Vor allem Selbstzahler: Es sind meist Patienten, die genug Geld haben, um selber zu bezahlen - Sie zahlen die Behandlungskosten im Voraus - Krankenversicherung: wenn die Patienten eine Krankenversicherung haben, ist es häufig schwierig für sie, die Kosten für die Auslandsbehandlung bezahlt zu bekommen, oder wenigstens einen Teil - Wir helfen den Patienten, Unterlagen zusammen zu stellen, um ein Erstattung der Behandlungskosten nach der Rückkehr aus Deutschland zu versuchen, doch häufig zahlen die Versicherungsgesellschaften nicht - Unversicherte: ja, einige unserer Kunden haben keine - Staatliche Programme: weder Medicare noch Medicaid zahlen Medizintourismus
AE2	- die meisten Patienten haben einen Health Plan im Rahmen ihrer Anstellung bei einem Arbeitgeber (self-funded employer) - Die Behandlung im Ausland wird vermittelt und koordiniert von AE2 - Zur Bezahlung durch den Arbeitgeber im Rahmen eines Health Plans: - Beispiel: normalerweise müsste der Patient, wenn er in den USA eine Hüftersatz-OP machen ließe, ca. 5000 $ zuzahlen - Wenn der Patient Angestellter bei einem self-funded employer ist, der mit dieser Versicherungsgesellschaft zusammenarbeitet, und die Operation im Ausland machen lässt (vermittelt über AE2), muss er nichts an Zuzahlung leisten und bekommt Behandlung, business class Flug und Unterkunft komplett bezahlt (inkl. Flug und Unterkunft für Begleitperson/ Partner) - Der Patient spart also 5000 $, und der Arbeitgeber z.B. 50.000 $ - Der Arbeitgeber zahlt das Krankenhaus direkt, er ist der Kunde - Die Patienten machen das mit, sie mögen es und kommen zurück (um weitere Medizintourismus-Behandlungen in Anspruch zu nehmen) - Medicare: Medicare (für Rentner) bezahlt keinerlei Medizintourismus im Ausland - Falls die älteren Patienten das wünschen, müssen sie eine Versicherungspolice dazukaufen
AE3	- Zur Bezahlung durch den Arbeitgeber im Rahmen eines Health Plans: - Die Patienten sind Angestellte im höheren Management/ Executives - Die Checkups sind verpflichtend, finden alle 1 – 2 Jahre statt und werden dem Angestellten zu 100% gezahlt - Die Gesundheitsdaten werden vor der HR-Abteilung offen gelegt, da ist normal
DE1	- Prinzipiell ist es erstmal der Selbstzahler-Markt - Aber langfristig ist die Kooperation mit einem strukturellen Kostenträger interessant - Es kommt aber sehr drauf an, ob es ein riesiges oder ein kleineres Unternehmen ist - Die sehr großen Kostenträger verhandeln mit den Kliniken in den USA Discounts auf die Behandlungspreise bis ca. 50% - Die kleineren Unternehmen schaffen das nicht so, und das ist dann für uns in Deutschland hochinteressant - Die können dann sehr viel Geld sparen, da ist ein großes Potenzial - Doch da weiß das Management der amerikanischen Unternehmen und das der deutschen Kliniken zu wenig darüber - Da muss eben etwas getan werden, auch längerfristig, und da hakt es bei uns
DE2	- Keine weiteren Anmerkungen dazu –

DE3	**Ergänzungsfrage: Würden Sie einer Klinik empfehlen, sich eher auf die indivi-duellen Selbstzahler oder auf Verträge z.B. mit Arbeitgebern zu konzentrieren?**
	- Wir waren mehrere Jahre auf dem Kongress der MTA, da wurden die Employer-benefit-programs/ Health Plans und die Versicherungen propagiert, dass das eine große Zukunft sei
	- Das mag im Fall von Südkorea der Fall sein, weil die sich ohnehin in ihrem Ge-sundheitssystem an die USA angelehnt haben, da eine gewisse Nähe besteht, und sie das sehr systematisch und strukturiert aufgebaut haben, zielgerichtet auf Kliniken zugegangen sind und sich nach dem JCI-System gerichtet haben
	- Das waren dann die Grundvoraussetzungen im Fall der staatlichen Agentur Me-dical Korea, dass dann entsprechend die Patientenzahlen ansteigen
	- Habe gerade die Zahlen nicht präsent, wie sich die amerikanischen Patientenzah-len dort entwickelt haben, kann das aber nachschauen
	- Grundsätzlich macht es schon Sinn, aber es ist verbunden mit der Vorausset-zung, dass man die Bedingungen erfüllt
	- Und da hat es in letzter Konsequenz bei den Erwägungen der (deutschen) Klini-ken dazu geführt, wenn die Malpractice-Problematik und die vielen Regularien mit JCI etc. bedacht wurden, dass man diese Idee dann wieder fallen gelassen hat

13. Who usually pays for the MTF services?

AE1	- Der Patient zahlt dem Arzt die Behandlungskosten, nichts mehr
	- Die Firma von AE1 nimmt keine Kommission von den Patienten, da sie keine Haftpflicht-Fälle möchte und nicht in dem ethisch schwierigen Gebiet Chirurgie verkaufen möchte
	- Auch der Arzt zahlt keine Kommission an die Firma
	- Ein weiteres Problem bei einer Kommissionszahlung des Arztes an die Firma wäre, dass der Arzt dann erwarten würde, man arbeite ausschließlich mit ihm
	- Die Zahlung geschieht auf andere Weise (AE1 möchte darüber keine weiteren Auskünfte geben)
AE2	- Der Arbeitgeber bzw. die Versicherung zahlt der Patientenvermittlungsagentur eine Gebühr
	- Die Patientenvermittlungsagentur ist im Fall von AE2 in Besitz der Versiche-rungsgesellschaft
	- Die Services der Agentur sind Teil des Angebots der Versicherung
AE3	- Der Arbeitgeber bezahlt den MTF
	- Bei DE1, 2 und 3 Frage nicht relevant –

14. How are the MTF service fees and prices usually calculated?

AE1	- Trifft nicht zu, da es keine Kommission ist
	- Kein Prozentsatz der Behandlungskosten oder ähnliches
	- Kein weiterer Kommentar
AE2	- Prozentsatz der Behandlungskosten
AE3	- die Gebühren werden zwischen dem Arbeitgeber und dem MTF per capita ge-rechnet, d.h. z.B. eine Gebühr für 30 Angestellte pro Jahr
	- Oft bucht der Angestellte noch einen Checkup für den Lebenspartner über den MTF mit
	- Die Firma von AE3 erhebt dafür keine Gebühr von dem Angestellten, wenn sie zwei Flüge und die medizinischen Termine für 2 Personen bucht
	- bei DE1, 2 und 3 Frage nicht relevant -

15. What type of facility do you use to work with in Germany? (multiple selection)
Welche Art von medizinischen Einrichtungen wird von US-amerikanischen Patienten nachgefragt? (Mehrfachantworten möglich)

Arten medizinischer Einrichtungen & Settings von Gesundheitsdienstleistungen (Kreuz = trifft zu)	AE1	AE2	AE3	DE1	DE2	DE3
Akutkrankenhaus (stationär)	X	X	X	X	X	
Rehabilitationsklinik (stationär)				X	X	
Lehrkrankenhaus (z.B. Universitätskrankenhaus)	X		X	X	X	
Öffentliches Krankenhaus				X	X	
Private Klinik		X	X	X		
Ambulante Klinik/ Tagesklinik/ Ambulanz		X	X			
Einzelne Arztpraxis				X	X	
Wellness & Spa Einrichtungen (inklusive Thermalbäder)						

Weitere Anmerkungen zu den Arten von medizinischen Einrichtungen:

AE1	- "First-class hospitals" - Mit Intensivstation und 24/7 Arzt-vom-Dienst verfügbar - Es sind „elite surgeons" und Ärzte mit Professor-Titel - EA1 hat direkten Kontakt mit den Ärzten, nicht mit den Krankenhaus-Managern
AE2	- Nur JCI-akkreditierte Akutkrankenhäuser
AE3	- Es kann ein stationäres oder ein ambulantes Setting sein - Es muss ein Ort sein, an dem die entsprechende Technologie verfügbar ist und alle (Checkup-) Dienstleistungen bei einem einzigen Besuch erbracht werden können - Es muss zu 100% eine upmarket-Einrichtung sein
DE1	- Es können grundsätzlich auch Arztpraxen und ambulante Zentren sein - Z.B. Manager-Pakete für Checkups, in Verbindung mit touristischen Angeboten - Das ist also auch für die Niedergelassenen interessant - Z.B. auch Kardiologen
DE2	- Es muss nicht unbedingt eine große Klinik sein, sondern es können auch kleinere Spezialkliniken sein - Z.B. im Bereich Diabetes, Adipositas, mit der entsprechenden ausgeklügelten Ernährungsberatung - Da hat sich ja einiges verändert: nicht nur OP, sondern es sind auch Diabetologe, Augenarzt, Ernährungsberatung etc. beteiligt - Aber ein Problem ist die Einstellung des Patienten in der Reha auf die deutsche Kost,in den USA ist die Ernährungsform nicht so ohne Weiteres reproduzierbar - Das deutsche Reha-System ist eine Stärke - Die Frage ist, ob dem Patienten und dem Kostenträger das Reha-System bekannt ist - Bei arab. Patienten z.T. das Problem, dass die Kostenträger Reha nicht kennen und daher nicht zahlen wollen, nur den medizinischen Eingriff - Der Nutzen ist ihnen nicht bekannt
DE3	- Aus Zeitgründen nicht besprochen -

16. For treating patients from the U.S., what kind of accreditation should a German medical facility have?
Welche Akkreditierung sollte Ihrer Meinung nach eine deutsche medizinische Einrichtung haben, wenn sie US-amerikanische Patienten behandeln möchte?

AE1	-	Zu JCI-Akkreditierung: ich denke das ist lächerlich; das ist etwas für „Dschungel-Krankenhäuser"/ „this is for jungle hospitals"
	-	Wie in Asien und anderen Ländern
	-	Die deutschen Regularien sind viel stärker (strenger)
	-	Manche der Patienten möchten zu dem billigsten Ort gehen, wie Indien, und sie werden überrascht sein, wenn sie dort ankommen
	-	Viele Leute fahren nach Indien weil es um die 1000 $ billiger ist, aber sie kaufen sich ein 100.000 $-Problem ein
	-	Ich lehne das ab (diese Art von Medizintourismus)
	-	Zu einer deutschen Akkreditierung: die deutschen Kliniken haben regelmäßig Inspektionen, und sie veröffentlichen die Ergebnisse normalerweise online
	-	Die Frage ist immer, wie ehrlich das ist
	-	Es ist leicht, etwas zu verbergen
	-	Ich traue meinen eigenen Beobachtungen
AE2	-	JCI ist zwingend
	-	Es kann aber auch eine Akkreditierung nach ISQua sein (International Society for Quality in Health Care)
	-	Die JCI ist von der ISQua zertifiziert
AE3	-	Die Einrichtung muss akkreditiert und zertifiziert sein, aber es muss keine JCI-Akkreditierung sein
	-	JCI ist nicht besser als die anderen 22 ISQUA-akkreditierten Systeme
	-	Akkreditierung ist wichtig, aber es nicht wichtig, welche Akkreditierungs-Marke es ist, solange es eine bedeutsame ist wie ISO, ISQUA, ESPA (?; für Wellness-Einrichtungen), die ambulanten Akkreditierungen etc.
	-	Die JCI-Akkreditierung ist sehr teuer, mit ca. 250.000 $ als Startpaket und teuren Folge-Zertifizierungen; andere sind weniger teuer
	-	Viele internationale Kliniken machen die JCI-Akkreditierung in der Hoffnung, dass das ein passthrough/ automatischer Zugang zu Patienten und dem Medizintourismus-Markt sei
	-	Damit machen sie sich aber falsche Hoffnungen („they are selling false expectations to themselves")
	-	Und viele Kliniken denken, dass die amerikanischen Patienten die JCI-Marke erkennen würden
	-	Dabei ist JCI gar nicht in den USA präsent, sondern haben dort nur ein Vertretungsbüro
	-	Und die Patienten in den USA achten nicht auf Akkreditierungsprogramme und wissen nicht, was JCI ist
	-	Es gab Fälle von Krankenhäusern in Europa und anderswo, die sich in Bezug auf die JCI-Akkreditierung und ihre vermeintlichen Vorteile verschätzt haben, die erwarteten Volumina an Patienten kamen nicht; man darf Versprechungen in dieser Richtung nicht glauben
	-	Wenn das Krankenhaus kein JCI hat, muss es eine hochwertige Akkreditierung nach ISO oder ISQUA sein
	-	die Akkreditierungs-Dokumente werden von der Firma von AE3 jedoch nicht spezifisch kontrolliert
		mehr Wert wird auf eine ausgiebige Inspektion vor Ort gelegt
DE1	-	JCI sind in der Tat nicht schlecht, aber extrem teuer
	-	Das können nur die großen Kliniken
	-	Für die Amerikaner ist das sehr wichtig
	-	JCI prüft vor allem administrative und nicht-medizinischen Prozesse, es wird kaum

		die medizinische Qualität geprüft, erweitern es jedoch inzwischen darauf
	-	Es gibt verschiedene Ansätze
DE2	-	Das Qualitätsmanagement-System in deutschen Kliniken ist nach KTQ, ISO etc.
	-	In den USA gilt nur JCI; das sind aber in Deutschland nur eine Handvoll Kliniken, die diese Akkreditierung haben
	-	Wenn man dann in den Markt will und auch Empfehlungen möchte, wird es schwierig
	-	Die (amerikanischen) Unternehmen sperren sich dann und bestehen auf diesem Standard
	-	Die südostasiatischen und südamerikanischen Kliniken halten sich an diesen Standard
	-	Wenn man die Bücher von Woodman betrachtet, der reitet ganz schön auf diesem Thema herum (Josef Woodman, Autor der amerikanischen Bestseller-Reiseführer zu Medizintourismus)
	-	Unsere deutschen Klinik-Zertifikate sind sicher nicht schlechter als JCI, aber sie sind eben nicht bekannt
	-	„Was der Bauer nicht kennt, das frisst er nicht."
DE3	-	International gibt es eine Dominanz von JCI, z.B. in Korea und in der Türkei
	-	In Europa: z.B. bei den Swiss Leading Hospitals: EFQM
	-	Im deutschen Raum: ISO, ist ja auch international
	-	Ein Regionalmanager (von JCI?) hat DE3 neulich gefragt, warum es so wenige JCI-akkreditierte Krankenhäuser in Deutschland gäbe – eine Handvoll, nur 3 aktuell!
	-	DE3 hat geantwortet, dass in Deutschland eben schon seit langem eigene Systeme entwickelt wurden, erst Qualitätssicherungs-Systeme, die dann überführt wurden in umfassendere Qualitätsmanagement-Systeme
	-	Und weil es eine eigene Entwicklung über die letzten Jahrzehnte gab und die nationalen Akkreditierungen ohnehin verpflichtend sind, ist der Anreiz nicht groß (auch noch eine JCI-Akkreditierung zu erwerben)
	-	Wegen den paar Patienten, die sich vielleicht hierher verirren, hat noch keine deutsche Klinik das größer in Erwägung gezogen, diesen Aufwand zu treiben und sich eine JCI-A. zuzulegen
		Ergänzungsfrage: Sollte dann eine Klinik den amerikanischen Handelspartnern deutlich machen, dass die Akkreditierungen hier mindestens genauso gut sind wie JCI, oder sollte sie die JCI-Akkreditierung erwerben?
	-	Ist ein Henne-Ei-Problem…
	-	Ich weiß nicht, ob die wenigen (amerikanischen Patienten), die nach Deutschland kommen, auf Einzelinitiative kommen, wegen eines besonderen Spezialisten, und ihnen dann die Akkreditierung egal ist, oder ob sie mit einer Versicherung oder einem Employer-Benefit-Programms kommen, die in ihren Statuten verlangt, dass die Klinik JCI-akkreditiert sein muss
	-	Manche Kliniken im Ausland, z.T. in Thailand, haben mehrere Akkreditierungen, z.B. das Krankenhaus in Bangkok, die haben JCI, TEMOS etc.
	-	TEMOS ist ein spezifisch deutsches System, das aber in Deutschland nicht unbedingt besonders verbreitet ist, ist auf der Basis eines deutschen Forschungsprojektes im Ruhrgebiet entstanden
	-	Das wäre vielleicht eine Möglichkeit (für eine deutsche Klinik), insbesondere, weil ich gehört habe, dass das TEMOS-System von den Kliniken als relativ scharf angesehen wird, während JCI eher lockerer wirkt – das beißt sich dann auch ein bisschen
	-	Da scheint möglicherweise die Erkenntnis durch, dass die deutsche Gründlichkeit, die im TEMOS-System steckt, durchaus konkurrenzfähig ist mit dem eher Marketing-orientierten JCI-System, das auf dem Papier gut ausschaut, aber die Kliniken keine große Angst davor haben

17. What processes or systems do you have in place to ensure high quality services provided by the medical facility?
Welche Qualitätsanforderungen sollte eine deutsche medizinische Einrichtung Ihrer Meinung nach erfüllen, wenn sie US-amerikanische Patienten behandeln möchte?

AE1	- Kooperation nur mit den „Besten der Besten", die besten der Welt, erstklassige Chirurgen mit Professor-Titel
	- Ärzte in Städten wie München, Frankfurt/ Main, Mainz und weitere
	- Ich traue meinen eigenen Beobachtungen
	- Persönlicher Besuch in dem Krankenhaus und bei dem Arzt
	- Es muss ein Labor, ein MRI/ Kernspin, eine Röntgenabteilung geben
	- Die technologische Ausstattung muss fortschrittlich sein
	- Hygienestandard, Reinigungspläne
	- Ein interessanter Aspekt bei den Beobachtungen im einem Krankenhaus ist, wie lange die Pflege-Stationsleitung da ist
	- Wenn (das Krankenhaus) sie 10 Jahre oder so halten kann, dann sagt mir das was
	- Wenn sie sie (nur) für 1 oder 2 Jahre halten können, sagt mir das etwas anderes
	- Insgesamt: wie lange ist das Personal schon dort, gibt es eine gewisse Kontinuität oder nicht
AE2	- Es werden nur nach JCI oder ISQua akkreditierte Kliniken in das Netzwerk der Agentur aufgenommen
	- Kliniken, die Erfahrungen in der Behandlung internationaler Patienten haben, die sich z.T. auch darauf spezialisiert haben
	- Kliniken, die auf Kundenzufriedenheit Wert legen und Patientenbefragungen durchführen
	- Haben Englisch-sprechende Klinik-Angestellte
AE3	- Wenn eine medizinische Einrichtung in das Netzwerk der Firma von AE3 aufge-nommen werden soll, wird u.a. eine gründliche Inspektion vor Ort durchgeführt
	- Dabei werden viele Punkte betrachtet, die auch bei Zertifizierungen und Akkredi-tierungen eine Rolle spielen (in der Firma von AE3 sind Erfahrungen mit dem Durchführen von Zertifizierungen vorhanden)
	- Die Ausstattung und viele weitere Aspekte sind wichtig
	- Die Firma von AE3 gibt der Einrichtung einen Pluspunkt in der internen Bewer-tung, wenn die Einrichtung sich freiwillig nach den Richlinien der designation „Plane Tree" in Connecticut richtet, die patientenzentrierte Versorgung betont
DE1	- Standards of medical procedures sollten international befolgt werden
	- TEMOS-Protokolle, bestimmte Abläufe, international einheitlich
	- Da tut man sich insbesondere in Deutschland schwer, die Abbildung ist da inter-national besser
	- Die internationale Vergleichbarkeit sollte in Deutschland besser werden, auch in Bezug der Dokumentation und Transparenz, das ist ein Nachteil
	- Leitlinien der Fachgesellschaften, evidenzbasierte Medizin
	- Die Realisierung in den Kliniken wird nicht ausreichend dokumentiert
	- Im Intranet, Handbüchern etc.
	- Das amerikanische Gesundheitswesen ist ganz anders finanziert
	- Bei uns ist deutlich weniger Geld dafür da, und wenn mehr Ressourcen da sind, dann sind da auch mehr Kontrolleure, die die Einhaltung und Dokumentation im Blick haben
DE2	- Aus Zeitgründen nicht besprochen -
DE3	- Bei den Arabern und Russen ist der deutsche Standard mehr als ausreichend, da sie ja genau deshalb kommen, da sie es im eigenen Land so nicht haben
	- Bei den Amerikanern kann man es jedoch verstehen, dass sie sagen: wir haben selber ein hochwertiges System, dann wollen wir auch weltweit entsprechend auf hohen Niveau behandelt werden, besonders wenn es institutionell über eine Ver-sicherung/ einen Arbeitgeber läuft, die Sicherungen und Nachweise

	- Ein Vertreter des John-Hopkins-Krankenhauses hat DE3 mal erzählt, dass manche Mitarbeiter dieses Krankenhauses noch vor ein paar Jahren eine gewisse Arroganz hatten und die Haltung gegenüber den Patienten: „you have to be happy that we take care of you"; Behandlung als Privileg - So in etwa kann man auch die Einstellung der deutschen Unikliniken gegenüber Russen und Arabern feststellen; wenn diese Patienten z.B. in ihren Ansprüchen einer relativ flexiblen Terminplanung zum ersten Termin in der Uniklinik nicht kommen, dann wird ihnen relativ schnell nahgelegt: „ok, wenn ihr zu dem Termin nicht kommt, und auch beim zweiten Termin nicht, dann ....", in dem Sinn: „wenn ihr nicht wollt, müsst ihr nicht kommen, wir sind nicht auf euch angewiesen, wir behandeln euch gerne, aber nicht in jedem Kontext, wenn ihr zu anspruchsvoll werdet und euch nicht in das System einfügt, dass man Termine einhält, dann müsst ihr euch eine andere Klinik suchen" - (erzählt Anekdote, wie eine asiatische Delegation auf diese Aussage eines leitenden deutschen Arztes mit großem Erstaunen reagiert hat, im Sinn eines Clash von 3 Kulturen, hatte Potenzial zu Comedy)

18. **In case of cooperation with a German medical facility, what kind of compliance strategy regarding the Personal Health Information (PHI) of the client (including medical record and electronic data transfers) would you expect from the facility?**
Welche Datenschutzrichtlinien sollte nach Ihrer Meinung eine deutsche medizinische Einrichtung bei US-amerikanischen Patienten in Bezug auf die persönlichen Gesundheitsdaten des Patienten (inklusive der medizinischen Akte und der elektronischen Datenübertragung) befolgen?

AE1	- Die deutsche Klinik sollte das deutsche und das europäische Recht befolgen - Die Ärzte und Pflegekräfte informieren mich über die verschiedenen Methoden - Die Information vom deutschen Arzt zum Patienten läuft nach deutschem Standard - Die Information vom Patienten an den deutschen Arzt geht über die Firma von EA1, sie hat ein spezielles Programm dafür, mit dem Upload und Download der medizinischen Akte online möglich sind, durch den Arzt und sein Team - Die IT-Infrastruktur des Krankenhauses ist nicht damit verknüpft Zu Klagen wegen Fahrlässigkeit: - Das muss dann vor das Gericht gebracht werden, aber glücklicherweise ist das noch nie vorgekommen. - Ich kenne einige Leute in dem Geschäftsfeld, wo dies vorkam. Dies ist der Grund warum wir mit den Besten der Besten (Ärzte) arbeiten.
AE2	- Das deutsche Recht - Die Vermittlungsagentur muss das US-amerikanische Recht befolgen
AE3	- Das deutsche und das europäische Recht - Das US-amerikanische Recht muss nur befolgt werden, wenn die Einrichtung in den USA ist - Für die Vermittlungsagentur ist das US-amerikanische Recht zwingend - In dem Fall, dass ein Land und eine Einrichtung keine solchen lokalen oder nationalen Datenschutzstandards hat, schaut die Firma von AE3 im Rahmen einer Gap-Analyse, wie weit die Einrichtung entfernt ist von dem US-Standard - Aber wir verlangen den US-Standard von einer ausländischen Einrichtung nicht, das ist nicht möglich - Für eine deutsche Klinik wäre es z.B. finanziell nicht zumutbar, wenn sie ihr IT-System auf die amerikanischen HIPAA-Regelungen umstellen müsste; das würde sich nur bei einem sehr hohen Patientenvolumen aus den USA lohnen - Die Datenschutz-Frage ist aktuell ein Hindernis für Geschäftsbeziehungen zwischen den USA und Deutschland im Medizintourismus

	- Die amerikanischen Vermittlungsagenturen unterliegen dem amerikanischen Recht (Privacy-Gesetze nach HIPAA), und die deutschen Kliniken müssen den deutschen und europäischen Gesetzen folgen - Diese Gesetze sind nicht kompatibel und sie haben jeweils eigene Schwächen, an unterschiedlichen Punkten - Das müsste rational analysiert und dann eine Lösung gefunden werden
DE1	- Grundsätzlich sind die deutschen anzuwenden - Die Richtlinien unterscheiden sich allerdings nicht großartig - Der deutsche Standard ist höher als der amerikanische, soweit es mir bekannt ist - Falls es im US-amerikanischen Markt etwas gibt und etwas abgebildet ist, was in unseren Richtlinien nicht erfasst ist, dann kann man es sich anschauen und nach Lösungen suchen, dass man das dann mit aufnehmen kann für die amerikanischen Patienten in Deutschland - Allein schon die Erlaubnis, dass man medizinische Akten per Mail verschicken darf, das geht bei uns nicht, im Unterschied zu den USA - Auch die Krankenversicherungen prüfen viel intensiver als bei uns, da müssen Daten offen gelegt werden, mehr als bei uns - Auch dem Arbeitgeber werden z.T. die Gesundheitsdaten offen gelegt, das geht bei uns gar nicht - Eine Diskriminierung ist in Deutschland grundsätzlich verboten, d.h. es ist egal, aus welchem Land der Patient kommt – Oligarch, Scheich, Flüchtling
DE2	- Das deutsche Recht - Die Datenschutzbestimmungen sind bei uns ja schon sehr hoch - Ein Problem dürfte die Datenübertragung sein, hin zum amerikanischen Arzt, der die Weiterbehandlung übernimmt - Der Datenaustausch wäre also das Problem - Auch da ist eine Lösung Telemedizin, da wird sich in Zukunft viel verändern, auch über weite Entfernungen
DE3	- Das deutsche Recht

19. What policies do you have in case of an allegation of malpractice?

Welche Vorgehensweise würden Sie einer deutschen medizinischen Einrichtung empfehlen, um Klagen wegen eines ärztlichen Kunstfehlers vorzubeugen?

AE1	- Das ist zwischen dem Arzt und dem Patienten - Wir (als Firma) wurden nie angeklagt - Das wichtigste bei diesem Punkt ist, die Erwartungen des Patienten zu managen - Auch wenn man mit den besten Chirurgen der Welt arbeitet, kann es vorkommen, dass der Patient immer noch nicht zufrieden ist - Wir sagen den Patienten die Risiken und machen keine Versprechungen - Wir sagen, dass wir ein gutes Behandlungsergebnis erwarten, aber wenn der Patient ein Risiko-Patient ist, sagen wir es ihm rundheraus - Die Patienten tendieren dazu, etwas klammerig zu sein, ängstlich, sie brauchen soziale Unterstützung - Die Ärzte gehen rein und tun ihre Arbeit, aber reagieren nicht angemessen (im Sinn, dass sie nicht viel Zeit haben, sich um die sozialen Bedürfnisse der Patienten zu kümmern) **Zu Klagen wegen Fahrlässigkeit:** - Das muss dann vor das Gericht gebracht werden, aber glücklicherweise ist das noch nie vorgekommen. - Ich kenne einige Leute in dem Geschäftsfeld, wo dies vorkam. - Dies ist der Grund, warum wir mit den Besten der Besten (Ärzte) arbeiten.
AE2	- Aus Zeitgründen nicht besprochen

AE3	- Für den Vertrag zwischen der medizinischen Einrichtung und der Vermittlungs-agentur reicht ein Übereinkommen mit der Klausel „each responsible for own acts" - Falls es zu einem Verfahren zwischen der Einrichtung und der Vermittlungsagen-tur kommt, bevorzugen wir arbitration oder mediation vor remediation - Es ist uns egal, ob es in Brüssel oder Den Haag ist, aber wir möchten nicht, dass der Fall ausschließlich an deutschen Gerichten verhandelt wird - Für die medizinische Einrichtung selber ist es wichtig, dass sie eine Berufshaft-pflichtversicherung (professional liability) haben, die einen ausreichenden Versi-cherungsschutz bietet, um bei Behandlungsfehlern zahlen zu können, zumindest die ökonomischen Schäden - Wir überprüfen, ob die Einrichtung eine solche Versicherung hat, indem wir uns die Versicherungspolice zeigen lassen **Zu Klagen wegen Fahrlässigkeit:** - Normalerweise sollte mindestens die Meinung eines peer reviewers eingeholt werden um zu bestätigen, ob Fahrlässigkeit vorlag - Fairerweise sollte der Peer aus dem selben Land kommen wie die medizinische Einrichtung (da die medizinischen Standards von Land zu Land sehr unterschied-lich sind); der Peer sollte vertraut sein mit den Standards der medizinischen Community, in der die Behandlung durchgeführt wurde - Die Behandlung sollte den nationalen best practices folgen - Die Patienten, die eine Behandlung im Rahmen von MT machen, unterschreiben einen Vertrag, in dem sie informiert werden, dass sie eine Behandlung nach den Versorgungsstandards bekommen, die in der medizinischen Community vor Ort üblich sind (also nicht nach den amerikanischen Standards) - Z.B. gibt es große Unterschiede international in der Ratio/ dem Schlüssel der An-zahl der Patienten zu einer Pflegekraft, in den USA liegt er bei ca. 4-5 Patienten pro Pflegekraft - In Ländern wie Spanien und Ungarn ist die Ratio wesentlich geringer, d.h. es wird erwartet, dass Angehörige des Patienten im Krankenhaus z.T. rund um die Uhr anwesend sind und bei betreuenden und pflegerischen Tätigkeiten mithelfen - Da sind dann die Behandlungskosten niedriger, und es wird von den Angehörigen erwartet, dass sie Betreuungslücken füllen - Die Angehörigen werden z.T. als Teil des Versorgungsteams gesehen - Das ist auch eine kulturelle Frage, ein kultureller Unterschied - Im MT verstehen die Patienten z.T. nicht, dass die Behandlung und der Service kulturell anders sein werden als sie es zu Hause gewöhnt sind
DE1	- Deutsche Kliniken haben nicht das Geld, um Prozesse nach amerikanischem Vorbild im Ausland zu führen - Sitz der Gerichtsbarkeit sollte Deutschland sein - Behandlung in Berlin z.B. sollte auch heißen, Gerichtsstandort Berlin **Ergänzungsfrage: … und wenn z.B. eine amerikanische Versicherungsgesell-schaft oder ein Arbeitgeber sich auf den Gerichtsstand Deutschland nicht ein-zulassen bereit ist?** - Dann ist das schwierig, in Kooperation zu treten - Dann muss eine Lösung gefunden werden - Z.B. Lösungsansatz Rückversicherung - Schwieriges Thema; Regresse in den USA sind eine Katastrophe - Das könnte eine deutsche Klinik nicht stemmen - Ja, wir können amerikanische Patienten behandeln, aber mit ganz normalen Be-handlungsverträgen wie sie andere Patienten auch bekommen, und damit mit der Gerichtsbarkeit in Deutschland - Das wäre dann die Art und Weise, wie man damit umgehen sollte - Wenn deutsche Patienten sich in Asien oder in den USA behandeln lassen, dann erwarten sie auch nicht, dass der Gerichtsort Deutschland ist, sondern dass das

		nationale Recht gilt
	-	Aber wir als Deutsche lassen uns da leicht in die Verteidigungs-Ecke drängen
	-	Klare Ansage: Gerichtsbarkeit in Deutschland
DE2	-	Man sollte per Vertrag den Gerichtsort Deutschland vereinbaren
	-	Ob das die Gerichte dann auch so sehen, ist dann zu sehen
	-	Beispiel eines Rechtsstreits zwischen Klinik, Patient und Patientenvermittlungs-agentur; das Gericht hatte sich in diesem Fall innerhalb Deutschlands für den Gerichtsort der Vermittlungsagentur und nicht für den Gerichtsort der Klinik entschieden
DE3	-	Der erste Schritt ist immer, den Gerichtsort Deutschland zu vereinbaren
	-	Es kann natürlich passieren, dass der Rechtsanwalt des Patienten über irgendeinen Kniff oder Winkelzug doch versucht, den Gerichtsort USA hinzukriegen, z.B. weil die Patientenvermittlungsagentur, über die der Patient das Krankenhaus gefunden hat, Aktivitäten in den USA entwickelt
	-	Und dann der Rechtsanwalt sagt, ok, daran machen wir es jetzt fest
	-	Weil da eben so viele Unwägbarkeiten drin stecken, und weil im Moment die Kliniken mit den arabischen und russischen Patienten ganz gut fahren (wobei der russische Markt gerade etwas eingebrochen ist, was man so hört), daher wird das von den Kliniken nicht forciert

Ergänzungsfrage: Da könnte also die Patientenvermittlungsagentur ein Risiko für die Klinik darstellen, wenn es eine amerikanische Agentur ist?
- Ja, zumindest wenn sie auf amerikanischem Boden aktiv ist, dann könnte das eine Möglichkeit für den RA sein, da einzuhaken

Ergänzungsfrage: Was wäre dann besser für eine Klinik – eine deutsche oder eine amerikanische Agentur?
- Da müsste man mal Spezialisten zu fragen, z.B. bei Herrn Stackpol von Stackpol & Associates, Boston, der hat die Südkoreaner auch zu Medizintourismus beraten
- Und bei der MTA, dort gibt es Verbindungen zu Rechtsanwälten, die das Thema behandelt haben
- Die Südkoreaner handhaben die Malpractice-Thematik so, dass sie es detailliert ausgearbeitet und Prozesse dafür entwickelt haben
- Es gibt Institutionen dort, die sich damit auseinandersetzen
- Es ist eine gute Analogie: die Koreaner haben viele amerikanische Koreaner in den USA, die sie als allererstes ansprechen können, für eine Behandlung ins Heimatland zu kommen
- Und dann Amerikaner anderer Abstammung ansprechen können
- Es gibt da (in Südkorea) ein Malpractice- und Arbitration-System, wonach man die Patienten dann nicht im Regen stehen lässt, sondern der Patient weiß im Voraus, wo er sich im Fall von Komplikationen hinwenden muss
- Das ist im Rahmen der Kampagne Medical Korea
- Der Patient kann es melden, dann wird ihm ein Rechtsbeistand auf koreanischer Seite zur Seite gestellt
- Im Gegensatz dazu ist in Deutschland der Patient auf sich gestellt, während die Koreaner sagen, das ist Teil unserer Serviceleistung
- Und: ok, wir haben da ein Problem (bei einer Komplikation), aber wir gehen das von vorneherein pro-aktiv an
- Die Amerikaner übertreiben das extrem mit den Schadensansprüchen
- In Deutschland wird das bei den Patienten eher totgeschwiegen, das gibt es so selten, damit setzen wir uns nicht auseinander
- und wenn es passiert, gibt es schon einen rechtsstaatlichen Rahmen
- Das ist ein großer Unterschied zwischen den Systemen
- In Deutschland macht es den Ärzten und Verantwortlichen eher Angst
- Und die deutschen Patienten nehmen es eher als Schicksal, wenn eine Komplikation geschieht

	- Die Amerikaner sagen: doch, wenn da was ist, dann muss es angegangen werden - Die hohen Schadensersatzgelder sind ein Anreiz - Die Patienten sind angefüttert über das Rechtssystem, und die RA-Kanzleien sehen es als Business an und triggern z.T. die Patienten, die es eher vielleicht als Schicksal betrachten würden, da sagen die RA nein, da wollen wir schon schauen, was man da machen kann, ob da nicht eine Fahrlässigkeit oder ein Behandlungsfehler nachweisbar ist

20. In the end of this interview, do you have any other comments and suggestions concerning medical tourism from the US to Germany?
Welche weiteren Anmerkungen und Vorschläge haben Sie zum Abschluss dieser Befragung in Bezug auf Medizintourismus aus den USA nach Deutschland?

AE1	Patientenakquise: - Mündliche Empfehlung/ word-of-mouth - Verwandte und Freunde - Internet, ist wichtig
AE2	- Keine
AE3	Die Problematik der Ausbildung und Qualifikation der Patientenvermittlungsagenturen - Weder in den USA noch in Deutschland gibt es eine Institution, die eine solide Ausbildung dazu anbietet - Die Medical Tourist Association/ MTA in den USA hat keine spezifische, übergreifende regulatorische Berechtigung, auch nicht für die Ausbildung von Patientenvermittlern - In Deutschland gibt es auch niemanden, der die Befugnis hat, Ausbildung und Qualitätsstandards zu regulieren - TEMOS könnte ein Vorbild dafür sein, die Institution bietet Training für Kliniken an (im Rahmen der Akkreditierung/ Zertifizierung nach TEMOS) Die Problematik fehlender internationaler Standards für Medizintourismus - internationale Standards wären sehr wichtig für die weitere Entwicklung der MT-Industrie - 2013 gründete sich eine Organisation in der Türkei, der Global Healthcare Travel Council GHTC , die zum Ziel hatte, ein „council of councils"/ zu sein und internationale Standards und Richtlinien zu entwickeln - In der Gründungszeit wurden non-for-profit Experten von der Organisation kontaktiert - Bislang gab es jedoch keine nennenswerten Erfolge in der Standard-Entwicklung - Die Situation in Bezug auf internationale Standards und Richtlinien bleibt also frustrierend
DE1	- Keine
DE2	- Man weiß als Klinik zu wenig über das amerikanische Gesundheitssystem, weniger als über die finanziellen Fragen, die man schon hinkriegt
DE3	- Aus Zeitgründen nicht besprochen -